KB047184

당신의
청춘은
얼마인가요

格局逆襲

Copyright 2015 © 宗宁 Zong Ning
All rights reserved
Korean copyright © 2018 by SARAMIN
Korean language edition arranged with CITIC PRESS CORPORATION
through Linking-Asia International Culture Communication Inc.

이 책의 한국어판 저작권은 연아 인터내셔널을 통해 저작권자와 독점 계약한 사람in에 있습니다.
저작권법에 의해 한국 내에서 보호를 받는 저작물이므로 무단 전재 및 무단 복제를 금합니다.

당신의
청춘은
얼마인가요

종닝 지음 · 박주은 옮김

일 · 직업 · 돈 · 성공 · 인생에 관한
다소 불편하지만 새겨야 할 이야기

왼쪽주머니

靑春,

푸르른 봄날을 즐기며 씨를 뿌리는 시간

인터넷 커뮤니티에 글을 올리고 다양한 영역에서 활동하는 동안 저도 모르는 사이에 일종의 팬이 생겨났습니다. 처음에는 SNS 상에서 상거래를 하는 사람들이 주를 이루었지만, 제가 쓴 글들이 여기저기 퍼지면서 팬의 나이대가 점점 어려지기 시작하더군요. 이내 저의 SNS 계정은 이런 질문들로 가득 찼습니다.

'내가 잘할 수 있는 일을 어떻게 찾을 수 있을까요?'

'앞으로 어떤 직업을 택해야 편하게 살 수 있나요?'

'지금 하고 있는 일이 딱히 마음에 들지 않지만, 다른 길을 찾기가 힘들어요. 어떻게 해야 하죠?'

어느 당돌한 고등학생은 이런 노골적인 질문을 하기도 했습니다.

'어떻게 하면 돈을 많이 벌 수 있나요?'

이 질문들의 요지는 결국 돈벌이 문제로 수렴됩니다. 저는 미래가 창창한 젊은 친구들이 돈벌이에 매달리는 것을 두고 속되다고 생각하지 않아요. 갈수록 전망이 불투명해지는 상황 속에서 내세울 것 없는 청춘들에게는 돈이 앞으로의 삶을 지탱해줄 거의 유일한 안전장치일 테니까요. 사회에서의 위치와 물질을 향한 집착은 그만큼 이들의 불안이 크다는 반증입니다.

몇 년 전만 해도 저는 위와 같은 질문들에 딱히 해줄 답이 없었습니다. 그저 등을 토닥거려주거나 낭만적인 응원을 해주는 것이 고작이었죠. 가령 이런 식이에요.

'아직 젊으니 여러 가지 도전을 해보면서 당신의 길을 찾아보세요.'

'방황과 고민은 젊음의 특권이니 마음껏 누리세요.'

그런데 시간이 조금 지난 뒤에 이런 격려와 응원이 어쩌면 무책임한 조언일지도 모른다는 생각이 들었습니다. 물론 여러 길을 모색하며 삶의 방향을 찾아가는 것은 젊은 날에 반드시 거쳐야 할 과정입니다. 하지만 도전, 방황, 모험, 열정이 청춘을 단단하게 다지는 가치로 작용하는 것이 아니라 단지 청춘을 상징하는 키워드로만 다가간다면, 이 가치들은 청춘이라는 시간을 방기하게 만드는 핑계가 될 수 있고, 한편으로는 이 사회가 청년 세대들을 제대로 대접하지 않는 구실로 악용될 수도 있습니다. 이렇게 되면 고용주는 청년들을 계약직으로 묶어두거나 임금을 제대로 주지 않는 등의 부당한 처우를 '열정'을 강요하는 방식으로 정당화하게 되겠죠. 또 청년들은 청년대로 '도전'과 '모험'을 내세워 보다 성숙한 단계로 넘어가야 할 시기를 미루거나 직업 현장에서의 미숙함을 덮어버리게 될지도 모릅니다.

젊은 날에 뜻을 제대로 펴지 못하는 것을 부조리한 사회 시스템과 제도 탓으로만 돌려서도 안 됩니다. 세상은 갑자기 변하지 않기 때문에 그래서는 평생 불만을 품고 불평하면서 살게 될 뿐이에요. 부조리함에 순응하라는 것이 아니라 어느 정도 적응하면서 본분을 다하고 그런 가운데 조금씩 자기 자신을 변화시켜나가야 한다는 말입니다. 그래야 세상도 바뀝니다.

청춘(靑春)은 말 그대로 '푸르른 봄날'입니다. 생명력 가득한 땅을 밟고 산과 들로 쏘다니며 사색하고 공부하기에 이보다 좋은 시기가 없습니다. 하지만 봄은 씨를 뿌리는 계절이라는 사실도 잊어서는 안 됩니다. 한번 곰곰이 생각해보세요. 아무것도 뿌리지 않으면서 거두어들일 생각만 하고 있지는 않은가요? 봄날(청년)에 씨를 잘 뿌려야 열매가 익는 여름(장년)을 거쳐 가을(중년)에 수확할 수 있습니다. 그리고 그 수확물로 겨울(노년)을 나는 것입니다.

저는 이 책을 통해 어쭙잖은 위로나 격려를 건넬 생각이 추호도 없습니다. 다소 불편할 수 있는 저의 직설 화법이 심기를 건드린대도 어쩔 수 없어요. 몸에 좋은 약이 입에 쓰다는 말도 있지 않은가요. 당장은 불편할 수도 있는 이 책의 내용들을 외면하지 말고 끝까지 마주하기를 바랍니다. 단 한 마디라도 가슴에 새길 만한 것이 있다면, 저의 지난 몇 년 동안의 여정이 제대로 목적지를 향하고 있다는 표지판이 되어줄 것입니다.

이 책을 선택한 당신에게 감사하고, 당신의 앞날이 아름다운 가치들로 채워지기를 기원합니다.

만능 큰곰, 종닝

차례

네 번째 공부 장사와 창업에 관하여

차익을 실현할 것인가, 가치를 창출할 것인가 … 222

Chapter 11. 장사냐, 사업이냐, 노선을 분명히 하라

꿈과
이상은

현실을 딛고
피어나는 꽃

첫 번째 공부   현대사회의 속성에 관하여

종종 쓸모없어 보이는 것이 유용하게 쓰이고는 합니다. 나침반은 당신을 어디로도 데려다주지 않지만 당신이 지금 어디로 가고 있는지는 알려줍니다. 자동차가 당신의 이동 속도를 빠르게 해줄 수는 있어도 처음부터 방향이 잘못되어 있다면 결과는 엉망진창일 뿐이에요. 대다수의 사람들은 자동차가 가져다주는 당장의 직접적인 효과를 중시하지만, 소수의 현명한 사람들은 쓸모없어 보이는 나침반으로 먼저 정확한 방향을 찾은 뒤 길을 나섭니다. 이런 사람들이 자동차까지 갖게 된다면 다수의 평범한 사람들을 일찌감치 따돌릴 것이고, 자동차가 없다 해도 최소한 자신이 원하는 장소에 정확히 도달할 수 있을 거예요.

이런 이치를 깨닫지 못하기에 우리는 숱한 시행착오를 겪습니다. 하지만 그것 역시 그것대로 가치 있는 일이에요. 살다 보면 얼마쯤 돌아서 가는 길이 가슴에는 더 깊이 남기도 하는 법이니까.

Chapter 1

어차피 모두가 만족할
공평한 룰은 없다

다시 개천에서 용이 날 수 있을까?

'더 이상은 개천에서 용이 나지 않는다'는 제목의 글을 SNS에서 읽은
적이 있습니다. 대학 졸업 후 은행에서 인턴 생활을 하는 사회 초년
생들의 이야기였는데, 그 글에는 끝까지 읽어 내려가기 힘들 만큼 참
혹한 현실이 담겨 있었습니다. 저에게 글을 추천해준 분의 아내도 그
글을 읽고 나서 그동안 간직해오던 한 가닥 희망마저 잃고 절망에 빠
졌다고 합니다. 하지만 저는 우선 그것이 그리 절망할 일이 아니라
고 말해두고 싶군요.

개천은 본래 용이 나는 곳이 아닙니다. 개천에 사는 것은 사실 미

꾸라지예요. '용'이라는 말에는 어떤 단계에서 다음 단계로의 수직 상승, 즉 엄청난 반전이라는 개념이 담겨 있습니다. 이런 일은 흔하게 일어나지 않습니다. 그런데도 꽤나 자주 일어난 것처럼 보였던 이유는 과거에는 가난한 사람이 워낙 많았기 때문에, 즉 천지사방이 다 개천이었기 때문이에요. 개천에서 용이 나는 비율 자체는 높지 않았지만, 용이 되는 개체의 수가 많다 보니 개천에서도 용이 많이 나는 것처럼 보였을 뿐입니다. 또 다른 원인은 시대입니다. 어느 사회든 성숙 단계에 들어서면 계층이동이 눈에 띄게 줄어드는 경향을 보입니다. 왜 다들 돈을 벌겠다고 미국에서 중국으로 달려오는 걸까요? 중국 사회는 아직 미성숙 단계에 있어서 그만큼 기회가 많기 때문입니다.

과거 개혁개방 직후 10~20년간은 정말로 기회가 많은 시절이었습니다. 대담하고 머리가 좋은 사람이라면 거의 다 기회를 잡고 도약할 수 있었어요. 그들 중에는 3대에 걸쳐 농사만 짓던 집안의 출신도 적지 않았죠. 그때는 시대가 그랬어요. 새로이 기회의 문이 열리기 시작하는 시점에는 조금만 시야가 넓고 비전이 있으면 누구나 날아오를 수 있습니다. 이후 개혁개방이 심화되고 사회의 거의 모든 영역이 상업화되면서, 자원을 가진 사람은 더 많은 자원을 얻고 자원을 갖지 못한 사람은 도태되기 시작했습니다.

다시 은행 인턴 이야기로 돌아가보죠. 이 이야기에는 여러 명의 전형적인 인물이 등장합니다. 그중 한 명은 능력이 매우 출중한 지방 출신의 남자입니다. 이 친구는 고향의 아버지에게 주려고 회사의 접대용 물품 몇 개를 몰래 빼돌렸습니다. 그런데 이 일이 상사에게 발각되는 바람에 정식 입사 기회를 잃고 말았습니다. 그 후 이 친구는 더욱 고생스러운 삶의 수레바퀴 속으로 빠져들었습니다. 돈은 버는 족족 대출금을 갚는 데 나갔고, 대가족까지 부양해야 하는 신혼 생활도 고달프기만 했습니다.

다른 한 명은 은행 소재지에 살던 여대생이었는데, 어머니가 손을 써준 덕에 인턴 기간 후에도 은행에 남아 일을 계속할 수 있었습니다. 집안 좋은 남자와 결혼한 뒤로는 호화로운 집에서 여유로운 신혼 생활을 시작했죠.

다른 한 명은 고위직 공무원의 아들입니다. 은행에 계속 남을 수도 있었지만, 아버지 덕에 공기업의 꽤 좋은 자리를 골라 들어갔습니다. 이 친구에게는 전부터 사귀어온 평범한 집안의 여자 친구가 있었는데, 부모의 반대로 헤어지고 좋은 집안의 딸과 결혼했습니다. 아버지가 아들과 여자친구를 헤어지게 한 방법은 간단했어요. 가난한 지방 출신의 여자와 결혼한 부하직원에게 자신의 아들과 이야기를 나누어 보도록 권유했던 겁니다. 아들은 이 부하직원이 살아온 이야기를 다 듣고 나서 고개를 끄덕이며 이별을 결심했다고 합니다.

다른 한 사람은 평범한 집안 출신의 아들입니다. 이 친구는 자신의 부모가 성공한 부류는 아니라는 생각에, 부모의 말을 듣지 않고 일찍 결혼해서 자녀를 낳았습니다. 집에는 점점 큰돈이 들어가는데 수입이 적다 보니 가정에 화목이 깃들기는커녕 갈등과 스트레스만 쌓여갔습니다.

다른 한 명은 작은 규모의 사업을 하는 사업가의 아들입니다. 큰 욕심 없고 성격도 온화해서 사무실 안의 윤활유 같은 존재였고, 인턴들 중에서도 가장 마음 편하게 사는 것처럼 보였다고 합니다. 실제로 이 친구는 지금도 별다른 곤경 없이 무난하게 살아가고 있다고 합니다.

이 글은 집안 환경에 따른 인턴들의 특징을 다음의 몇 가지로 요약하고 있습니다. 꽤 정확한 분석 같아 여기에도 인용해보겠습니다.

- 1. 가장 일찍 출근하는 인턴은 대체로 지방 출신이다. 학교를 떠나 처음 경험하는 정식 사회생활인 데다 대부분 학교 측의 추천으로 회사에 들어왔기 때문에 절박함이 강하다. 간혹 집에 안부전화라도 하면 부모가 해주는 조언도 "항상 열심히 해라", "무조건 일찍 출근해야 한다"는 것들이다 보니 자연스럽게 남들보다 일찍 출근하게 된다. 이들은 사무실 안에서 가장 긴장하고 있고, 다른 직원들과도 거의 교류하지 않는다.

  2. 출근하자마자 잡일을 돕는 아르바이트생에게까지 활기차게 인사하는 이들이 있다. 이들의 부모는 대체로 정관계 고위직에 있다. 거의 정확하다.

  3. 출근하자마자 큰 소리로 떠들면서 농담을 건네는 이들도 있다. 이들의 부모는 크고 작은 사업을 하느라 근면이 몸에 배어 있다. 그런데 어쩐 일인지 이들에게서는 그런 기운을 전혀 찾아볼 수가 없다.

4. 그 외에 성격이 차갑고 오만하며 자존심이 강한, 우리에 비해 그다지 계층이 높지도 낮지도 않은 인턴이 두어 명 있다. 이들은 예외 없이 대도시의 지식인 가정 출신이다.

대부분의 사람은 자신이 남들과는 굉장히 다르다고 생각합니다. 그러면서 남들을 이렇다 저렇다 분류합니다. 그러나 사실 당신은 당신과 크게 다르지 않은 환경에서 성장한 다른 사람들과 놀랍도록 비슷합니다.

이 글은 마지막에 가서, '이 가운데 누가 가장 성공했을까'라는 질문을 던지고 있습니다. 아무리 뛰어난 능력을 가진 사람도 적시에 도움이 되는 파트너를 만나지 못하면 제대로 빛을 보지 못할 수 있습니다. 힘 있는 사람에게 의지한다 해도 자신에게 별 능력이 없다면 업계에서 두각을 나타내기는 어렵죠. 이렇듯 성공에는 복잡한 요소들이 관여합니다. 이 중에서 그나마 우리가 통제할 수 있는 요소는 자기 자신뿐입니다. 그러므로 우리가 해야 할 노력 또한 자기 자신을 바꾸는 것입니다.

대부분의 경우에 능력은 능력이고 직위는 직위일 뿐입니다. 많은 사람들이 자신의 능력은 충분한데 사회가 불공정해서 능력을 살리지 못한다고 말하지만, 그것은 혼자만의 생각일 뿐이에요. 경쟁은 여러 가지 요소가

맞물려 이루어지는 복잡한 과정을 수반합니다. 모든 사람은 감정을 가진 존재이고, 사람의 능력은 정확히 계량하기 어려워요. 더욱이 사람 일에는 기회와 우연 등 수많은 변수가 존재하죠. 그러므로 당신의 삶을 바꾸고 싶다면, 먼저 자기 자신을 바꾸어야 합니다. 예전에 어떤 기업 강연에 갔을 때 들은 말이 있습니다.

"소위 정신병이란, 매일 같은 일을 되풀이하면서 다른 결과가 나오기를 기대하기 때문에 생기는 것이다."

그러니 어떻게 해야 성공할 수 있느냐고 묻지 말고, 어떻게 하면 자기 자신을 바꿀 수 있을지 고민해야 합니다. 작은 것부터 시작해보세요. 이를테면, 밤 10시에 잠드는 대신 12시에 잠들어보는 겁니다. 그러면 그 2시간 동안 무엇이라도 할 수 있죠. 매주 세 번 하던 게임을 한 번으로 줄이거나 아예 끊을 수도 있을 거예요. 그렇게 조금씩 자기 자신을 바꾸어나가다 보면 삶도 바뀌어갈 겁니다.

자기 자신을 바꾸는 것이 가장 간단한 방법입니다. 다만 어떻게 '좋게' 바꾸어갈 것인가가 어려울 뿐이죠.

가정환경에서 비롯된 기질을 변화시켜라

앞에서 언급한 은행 인턴 이야기를 통해 우리는 자라온 환경에 따라 직장에서의 행동 패턴이 달라진다는 점을 살펴보았습니다. 때때로 가정환경은 그 사람이 새로이 소속되는 집단의 향후 방향까지 결정 짓기도 합니다. 우리는 평소에 그다지 주의를 기울이지 않았던 이러한 기질들을 정확히 이해하고 있어야 합니다. 그런 다음 장점은 취하고 단점을 보완한다면 자신이 소속된 집단과 조직에서 두각을 나타내는 데 도움이 될 거예요.

'사람은 환경의 동물'이라고 하는데, 중국 고대에도 '맹모삼천지교'가 있었습니다. 환경의 영향이 그만큼 크다는 말입니다. 가정환경에 따라 인턴들의 행동 패턴이 제각각이었던 것처럼 각각의 환경에서 자란 사람들은 나름의 독특한 속성이 있습니다. 지방 출신들은 남보다 열심히 노력하면서도 어딘가 모르게 예민하고 열등감이 있어 보인다는 공통점이 있어요. 어려운 환경에서 입지전적 성공을 이룬 사람들에게도 남들과 다른 독특한 기질이 있습니다. 민첩함과 쾌활함, 비굴하지도 거만하지도 않은 태도 등이 업계와 업종에 무관하게 공통적으로 나타나거든요.

만약 당신이 자라온 환경에서 비롯된 고유의 한계를 뛰어넘는다면 당신은 비슷한 처지의 무리 안에서 가장 출중한 존재가 될 수 있을 겁니다. 풍족한 가정환경에서 자란 사람은 좀처럼 고생을 하려 들지 않는 경향이 있는데, 당신만은 가정환경이 좋은 데다 고생을 감수하려는 자세까지 갖춘다면 한결 순조롭게 도약할 수 있을 거예요. 자신이 속한 환경에서 비롯되는 본질적 약점을 극복하고, 자신에게 속해 있지 않은 본질도 추구할 필요가 있습니다. 자라온 환경이 썩 좋지 않았다면 자존심을 좀 누그러뜨리고, 가정환경이 풍족했다면 조금 가혹하게 자신을 단련시켜보는 거예요. 당신이 지식인 부모 밑에서 자랐다면 너무 청고淸高함만 추구하려 하지 말고, 공직자나 공무원 집안 출신이라면 실리와 실무에 집중하려고 노력하는 겁니다. 자기 자신을 바꾸는 것이야말로 인생을 바꾸는 첫걸음입니다.

인생은 워크래프트Warcraft와 비슷해요. 이 게임에 등장하는 모든 종족은 나름의 장점과 단점을 가지고 있습니다. 당신이 '당신 종족'의 단점을 극복한다면, 그 안에서 손꼽히는 인재가 될 수 있습니다. 더불어 '다른 종족'의 장점까지 갖춘다면, 종족 전체에서 우두머리가 될 수도 있을 거예요.

이때 한 가지 주의할 점이 있습니다. 환경의 기질과 무관한 당신 고유의 단점이 어느 한순간 당신의 명운을 흔들 수도 있다는 사실입니다. 앞에서 언급한 은행 인턴 이야기에서도 지방 출신 인턴이 상사의 신임을 잃고 정식 입사 기회마저 놓친 이유가 무엇이었던가요? 아버지에게 선물하겠다면서 회사의 접대용 물품을 빼돌렸기 때문입니다. 이것 자체는 사소한 일이었을지 모르나, 상사의 눈에 띤 이상 나쁜 인상이 박히는 것은 시간문제입니다. 저는 예전에 몸담았던 회사에서 프런트 데스크의 여직원이 업무용 컴퓨터로 게임을 하는 모습을 본 적이 있습니다. 저는 회사에서는 게임을 하지 않는 것이 좋겠다고 말했지만, 그녀는 퇴근 시간도 지났는데 뭐가 문제냐고 대꾸했습니다. 그러나 일단 상사의 눈에 띄게 되면 상사는 그녀가 일은 안

하고 게임만 한다는 인상을 갖게 될 겁니다. 그리고 이렇게 한번 새겨진 인상은 어지간해서는 바꾸기 어려워요. 그러므로 가장 좋은 방법은 사무실에서는 아예 게임을 하지 않는 것입니다. 게임을 근무 시간에 하든 퇴근 시간 이후에 하든, 상사는 직원이 게임을 했다는 사실만 기억하는 경우가 많기 때문입니다. 이것은 가장 기본이 되는 교훈입니다. 그 여직원은 근면하고 성실한 사람이었습니다. 학력은 높지 않아도 착실하게 근무해왔는데, 게임 한번 잘못 했다가 일자리라도 잃는다면 너무 안타까운 일 아니겠어요?

이렇듯 우리는 평소 자신의 사소한 결함에 대해서도 정확히 알고 주의를 기울여야 합니다. 가정형편이 어려웠던 사람은 사소한 이득에 집착하지 않도록 노력해야 하고, 가정형편이 넉넉했던 사람은 빈둥거리거나 과시하지 않도록 애써야 합니다. 지식인 집안에서 자란 사람은 지나치게 청고함만을 좇지 않도록 주의를 기울이고, 공직자나 공무원 집안 출신은 언제나 현실에 발붙이려고 노력해야 합니다. 이렇게 다른 집단의 장점을 취한 뒤 자신만의 고유한 장점이 보태어진다면, 그 사람의 경쟁력은 따를 자가 없게 될 겁니다.

귀천은 없지만 계층은 있다

세상은 총체적 차원에서 보면 합리적으로 돌아가고 있습니다. 그런데도 이 세상이 불합리하게 느껴지는 이유는 당신이 총체적 차원에서 세상을 바라보지 못하기 때문입니다.

저는 베이징에 살고 있지만 베이징 호구[戶口. 주민등록. 출생지에 따라 호구 소재지와 호구 종류(농업호구, 비농업호구)를 구분하여 정부의 허가 없이 거주지 이전을 할 수 없도록 함으로써 농촌에서 도시로의 인구이동을 제한하는 중국의 사회통제 정책]가 없습니다. 베이징의 집값이 비싸지만 이에 대해서도 별 불만이 없어요. 베이징의 현지 주민들이 외지인에게 주택을 임대해서 세를 받는 것도 질투하지 않습니다. 이곳 사람들은 조상 대대로 이 지역에서 살아왔어요. 그런데 어느 날 갑자기 들어온 외지인들이 싼 집과 각종 편의 등 동등한 대우를 요구한다면, 이것이 과연 현지 주민들에게 공평한 일일까요? 현지 주민들이 대대로 그 땅을 일구어온 가치는 당장 외부인이 내고 있는 세금보다 못한 것일까요? 당신이 당신의 성공과 출세를 위해 고향을 떠나왔다면, 현지 사람들보다 몇 배는 노력해야 하는 것이 당연합니다. 여러 세대에 걸친 전승의 격차를 메워야 하기 때문입니다. 외부인들을 현지 주민과 같은 출발선상에 서게 해주는 특별정책 같은 건 기대하지 않는 것이 좋아요. 마찬가지로, 외부인이 당신의 고향에서 당신과 함께 경쟁할 때는 당신이 우위에 서는 이점을 누립니다. 그러나 당신은 그 이점을 포기하고 타지로 떠나온 것 아닌가요?

세상에는 사람들을 현혹시키는 듣기 좋은 말들이 있습니다. 그 말들은 열심히 분투하고자 하는 당신의 발목을 잡고, 야심차게 해보겠다고 마음먹은 일들을 무가치하게 만듭니다. 그런 말에 귀 기울였다가 마지막에 가서 때를 놓치거나 일을 그르치고 마는 것은 결국 자신일 수밖에 없습니다. 평등의 가치라든가, 창업이 노동보다 낫다거나, 말 잘 들으면 노예이고 저항해야만 영웅이라는 식의 말들이 바로 그것입니다. 당신의 실패와 어려움은 당신의 책임이 아니다, 당신의 능력이 모자라서가 아니라 무엇무엇 때문이다, 하는 말도 마찬가지입니다. 당장은 마음을 사로잡기 쉽지만, 인성의 약점을 파고드는 대단히 위험한 말들이에요. 이런 식의 마취에 빠져들다 보면 당신의 삶은 어느 샌가 깊은 수렁으로 떨어지기 십상입니다. 그러므로 우리는 헛된 주장에 관심을 쏟지 말아야 할 뿐 아니라 당장 귀에 듣기 좋은 말도 경계할 줄 알아야 합니다.

어떤 일이 너무나 불합리하거나 어처구니없다고 느껴진다면, 먼저 그 원인을 파악하고 나서 다시 판단해야 합니다. 그 과정에서 뜻밖의 수확을 얻을 수도 있어요. 사회의 법칙을 경시하는 사람은 마지막에 가서야 자신이 가장 어리석었다는 사실을 발견합니다. 법칙에 부합하는 것들은 오래 살아남고, 부합하지 않는 것들은 도태되기 마련이에요. 이 법칙이란 것이 때로는 이상과 거리가 멀어 보일 때도 있지만, 그럴 때에도 당신은 둘 사이에 어떤 차이가 있는지 이해하려고 노력해야 합니다. "그래도 사람은 이상이 있어야 하지 않느냐?"고 반문할 수도 있어요. 저의 대답은 "어떻게 실현해야 할지 안다면 이상이고, 그렇지 않다면 공상"이라는 것입니다.

한때 인터넷을 떠들썩하게 했던 '귀족 논쟁'^{'진짜 상류층은 어떻게 살고 있는가'에 관}

^{한 논쟁}'은 기존의 제 생각을 뒤엎을 만큼 충격적이었습니다. 그 글에 묘사된 상류층들의 생활방식을 보면서 '나는 절대로 저 계층으로는 진입할 수 없겠다'는 생각이 들었어요. '사람에게 귀천의 구분은 없지만 계층의 구분은 있다'는 문장도 기억에 남는군요. 그렇습니다. 사람에게 귀천의 구분은 없어도 계층의 구분은 있습니다. 이건 세상 어디를 가도 마찬가지입니다.

우리가 해야 할 일은 모든 노력을 다해서 자신의 계층을 조금씩 높여가는 것입니다. 자신이 속한 계층의 상층부에 오른 뒤 그 계층의 한계를 부수고 다시 새로운 계층으로 진입하는 겁니다. 그렇다면 온 인류를 해방시키고 모두가 평등하게 살면 되지 않느냐고 반문할 수도 있겠죠? 그러나 생각해보세요. 남들이 당신보다 출신도 좋고, IQ도 높고, 일도 더 열심히 하며, 잘생긴 데다, 식견도 우수한데, 그들이 무슨 수로 당신과 평등해질 수 있겠어요?

세상의 불합리함에 대하여

경제학은 경제활동에 종사하는 모든 사람이 이기적 선택을 한다고 하는 '이성적 인간'을 전제합니다. 경제활동에 종사하는 모든 개인은 최소한의 대가로 최대한의 이익을 얻고자 하죠. 모든 개인은 자신에게 이익이 되는 판단을 내린다고 말할 수도 있습니다. 그러나 여기서 말하는 '이익'의 의미는 사람마다 다릅니다.

세상의 많은 문제들은 사람이 비이성적인 존재인 데서 비롯됩니다. 사람이 죄다 이성적이라면, 모든 사람이 동종의 제품들 가운데 가장 싼 제품을 구입해야 합니다. 그러나 현실에서는 비싼 제품이 더 잘 팔리기도 합니다. 이른바 '체험경제'입니다. 상품에는 상품 자체의 가치만이 아니라 그 상품을 체험하고 느끼는 데서 오는 가치도 있다는 의미입니다. 그러므로 경제학에서 말하는 이성적 인간의 관점에서 모든 문제를 바라보아서는 충분한 설명이 되지 않습니다.

누구나 인생의 전반기 20여 년은 비교적 이성적인 분위기와 환경 속에서 자랍니다. 대부분 열심히 공부하면 좋은 성적이 나오고 좋은 대학에 입학할 수 있어요. 논리적 인과가 분명하죠. 열심히 공부했는데도 성적이 나쁘거나 노력하지 않았는데 공부를 잘하는 사람도 있지만 일반적인 경우라고는 할 수 없어요. 그러다 보니 이 시기에는 비교적 이성적인 사고체계를 갖게 됩니다. 또 내가 도움을 베풀면 반드시 보답이 있어야 한다고 생각합니다(도움을 베풀면 보답이 돌아오기는 하나, 그 보답이 반드시 금전적 이익이 아닐 수도 있을 뿐이죠. 보답의 형태는 높아진 브랜드 가치, 널리 알려지는 유명세, 친구, 사유의 단련, 풍요로운 경험 등 다양합니다).

그러다가 사회생활을 시작하면서, 비로소 현실이 그다지 이성적이지 않다는 문제와 맞닥뜨리게 됩니다. 현실에는 이성적인 일보다 비이성적으로 돌아가는 일이 훨씬 많아요. 입사면접만 해도 그래요. 막

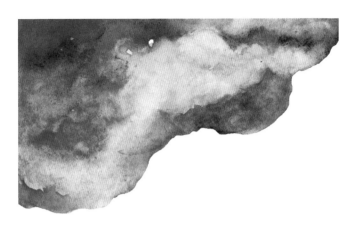

당신의 눈에 세상이 불합리해 보인다면,
거부하고 분노하기보다는
먼저 세상의 이치에 대해 이해하려고 노력해보세요.
그래야 길을 찾을 수 있습니다.

상 채용된 사람들을 보면 꼭 유능한 사람도 아니고, 그냥 면접관의 구미에 맞는 사람에 지나지 않는 경우가 많잖아요.

예전에 저에게 사람 좀 추천해달라는 사장들이 많았는데, 그들이 가장 먼저 물어보는 건 "그 친구, 잘생겼나요?"였습니다. 이따금 "성격은 좋죠?"라고 묻기도 했습니다. 채용하고자 하는 그 직무와는 거의 상관없는 질문들이었어요. 이런 비이성적 측면들을 이해하고 나면, 세상사의 많은 곤혹스러운 문제들로부터 조금은 자유로울 수 있습니다.

어떤 문제를 해결할 수 있다는 것을 반대로 생각해보면, 문제해결에 실패한 것이 능력이 부족했기 때문이라는 뜻이 됩니다. 그러나 많은 경우에 어떤 일의 실패가 꼭 능력 부족 때문인 것은 아닙니다. 정말로 당신의 능력이 부족해서 실패했다 해도 마찬가지예요. 어떤 일이 실패하는 데는 여러 가지 이유가 있을 수 있습니다. 면접 실패를 예로 들면, 단지 당신이 면접관의 마음에 들지 않아서라든가 외모 때문에, 키가 너무 크거나 작아서, 혹은 다른 희한한 이유 때문일 수 있습니다. 꼭 당신의 능력 부족이 가장 중요한 이유는 아닐 수도 있다는 뜻입니다. 정말로 납득하기 힘든 이유로는 '당신은 능력이 너무 출중하기 때문에 우리 회사에 오래 남아 있지 않을 것 같아서'도 있습니다. 정말 웃기지 않나요? 능력이 출중한 것도 잘못인가요?

감정의 문제로 들어가면 해명은 더더욱 어려워집니다. 당신의 능력이 아무리 출중하다 해도 당신이 싫다는 사람이 있고, 당신이 아무리 실패를 많이 했어도 당신이 좋다는 사람이 있습니다. 어떤 판단이 올바르고 그른가를 말할 수 있는 기준은 결과이지 논리가 아닙니다. 그러므로 당신이 하는 말이 아무리 논리적이어도 실제 현실에서 아무런 결과를 만들어내지 못했다면, 그것이 꼭 정확한 결론이었다고 말할 수는 없습니다.

이익이라는 것의 외연을 무한히 확대해나가다 보면, 비이성적인 기준의 폭도 계속 커집니다. 다른 사람의 동기와 행위에는 여러 가지 기준이 있습니다. 그것이 당신이 가진 '상식'과 '이성'의 범주 안에 있을 것이라는 생각은 커다란 착각입니다. 제가 이런 말을 하는 이유는 당신의 상식과 이성에 맞지 않는 일이 허다하게 벌어진다고 해서 크게 좌절하거나 실망하지 말라는 뜻에서입니다. 어차피 그게 인생입니다. 당신은 바로 그 비이성적인 세계를 딛고 일어서야 합니다.

선택과 기회, 그리고 삶에 관한 어떤 이야기

여기에 옮기는 사례는 모멘트^{한국의 카카오스토리처럼 주로 친구들 사이에서 일상을 공유하는 데} ^{쓰이며, 제품 판매와 마케팅 활동도 활발히 이루어지고 있다}에서 판매 활동을 하는 지인에게서 직접 들은 이야기를 정리한 것입니다. 이야기의 주인공은 쇼핑몰 운영 경험이 있는 두 여성입니다. 한 사람은 타오바오^{중국 최고의 경매 사이트}에서 점포를 운영한 적이 있고, 다른 한 사람은 주로 모멘트에서 판매

활동을 했습니다. 여기서는 전자를 A, 후자를 B라고 칭하겠습니다.

A와 B는 고등학교 동창입니다. A는 대입시험에 떨어진 뒤 직업전문학교에 들어갔고, B는 삼수 끝에 사범대학교에 입학했습니다. 명문대학교는 아니었지만 학비가 꽤 비쌌어요. B가 갓 대학에 입학했을 때 A는 직업전문학교를 졸업하고 타오바오 점포 운영에 매진하고 있었습니다. 사실 A는 학생 시절부터 부업으로 타오바오 점포를 운영하면서 3,000위안^{2017년 9월 28일 현재 중국의 1위안은 대한민국의 172원에 해당한다} 상당의 월수입을 올리고 있었습니다. 반면 예술 관련 전공을 택한 B는 대입 준비에만 이미 5만 위안을 썼는데, 대학에 들어간 뒤로 또 다시 4년간 15만 위안의 학비가 들었습니다. 이 시기만 놓고 보면 두 사람의 소득 격차는 어마어마한 수준이었다고 할 수 있습니다. A가 월수입 수천 위안의 청년 부자에 가까웠다면, B는 가난한 학생에 지나지 않았으니까요.

A에게는 직업전문학교에 다니던 시절부터 사귄 남자친구가 있었습니다. 문화적 소양이 그저 그런 남자였지만, 작으나마 집 한 채를 소유하고 있었습니다. 남자친구는 A의 점포 운영을 돕다가 곧 A와 함께 창업을 준비했어요. 이때까지도 B는 대학에서 공부를 계속하고 있었습니다. 집안 형편이 좋은 편이 아니었기에 B의 학업을 지원하는 것은 그녀의 부모에게 적지 않은 부담이었습니다. 한편 A는 타오바오의 성장세가 심상치 않은 것을 보고 마케팅 강도를 높이면서 고객을 끌어 모았습니다. A의 남자친구도 메이리슈어^{중국 최대의 뷰티 쇼핑몰}

에 등록된 수백 개 점포에 광고 배너를 링크하면서 고객을 끌어왔습니다. 이때만 해도 A는 자신이 대학에 가지 않은 덕에 이렇게 큰돈을 벌 수 있다고, B 앞에서 우쭐거리고는 했습니다.

2011년에 A는 남자친구와 약혼하고 광저우로 가서 신도시에 보금자리를 마련했습니다. 월세만 2,400위안에 달하는 고급 주택이었어요. 이제 막 대학교 4학년 진학을 앞두고 있었던 B으로서는 꿈도 꿀 수 없는 집이었죠. 2012년에 A는 임신을 했습니다. 그런데 너무 마른 체격 때문이었는지 태아의 발육이 멈추고 말았습니다. 이때 이미 A는 남자친구와의 약혼을 후회하고 있었습니다. 그런데 신랑 측으로부터 비싼 예물을 받은 탓에 파혼을 하기가 애매했습니다. 가진 돈의 대부분이 타오바오 점포의 입고 대금으로 묶여 있어 예물 비용을 되돌려줄 방법이 마땅치 않았거든요.

A는 일단 주택 계약을 해지하고 고향에서 결혼식을 올린 뒤 광저우로 돌아왔습니다. 그런데 그 두 달 사이에 가정폭력이 일어났습니다. 이미 결혼식도 올렸겠다, 남편은 더욱 거리낄 것 없다는 듯 굴었습니다. A는 B를 찾아가 울면서 자신의 신세를 한탄했죠. A의 이야기를 들은 B는 한 번 폭력을 행한 남자는 또 다시 폭력을 쓸 가능성이 높으니 이혼하는 것이 좋겠다고 말했습니다. 그러자 A는 사실 남편의 폭력이 처음이 아니었다고 털어놓았습니다. 예전에 자신의 형제들 앞에서 자신을 때린 적이 있다는 거예요. 그런데도 A는 이혼할 수 없다고 했습니다. 집안의 돈이 전부 입고 대금으로 묶여 있어서라고 했어

요. 입고 물품 중에는 황관黃冠, 타오바오 판매자의 상위 등급 점포의 10만 위안짜리 옷도 포함되어 있었습니다. A는 그 옷들이 꼭 팔릴 거라 믿었지만, 옷의 유행이란 금세 지나가버리는 것입니다. 결국 그해 5월 한 달 동안에는 3,000위안밖에 벌지 못했습니다. 더 이상 버틸 수 없었던 A는 살던 집마저 내놓고 더는 물품을 입고하지 않았습니다. 5월부터 9월까지 A 부부는 입고 물품만 처분하면서 곤궁하게 지내야 했습니다. 그러나 남편은 허구한 날 친구들과 어울려 다니며 술이나 마시고 다니는 것이 일상이었어요. 집안 살림이야 쪼들리건 말건, 사람들 앞에서 허세를 부리며 예전처럼 부자 대접을 받으려고 들었죠.

한편 B는 대학을 졸업한 뒤에 부업으로 타오바오에서 홍콩 상품의 구매를 대행하는 일을 시작했습니다. 조금씩 고객이 늘고 있을 때 그녀는 모멘트를 통해서도 마케팅과 제품 판매를 시작했습니다. 현재 그녀가 운영하는 점포의 월매출은 10만 위안을 넘어섰습니다. 한때 그녀가 부러워했던 A는 이제 도리어 B를 질투하고 있습니다.

'집에 물이 새면 연일 비바람이 몰아친다나쁜 일은 한꺼번에 닥친다는 뜻'는 말이 있지만, 살다 보면 좋은 일이 한꺼번에 일어나기도 합니다. 곧 부유하고 매력적인 남자가 B에게 프러포즈를 했어요. 그 남자도 모멘트에서 판매 활동을 했는데, 두바이에서 홍콩까지의 환승 절차에 대해 B가 몇 번 전화로 도움을 준 일이 있었습니다. 고마움을 느낀 남자는 그 후로 몇 번 더 B와 연락을 하다가 호감을 갖게 되었습니다. B는 집에서 큰돈을 들여 자신의 학업을 지원해주지 않았다면, 대학물을 먹고 세련되어져서 멋진 반려자를 만나는 일도 없었을 거라고 말합니다. 이 이야기에서 알 수 있듯, 대학에서 설령 아무것도 배우지 않았다고 해도 그것은 결코 낭비가 아닙니다.

이 이야기에는 몇 가지 주목할 점이 있습니다. 첫째는 선택에 관한 문제입니다. 간혹 대학에 꼭 가야 하냐고 묻는 이들이 있는데, 이 이야기가 말해주는 답은 분명합니다. 대학의 의미는 꼭 공부에 있다기보다 안목의 차원을 높여준다는 데 있습니다. 둘째는 기회에 관한 문제입니다. A는 타오바오가 크게 성장하는 시기에 큰돈을 벌 수 있었습니다. 이런 시기를 잘 만나면 큰돈을 벌 가능성이 높아집니다. 그러나 돈을 번 이후가 더 중요합니다. 자신의 수준을 높이지 않고 생업을 안정시키지도 않으며 당장의 결실을 누리는 데만 빠져 이후 새로이 나아갈 방향을 고려하지 않으면, 난관에 봉착할 수 있습니다. 배우자 선택도 중요한 문제입니다. 간혹 배우자가 도움이 되기는커녕 짐만 지우고 인생을 나락으로 빠뜨리는 경우가 있잖아요? 중요한 것은 당장 돈을 얼마 버느냐가 아니라, 앞으로 얼마나 길게 살아갈 것인가입니다. B의 경우는 본인이 크게 똑똑하지는 않았지만, 대담한 행동과 부모의 지원 그리고 학교라는 환경이 있었습니다. 같은 학교를 다닌 동문 역시 나중에는 힘이 될 수 있습니다. 대학교를 다니지 않았다고 해서 대학교를 다닌 사람보다 불리하다는 뜻이 아닙니다. 자신의 삶을 멀리, 길게 내다볼 수 있어야 한다는 이야기입니다.

삶을 바라보는 시야는 사람마다 다릅니다. 이 시야는 이후의 인생 발전에 잠재적인 힘으로 작용합니다. B는 나와의 만남도 사업 발전을 돕는 귀인과의 만남으로 여겼습니다. 자신의 인생에서 전환점이 된 남편과의 만남도 그녀 자신의 적극적인 노력으로 얻은 것이었어요. 인생에서는 이렇게 사람의 잠재적 특질이 다양한 조건과 만나 종합적인 결과를 낳고는 합니다.

부모덕을 누리는 사람을 비난하는 게 정당할까

최근 한 일간지에 요즘 젊은이들은 부모덕을 누리려는 경향이 강하며, 상대적 박탈감에 빠진 이들 사이에서 이를 비난하는 여론이 거세게 일고 있다는 기사가 실렸습니다. 저는 이러한 현상이 사람이 무리를 이루면 나타나는 특성과도 관련이 있다고 봅니다. 무리가 형성되면 평균 IQ는 낮아지는 반면 도덕적 고양감은 높아져서 무조건적인 공평함을 추구하는 구호가 힘을 얻거든요.

두 가지 이야기를 해보겠습니다. 하나는 중국 고대에 사법정의에 대해 공자가 제시한 '부자상은父子相隱'입니다. 부자상은이란 아버지가 죄를 지으면 아들이, 아들이 죄를 지으면 아버지가 서로를 숨겨줄 수 있어야 한다는 뜻입니다. 엄정한 법적용보다 혈육의 정을 중시하는 관점이죠. 얼핏 인간미가 엿보이기는 하지만, 범죄에 대해서 엄격하게 법을 적용하여 처벌하는 오늘날의 사법제도와는 배치됩니다.

그런가 하면, 아버지와 아들의 무덤 도굴 이야기도 있습니다. 보물이 묻혀 있는 무덤에 구덩이를 판 뒤 아들이 무덤에 들어가 보물을 줄로 묶어 올려 보내면 위에 있던 아버지가 보물을 끌어올리고 마지막에 아들도 끌어올린다는 이야기입니다. 그런데 반드시 아들이 무덤 속으로 들어가야 한다는 조건이 붙어요. 아들이 위에 있으면 보물만 끌어올리고 아버지는 버려두고 갈 가능성이 있지만, 아버지는 대체로 아들을 꼭 끌어올리기 때문입니다. 사랑은 위에서 아래로 흐른다는 말도 있죠.

열심히 노력해서 모은 재산을 자식에게 물려주고 싶어 하는 것은 거의 모든 부모의 본성입니다. 남의 부모덕을 부러워하며 자신의 처지를 원망해봤자 당신만 손해입니다.

100% 공평한 경쟁이란 사실 불가능합니다. 누군가는 총명함을 타고나고 누군가는 훌륭한 외모를 타고납니다. 어쩔 수 없이, 태어나 보니 집안이 좋을 수도 있어요. 많은 자원을 소유한 강자는 다시금 우수한 유전자를 가진 배우자를 맞이하여 유전적으로 우수한 자녀를 얻기도 쉽습니다. 물론 가난한 집에서도 우수한 인재는 날 수 있어요. 그런데 사실 중국에는 가난한 가정의 수가 워낙 많다 보니, 가난한 가정에서도 인재가 많이 나오는 것처럼 보였던 것에 가깝습니다. 부유한 가정의 자녀는 소수의 패륜아 빼고는 대부분 우수해요. 게다가 그 소수의 패륜아도 알고 보면 부모가 벼락부자이거나 졸부이거나 부당하게 재산을 모은 재벌인 경우이지, 대대로 부유한 집안에서 교육을

잘못해서 자녀를 망치는 경우는 많지 않습니다.

최근 부유층 남자들에게 여자를 소개해주는 전문조직이 등장했다는 기사가 신문에 실렸습니다. 많은 사람들이 부도덕한 세태를 질타하며 부유층 남자의 파트너가 되기를 자처하는 여자들의 허영심을 비판하기도 했습니다. 하지만 생각해볼까요. 예쁘고 배운 것 없고 허영심만 강한 여자가 정말로 부자와 결혼이라도 한다면, 그게 더 심각한 문제 아닐까요? '원수에게 복수하는 법'이라는 이야기를 들은 적이 있습니다. 딸을 엉망으로 교육시킨 뒤 원수 집안의 아들에게 시집보내면 3대를 망하게 할 수 있다는 이야기입니다. 부자가 정말 이런 여자를 배우자로 찾는다면 그 자신이 가장 먼저 피해자가 될 텐데, 왜 남들이 나서서 걱정을 해주나요? 혹 전문조직의 활동을 막기만 한다면, 부자들이 세상의 미녀란 미녀는 거들떠보지 않기라도 할까요? 제 생각에는 특히 남자들이 이 일에 분개하는 이유는 부자들이 특이한 방법으로 미녀를 구해서가 아니라 자기 자신이 미녀와 사귈 방법이 없어서인 것 같습니다. 정말 그런 구제불능의 열등감이라면, 제발 뜯어고치고 살길 바랍니다.

남의 부모덕을 불평하기보다는 당장 자신이 해야 할 노력에 매진하는 것이 낫습니다. 그래야 당신 부모의 빈틈을 당신이 메워서, 당신은 입지 못한 부모의 덕을 당신의 자녀가 누리도록 만들 수 있을 테니까요.

Chapter 2

전략적으로
노력하라

서른 살, 당신의 전망은 어디에 있는가

'삼십이립三十而立. 서른이 되어 학문이나 견식이 일가를 이룬다는 뜻'이라는 말이 있습니다. 그런데 현대에는 많은 사람들이 바로 이 서른 문턱에서 방황합니다. 앞으로는 어디로 가야 할지 막막하고 뒤로는 어린 친구들이 바짝 쫓아오고 있습니다. 체력은 하루가 다르게 떨어져가는데 생활비용은 점점 높아져만 갑니다. 정말로 잘 먹고 잘사는 사람들과 비교하면 자신이 그렇게 경쟁력이 있는 것 같지도 않습니다. 계속해서 뭔가를 준비하지 않으면 뒤로 밀리고 밀리다 떨어질 것만 같습니다. 공포감이 밀려드는 게 당연하죠.

저에게도 그런 두려움의 시간이 있었습니다. 그때 그 선택을 하지 않았다면 지금쯤 어떻게 됐을까, 지금 이런 기회를 잡지 않으면 앞으로 어떻게 될까, 하는 생각이 밀려들면서 두려워지는 때가 있습니다. 이런 이야기를 하는 이유는 그동안 제가 보고 듣고 경험한 것을 공유함으로써 여러분이 방향을 찾는 데 도움이 되기를 바라는 마음에서입니다.

한번은 SNS에서 어떤 친구가 저에게 물어왔습니다.

"큰곰 선생님, 저도 선생님처럼 매일 뭔가를 쓰고 있는데 왜 글이 늘지 않을까요?"

저는 그 친구에게 왜 글을 쓰느냐고 물었습니다. 그러면 보통 "SNS로 유명해져서 돈을 벌고 싶어서요"라고 대답합니다. 특히 1990년 이후에 태어난 젊은 친구들이 이런 식의 대답을 많이 합니다. 저는 그들에게 "앞으로 10년간 여러 가지 경험도 해보고 다방면으로 지식을 쌓고 나면 글로 쓸 수 있는 것도 많아질 것"이라고 말해줍니다. 하던 일을 그만두고 전업으로 글을 쓰는 것은 권하고 싶지 않아요. 저 자신도 생업을 유지한 채 조금씩 관점을 넓히고 사고수준을 높여가려고 노력했습니다. 지속적으로 어떤 콘텐츠를 생산하기 위해서는 장기간의 축적과 부단한 실천이 뒷받침되어야 합니다. 이때 단순한 콘텐츠만을 생산해서는 안 됩니다. 한 차원 높은 가치관으로 여러 사람에게 대안과 방법을 제시할 수 있어야 합니다. 여기에는 깊이 있는 사고와 풍부한 경험이 필수적인데, 둘 다 하루아침에 얻어지는 것이 아닙니다.

무엇보다 조급한 마음에 자신을 포장하려고 들어서는 안 됩니다. 다 공허한 행동일 뿐이에요. 제가 줄곧 해오는 이야기지만, 당신보다 돈이 많은 사람들은 결코 당신보다 어리석지 않습니다. 당신이 하고 싶어 하는 일은 다른 많은 사람들도 하고 싶어 하고 실제로 잘해 낸 사람도 있습니다. 당신이 무언가를 가르칠 수 있는 상대는 당신에 비해 한참 어리석고 경험이 적은 사람들뿐입니다. 그러나 그런 사람들과 자주 교류할수록 당신의 수준과 차원은 하락합니다. 그렇게라도 사람이 모여들면 시끌벅적할 수는 있겠지만, 제대로 뭔가 쌓이거나 얻어지는 것은 없습니다. 그러다가 문득 서른이 되면 "이제 어디로 가야 하지?"라는 공포가 밀려드는 것입니다. 그러므로 먼저 자신만의 생각과 방향을 분명히 해야 합니다. 그저 남들 앞에서 뭔가를 떠들고 싶다는 생각에, 그때그때 유행하는 인터넷 문화를 따라다니며 하루아침에 뭔가가 되어보려고 하다가는 소중한 젊음만 낭비하기 십상이에요. '지름길'에 매달리는 것이야말로 가장 안타까운 인성의 약점이 아닐 수 없습니다.

많은 사람들이 무엇을 어떻게 배우고 축적해야 하는지, 성장의 기회는 어떻게 찾아야 하는지 알지 못합니다. 간단한 방법이 있습니다. 돈만 보고 일하지 않는 거예요. 저는 아주 젊을 때 일이 많이 바쁘지 않을 때면 따로 돈을 받지 않고도 친구들이나 기업들의 기획·문안 작업을 돕곤 했습니다. 어차피 돈 받고 하는 일이 아니었기 때문에 뛰어나게 잘하지 않아도 되었어요. 그럼에도 그들 입장에서는 분명 도움이 되었기 때문에 저를 종종 다른 기업과 지인들에게 소개해주었습니다. 그러다가 일이 바빠지면 다른 업체들도 제 사정을 이해해주었고, 점차 실력도 인정해주기 시작했습니다. 나중에는 돈을 지불하고 일을 부탁하고 싶다는 사람이 나타났습니다. 이 과정에서 저는 업계의 지식과 관리의 노하우를 얻을 수 있었고, 이런 수확은 제가 나중에 다른 일들을 할 때에 큰 도움이 되었습니다. 남들이 한 번에 한가지 일을 할 때 저는 마치 컴퓨터에 창을 여러 개 열어놓고 작업하듯 여러 가지 일을 한 셈입니다. 그러다 보니 똑같은 시간이 흘렀을 때 저에게는 몇 배 더 많은 배움의 자산이 쌓여 있었습니다.

대부분의 사람들은 어떤 일로 작게나마 인정을 받거나 성취가 쌓이면, 그걸로 어떻게든 돈부터 벌려고 합니다. 그러나 세상에서 가장 공평한 것이 거래입니다. 당신이 어떤 일을 할 때 돈을 받지 않으면, 최소한 인심이라도 사고 다음 번 기회를 얻을 수 있습니다. 그러나 돈이 오고가기 시작하면 서로 손해 보지 않으려 하고, 더 싼 값에 거래할 수 있는 다른 상대를 찾으려 하게 됩니다. 그렇게 해서 한 번은 돈을 벌지도 모르나 다음 번 기회는 찾아오지 않습니다. 만약 그 거래가 수백만 위안짜리라면 그 돈을 바로 버는 게 낫습니다. 그러나 수천 혹은 수백 위안짜리 거래라면 그냥 인심 한번 얻고 다음 번 기회를 예비하는 편이 낫습니다. 이런 게 말로는 간단해 보이지만 쉽지만은 않은 모양인지, 많은 사람들이 당장의 수입을 포기 못하다가 점점 기회가 줄어드는 좁은 길에 들어서고 맙니다.

'삼십이립'은 그 전까지 배우고 경험하며 쌓아온 것이 있어야 가능합니다. '이립'은 나이의 결과가 아니라 축적의 결과니까요. 이런 축적이 가능하려면 명확한 목표와 끊임없는 노력, 단호한 취사선택의 결단이 필요하고 어느 정도 재능과 기회도 있어야 합니다. 저 역시 블로그에 2년간 글을 써오긴 했지만 소셜미디어의 발전 덕분에 더욱 크게 성장할 수 있었습니다. 블로그 시절에 몇 편의 글이 류창둥^{징둥닷} ^{컴의 창업자이자 회장 겸 CEO}의 인정을 받은 것이 커다란 계기였습니다. 그러나 이런 기회를 잡을 수 있었던 것도 지난 수년간의 노력과 축적이 있었기 때문입니다. 예전에는 저도 돈을 받지 않고 일하는 것은 내 손해일 뿐이지 않을까 하는 회의가 들었습니다. 그러나 지금 생각해보면, 그런 시간이 있었기에 저도 성장할 수 있었고 지금 같은 결과도 있을 수 있었던 것 같습니다.

〈절청풍운 2〉라는 영화에 제가 좋아하는 대사가 나옵니다.

"젊을 때 우리에게는 아무것도 없다. 그러나 희망이 있다."

제가 지금 누리는 것들은 그 시절 희망의 싹이 자란 결과입니다. 사람은 희망이 있어야 생기로 충만해집니다. 그러니 아무것도 마음에 들어 하지 않고, 아무 일도 제대로 해내지 못하고, 어떤 결과에도 승복하지 못하는 그런 사람은 되지 마세요. 〈일대종사〉에도 제가 좋아하는 대사가 나와요.

"쿵푸는 두 단어로 말할 수 있다. 수평과 수직! 지는 자는 수평이 된다. 최후에 수직으로 서 있는 자가 승리하는 것이다.”

수직으로 서 있는 자를 미워하지 말고, 그가 서 있을 수 있었던 이유가 무엇인지 배우려고 애쓰세요. 쓰러지는 것을 두려워하지 말고, 자신을 쓰러지게 한 잘못이 무엇인지 파악하세요. 그래야 성장할 수 있습니다.

‘별 차이 없다’는 말의 ‘별 차이’는 매우 크다

“‘별 차이 없다’는 말은 사실 ‘차이가 있다’는 뜻이고, 그 차이는 매우 큰 차이”라는 말이 떠오릅니다. 특히나 지금 성장 단계에 있는 사람들은 이 말을 주의 깊게 새겨야 해요. 사람들은 흔히 “나는 ~와 별 차이도 없는데, 저 사람은 잘되고 나는 잘 안 되는 이유가 뭐지?”라고 불평하는데, 바로 그 이유가 저 말 속에 담겨 있거든요.

제 아버지는 이런 말을 자주 했습니다. “평범함과 비범함의 차이는 작은 것 하나를 넘느냐, 못 넘느냐의 차이다.”

에디슨 역시 “천재는 1%의 영감과 99%의 노력으로 이루어진다”고 말한 바 있습니다. 당신 또한 살다 보면 무언가를 가르는 결정적 차이는 아주 작은 데서 비롯된다는 사실을 발견하게 될 것입니다. 100미터 달리기만 보아도 알 수 있어요. 10초대에 들어오느냐, 9초대에 들어오느냐, 그 1초 차이로 메달의 색깔이 달라지잖아요.

중국에는 '100리 길을 가는 사람이 90리 왔으면 이제 절반 남은 것'이라는 말이 있습니다. 이제까지 걸어온 90리의 중요성이 절반, 남은 10리의 중요성이 절반이라는 뜻입니다. 물류업계에서도 흔히 '마지막 1km'라는 말을 합니다. 마지막 1km에 드는 운임이 그 전까지 달려온 1,000km의 운임과 별 차이 없거나 더 비싸다는 뜻이에요. 인생도 일도 끝마무리가 그만큼 중요하다는 의미입니다.

차이란 본디 그렇게 작고 사소한 것입니다. 당신이 약간 더 혹은 덜 해온 무언가가 나중에 가서 '별 차이'를 만들어냅니다. 당신의 전투력이 99이고 상대방의 전투력이 100이라면, 당장의 차이는 1일지 모르지만 마지막에 가서 당신은 '수평'이 되고 상대방은 '수직'이 되는 것으로 결판이 날 수밖에 없습니다.

모든 노력에 보상이 따라야 할까

지난 몇 년간 한 여학생을 짝사랑해왔다는 친구가 저에게 사연을 보내왔습니다. 평소에 좋은 감정을 갖고 지켜봐온 여학생이 있는데, 그 여학생이 어느 날 갑자기 자신의 전화번호를 수신 차단해버렸다는 거예요. 그 여학생은 그 친구뿐만 아니라 그 친구와 관련된 모든 사람의 번호를 한꺼번에 차단시켰다고 해요. 다른 사람의 번호로 전화를 걸어보았지만 여학생은 받지 않았고 문자를 보내도 답장이 없었다면서, 이 여학생의 마음을 도무지 이해할 수 없어 괴롭기만 하다고 했습니다. 사실 이런 일은 아주 흔합니다. 저는 이 학생에게 답장을 보냈습니다.

'당신이 누군가에게 공을 들였다고 해서 상대방이 꼭 당신을 좋아해야 한다는 법은 없습니다. 당신이 뭔가를 열심히 했다고 해서 그걸로 꼭 돈을 번다는 법도 없습니다. 당신이 당신 나름대로 일을 잘했다고 해서 꼭 사장의 인정을 받으리라는 법 역시 없습니다. 이 모든 것은 당신 혼자만의 소망이었을 뿐입니다.'

들인 만큼 보상이 돌아오는 건 돈을 지불했을 때뿐입니다. 돈을 얼마 지불하면, 그 값에 해당하는 무언가를 얻을 수 있습니다. 그 이외의 일에서 정확한 공평을 바라는 것은 순진한 태도예요. 언제 어디서나 손해를 보지 않을 방법이 있기는 합니다. 그런데 그것은 IQ 및 EQ와 관련이 있습니다. 많은 경우, 당신이 겪는 문제는 당신의 안목 내지는 시야가 충분히 성숙하지 않은 데서 비롯됩니다.

별로 잘생기지 않은 남자가 어째서 종종 미녀와 사귀는가, 저는 이게 오랫동안 궁금했습니다. 제 생각에는 크게 두 가지 이유가 있는 것 같아요. 돈이 많거나, 말을 잘하거나. 왜 어떤 직원은 일을 잘하는 것도 아닌데 상사의 인정을 받는가? 사람이 좋거나 말을 잘하기 때문입니다. 왜 어떤 직원은 아부를 하는 것도 아닌데 사장이 좋아하는가? 일을 잘하거나 말을 잘하기 때문입니다. 결국 돈이 많거나 사람이 좋거나 유능하지 않다면, 말이라도 잘해야 한다는 결론을 얻을 수 있습니다. 이런 이치는 기업에도 해당됩니다. 성능이 별로 좋지 않은 스마트폰이 잘 팔리는 경우가 있어요. 왜일까요? 말(홍보)을 잘하기 때문이에요. 실력 있는 기업이 이미지는 별로 좋지 않은 경우가 있습니다. 왜일까요? 말을 잘 못하기 때문입니다. 그래서 많은 기업들이 홍보와 마케팅에 노력을 기울이는 겁니다. 이런 홍보와 마케팅에 해당하는 것이 개인에게는 '말'입니다. 말을 잘한다는 것은 그만큼 중요합니다.

많은 사람들이 저에게 어떻게 하면 글을 잘 쓸 수 있냐고 묻습니다. 제가 해줄 수 있는 대답은 하나입니다.

"일단 많이 써보세요."

그렇다면 말하는 능력은 어떻게 키울 수 있을까요? 방법은 역시 많이 말해보는 것뿐입니다. 공개강연이나 선거 연설을 해본다거나, 유치원 아이들에게 동화를 들려준다거나, 노인의 말동무가 되어주는 활동 등에 기회가 닿는 대로 참여해보세요. 그런데 아무리 노력해도 도저히 말문이 트이지 않는다면 어떻게 해야 할까요? 어쩔 수 없습니다. 말로 덕 보는 것은 포기하고, 자신만의 전문성을 크게 키우기를 바랍니다.

설령 말을 잘하고 글을 잘 쓰게 되었다 해도 이것은 아직 기초일 뿐입니다. 정말로 중요한 것은 당신의 글에 값어치가 있는가입니다. 여기서 말하는 값어치란 꼭 돈만을 의미하지는 않습니다. 예를 들어, 사람의 마음을 편안하게 해주는 것도 일종의 값어치예요. 당신이 예의가 깍듯하거나 부지런하거나 자상하다면, 돈 없이도 상대방을 기분 좋게 만들어줄 수 있어요. 이런 것도 호감을 줄 수 있는 값어치입니다. 혹 진실한 값어치는 별로 제공하고 있지 않으면서 말로만 열심히 노력하고 있다거나, 생산성 없는 장시간 근로를 하고 나서 월급이 너무 형편없다고 느낄 때마다 "이 사회는 문제가 많아. 너무 불공평해"라고 불만을 품지는 않는가요?

많은 사람들이 저의 글에 지지와 공감을 표하는 것에 대해 궁금해하는 분들이 많습니다. 이유는 간단합니다. 저는 다른 성공학 강연자들처럼 제가 가르치는 대로만 따라 하면 큰돈을 벌 수 있다고 말하지 않기 때문입니다. 제가 운영하는 사이트나 커뮤니티를 왜 좀 더 홍보하지 않았느냐, 너무 늦게 알아서 아쉽다고 볼멘소리를 하는 사람들도 많습니다. 실제로 저는 제가 하는 활동이나 운영하는 커뮤니티에 대해 별다른 홍보를 하지 않았습니다. 그런데도 입소문이 퍼지고 퍼져 많은 사람들이 가입하고 참여해왔습니다. 제가 제공하고 있는 값 어치만큼의 보상일 수도 있지만, 그 보상이 꼭 '노력한 만큼'이라고 할 수는 없습니다. 제가 얼마나 노력했는가보다 중요한 것은 제가 사람들에게 제공하는 것이 얼마나 실제로 도움이 되었는가입니다.

의미 없는 노력은 과감하게 포기하라

미국에 영업실적이 뛰어난 보험왕이 있었습니다. 처음에는 일하는 재미가 컸는데 점차 피로가 누적되더니 한계가 느껴지기 시작했습니다. 그는 자신의 보험계약 기록을 분석해보았습니다. 그러다 한참 후에야 해결책을 찾았습니다. 방법은 간단했어요. 7%를 포기하면 되는 것이었습니다.

자신의 보험계약 기록을 살펴보니, 전체 고객 중 70%는 처음 만났을 때 계약이 성사되었고, 23%는 두 번째 만났을 때 성사되었습니다. 그런데 7%는 세 번 이상 만나야만 계약이 성사되었어요. 그런데 이 7%의 고객을 만나는 데 50% 이상의 시간을 쓰고 있었습니다. 그는 이 7%에 해당하는 고객은 포기하기로 했습니다. 그랬더니 영업실적이 배로 늘었습니다. 시간만 잡아먹는 의미 없는 노력을 찾아내어 과감히 포기하는 것만으로도 노력의 효율을 크게 높일 수 있었던 겁니다.

비슷한 이야기가 하나 더 있습니다. 인터넷에 시험성적을 획기적으로 높일 수 있는 방법을 소개한 사람이 있어요. 방법은 간단합니다. 일반적으로 시험에 출제되는 문제 중 70%는 쉽고 기초적이며 20%는 조금 어렵고 10%는 매우 어려운데, 그는 일단 이 10%를 포기하라고 말합니다. 70%의 문제만 제대로 공부해도 성적은 비약적으로 올라갑니다. 이 70%의 문제를 제대로 공부하고 나면, 20%의 문제를 공부하는 것도 그리 어렵지만은 않습니다. 그러나 마지막 10%는 포기하는 것이 좋습니다. 시험공부를 해본 사람은 알겠지만, 이 10%의 문제를 공부하는 데 전체 공부시간의 30% 이상이 소모됩니다. 그 시간을 들여 공부했다 해도 문제를 풀 수 있다는 보장은 없어요. 실제로 이 조언에 따라 공부한 학생들의 성적이 평균 20% 이상 올랐다고 하니, 간단하지만 효과가 좋은 방법임에는 틀림없어 보입니다. 물론 이 해결책은 단지 시험점수를 올리는 데에만 도움이 될 뿐입니다. 어떤 과목에서의 진정한 성취는 어려운 문제에 부딪치고 해결하는 과정에서 얻을 수 있는 겁니다.

다만 우리는 여기서 한 가지 법칙을 찾아낼 수 있어요. 모든 일을 완벽하게 하려고 애쓸 필요는 없다는 것입니다. 잘하는 것을 중심으로 노력하는 것만으로도 충분합니다. 그런 의미에서 '나무통 이론^길이가 각기 다른 나무판자로 통을 만들었을 때 그 나무통에 담을 수 있는 물의 양은 가장 긴 나무판자가 아니라 가장 짧은 나무판자에 의해 결정되듯이, 어떤 조직을 구성하는 각 부분의 수준이 다를 때 그중에서 가장 떨어지는 부분이 전체 조직의 수준을 결정한다는 이론이다'은 개인의 발전에 적용하기에는 무리가 있습니다.

나무통 이론에서는 '가장 짧은 나무판의 높이까지만 물이 차오른다'고 말합니다. 그런데 여기에서 긴 나무판의 가치는 간과하고 있어요. 실제 생활에서는 '남다른 재주 하나만 있어도 먹고살 걱정은 없는' 경우가 많습니다. 비슷비슷한 사람들 속에 있다 보면, 그 사람만의 두드러진 특색 하나가 그 사람을 가장 돋보이게 만든다는 것을 알 수 있습니다.

중국의 주식시장에 떠도는 격언 중에 '물고기 몸통'이라는 말이 있습니다. 사람들에게는 스스로 말하는 대로 행동하지 않는다는 약점도 있습니다. 다들 "주식을 꼭 주가가 저점일 때 사서 고점에서 팔 생각은 없다. 그 중간에서 적당히 차익만 실현할 수 있으면 좋겠다"고 말합니다. 즉 머리와 꼬리는 포기할 수 있으니 몸통만 얻으면 된다는 의미에서 '물고기 몸통'입니다.^{한국의 '주식은 허리에서 사서 가슴이나 목쯤에서 팔아야 한다'는 말과 같다.} 그런데 현실은 어떤가요? 주가가 정말 목까지 오르면 더 오를 것 같아서 팔지 못하고, 주가가 허리에 있으면 더 내려갈 것 같아서 사지 못합니다. 사람 욕심이 이렇습니다. 왜 주식을 하면서 돈을 잃을까요? 주가가 고점일 때는 팔지 않다가 떨어진 뒤에야 팔고, 주가가 저점인데도 사지 않다가 주가가 다시 오르면서 매수 시점을 놓치기 때문이 아닌가요?

제 아버지는 종종 이렇게 말합니다.

"탁자에 물 한 잔이 있을 때 모두 한 모금씩 마시면 다들 목을 축일 수 있다. 그러나 한 사람이 다 마셔버리면 나머지 사람들이 그를

최선의 노력으로 최선의 결과를 만들어내야 한다는 오래된 신념에 사로잡혀 있지는 않나요?
노력이란 피와 땀, 눈물로만 이루어져 있지 않습니다. 즐거움과 여유도 포함되어야 합니다.
차선 또는 차차선의 결과를 선택한다 해도 그건 실패가 아닙니다.
삶의 공간을 조금은 남겨두는 것이 어쩌면 우리를 더 여유롭고 풍요롭게 만들어줄지도 모릅니다.

때려죽일 수도 있다."

공짜 너무 좋아하지 말고 욕심 다스리는 습관을 길러야 합니다. 작은 이익에 연연하지 않아야 성공에 가까워질 수 있습니다. 저는 공짜를 잘 모아서 부자 되었다는 이야기는 들어본 적이 없습니다. 공짜라고 해서 혹했다가 가산을 탕진했다는 사람은 많이 보았습니다.

굳이 증명하려고 애쓸 필요 없다

거의 모든 사람에게는 그 사람만의 강점이 되는 동시에 약점이 되는 한 가지 특징이 있습니다. 바로 자기 자신을 무척이나 증명하고 싶어 한다는 점입니다. 누군가 자신의 의견에 의문을 제기하면 발끈하면서 자신이 옳다는 것을 재차삼차 역설합니다. 그런데 사실 이러한 반응은 자신감이 없다는 반증이에요. 스스로 자신감에 차 있는 사람은 굳이 무언가를 증명하려고 애쓰지 않습니다.

누군가가 별것 아닌 일에 거품을 물면서 의문을 제기할 때, 다른 누군가는 자기 일에 매진하면서 착실히 돈을 벌고 있습니다. 당신이 누군가의 거짓을 파헤쳤다고 득의양양할 때, 어떤 사람은 자기 계좌의 잔고를 늘리고 있어요. 이런 일이 거의 매일 벌어지죠. 그래서 저는 누가 저를 욕하더라도 "나는 끼어들지 않겠다"고 말하고 싶습니다. 하지만 실제로 그렇게 할 수 있을지는 모르겠어요. 평정심을 유지하지 못하고 발끈할 때마다 저는 아직 수양이 많이 부족하구나 하고 반성합니다. 그래요, 이런 것도 수행이죠.

모든 성공 스토리에는 기적처럼 느껴지는 놀라운 에피소드가 깔려 있습니다. 다소 과장된 것 같기는 하지만 완전히 꾸며낸 것처럼 보이지는 않는 것도 사실이에요. 그런데 이런 에피소드가 회자되면 일단 의심부터 하면서 들고일어나는 사람들이 꼭 있어요. 그러나 저는 일단 믿어보겠다는 입장입니다. 믿어줘서 손해 볼 것도 없으니, 천천히 그들의 성공 비결을 연구하면서 배울 점이 있는지 없는지 찾아보는 것이 더 나으니까요. 폐선을 처분해도 쓸 만한 고철이 한 트럭은 나옵니다. 과장돼 보이는 성공 스토리에도 뭔가 하나는 보고 배울 만한, 하다못해 참고할 만한 부분이 있기 마련입니다. 특히 배울 가치가 있는 것은 어떤 상황에 닥쳤을 때 그 사람이 어떤 판단을 내렸고 그 판단의 결과가 어땠는지 하는 부분입니다. 설령 그것이 각색된 것이라고 할지라도 한 편의 이야기로서 완전성을 갖추고 있다면 충분히 배우고 참고할 만합니다.

문제제기는 쉽습니다. 일단 건드려놓기만 하면 여러 사람이 달려들어 물어뜯으니까요. 그러나 증명은 어렵습니다. 자신을 증명하는 데 필요한 자료를 찾아야 하기 때문이죠. 당신도 무언가를 증명하기 위해 애쓰다 보면 결국 알게 될 겁니다, 일상사에서 무언가를 증명한다는 것의 본질은 시간낭비라는 사실을. 당신이 증명해냈다고 해서 인정을 받는 것도 아니에요. 그것은 또 다른 문제입니다.

누군가가 문제제기를 했을 때 당신이 대응하지 않으면 그 문제는 그대로 의문투성이인 채로 남을지도 모릅니다. 그러나 대응하느라 많이 떠들다가 또 다른 실수를 남기는 것보다는 그게 더 나을 수도 있습니다.

Chapter 3

계속 가지 않으면
도착할 수 없다

배후의 승부

평소 공부는 거의 하지 않고 놀러만 다니는데 시험을 보면 성적이 좋고 성격도 유쾌해서 사람 짜증나게 만드는 친구가 다들 주변에 하나씩은 있을 거예요. 그러나 정작 그런 친구에게 물어보면, 집에 가서 늦은 시간까지 공부한다고 대답하는 경우가 많습니다. 그들은 그렇게 뒤에서 치열하게 노력하면서 앞에서는 그렇지 않은 척하는 데 지나치게 마음의 힘을 낭비하고 있을 겁니다.

집안 배경은 결코 무시할 수 없는 조건입니다. 빌 게이츠는 어머니의 친구가 IBM의 임원이었기 때문에 생애 첫 계약^{IBM에서 개발한 PC에 운영체제}

를 ^{공급하기로 한 계약}을 성공시킬 수 있었다고 말하지 않습니다. 워런 버핏의 책에서는 자신이 여덟 살 때 아버지와 함께 뉴욕거래소를 참관한 적이 있다고 말하지만, 그것이 당시 국회의원이었던 아버지가 골드만삭스 임원에게서 받은 접대의 일환이었다는 사실은 밝히지 않아요. 왕스^{부동산 개발업체인 완커그룹 회장}의 아버지는 류저우^{柳州} 철로국 국장이었으며, 부동산 재벌인 린즈창^{부동산 개발업체인 화위안의 전 회장}의 아버지도 차관급 고위공무원이었습니다. 결국 이들의 성공은 부모의 재산이라든가 권력, 인맥, 정보 등과 결코 떼어서 생각할 수 없습니다. 이것은 최소한 우리가 따라갈 수 없는 두 가지 격차가 있다는 사실을 의미합니다. 하나는 그들의 어릴 때 경험과 그로 인한 시야가 우리와는 다르다는 것이고, 다른 하나는 배후의 조력이 막대한 와중에 그들 자신의 노력까지 보태졌다는 사실입니다.

당신은 부모덕을 입은 게 없어서 고통스러울 수도 있지만, 아예 기회가 없는 것은 아닙니다. 이쯤에서 우리는 학교 문제에 대해 생각해볼 필요가 있어요.

학교는 공부를 하는 곳일까요? 표면적으로는 그렇습니다. 이런 표면적 관점은 누구나 가질 수 있기 때문에 아무 쓸모가 없어요. 승부를 가르는 것은 사실상 배후의 요소이지, 누구나 볼 수 있는 표면적인 데에 있지 않습니다. 바둑만 해도 그래요. 겉으로 보면 두 기사가 같은 바둑판 위에서 바둑을 두고 있을 뿐입니다. 그런데 왜 한쪽 기사가 항상 이기는 걸까요? '머릿속'이 다르기 때문입니다. 학교도 마찬가지예요. 모두가 같은 학교에서 같은 교사에게 배우는데 왜 어떤 학생은 공부를 잘하고, 어떤 학생은 못할까요? 왜 어떤 사람은 졸업 후에 잘나가는데, 어떤 사람은 자리를 못 잡고 헤맬까요? 이 또한 '배후'가 다르기 때문입니다.

대학은 절반 정도의 사회라고 할 수 있습니다. 그 안에서 당신은 어느 정도 생존 기반이 마련된 상태에서 많은 시간과 다양한 선택지를 갖게 됩니다. 강의를 들으러 갈 수도 있고, 아르바이트를 하면서 공부를 할 수도 있고, 연애를 할 수도 있고, 여기저기 놀러 다닐 수도 있습니다. 관건은 당신이 어떤 선택을 통해 무엇을 얻느냐입니다. 앞에서 언급한 '놀면서도 공부 잘하는 친구'의 경우, 당신은 그 친구와 어울려 놀면서도 그 친구가 배후에서 어떤 노력을 하는지는 보지 못했습니다. 그러다가 나중에 그 친구만 명문대학교에 합격하고 당신은 떨어진다면, 어디 가서 신세한탄을 할 건가요? 누구 탓도 할 수 없습니다. 자신의 행동에 대해서는 자신이 책임을 질 수밖에 없어요. 중국의 교육이 낙후되었다고 할 수밖에 없는 이유는 잘난 학생들은 잘난 대로 놔두고, 힘들어하는 학생들도 힘들어하는 채로 놔두기 때문입니다.

만약 어떤 사람이 랭킹 1위의 바둑 기사, 랭킹 1위의 배드민턴 선수와 각각 겨뤄서 이겼다고 하면, 당신은 아마도 그를 대단하다고 생각할 겁니다. 그런데 실은 배드민턴 선수와 바둑을 겨루고, 바둑 기사와 배드민턴을 겨루어서 이긴 것이라면? 바로 이 만능 큰곰의 이야기입니다. 사실 저는 전공에 능통한 사람이 아니라서 전공으로는 먹고살기가 힘들었습니다. 그러나 투자에서 창업, 법률, IT, 심지어 농업, 공업, 광산에 이르기까지 여러 분야에 대해 조금씩은 다 알고 있습니다. 깊이가 있다고는 할 수 없지만 넓이로는 충분히 먹고살 만해요. 여러 분야를 아우르는 핵심을 관통할 수만 있다면, 당신도 충분히 가능합니다.

많은 사람이 실상은 아무 의미도 없는 표면적인 문제를 놓고 머리를 싸맵니다. '대학에서는 과연 무엇을 배우고 있는가' 같은 주제가 특히 그래요. 그냥 당신 자신이 대학 다닐 이유를 찾을 수 없어서는 아닌가요? '대학에서 잘 가르치기만 했다면 내 삶도 나아질 수 있었는데'라는 생각에 대학교육이 형편없다고 질타하고 있지는 않은가요?

표면적인 노력만 해도 누구나 최소한 학교는 졸업할 수 있습니다. 그러나 인생의 승부를 가르는 것은 그 배후의 노력입니다.

국가적 문제에 대해 떠드는 사람들

사람에게 귀천은 없지만 계층의 차이는 있듯 차원의 차이도 있습니다. 어떤 문제가 당신의 각도에서 보면 정확하게 성립될지 몰라도, 정부의 관리라든가 인성, 수학, 게임이론, 심지어 윤리의 각도에서 바라보면 전혀 그렇지 않을 수 있습니다. 마지막에 가서는 현존하는 질서가 그나마 가장 합리적인 최선이라고 인정하게 될 수도 있고, 당신이 상상해온 근사한 변화는 뜬구름 잡는 소리에 지나지 않았다는 사실을 깨닫게 될 수도 있습니다. 저로서는 "당신 삶도 정확히 조망할 능력이 없으면서, 당신 생각대로 바뀌면 세상이 더 나아질 거라고 생각하는 이유가 뭐죠?"라고 묻고 싶어지는 이유입니다.

당신 삶의 문제는 대체로 당신 차원의 문제입니다. 당신이 문제를 바라보는 각도의 높이는 대체로 당신이 사회에서 차지하고 있는 위치와 관련이 있습니다. 그러므로 가만히 앉아 불평불만을 쏟아내기보다는 자신의 차원을 높인 뒤 다시 한 번 문제를 바라보는 것이 낫습니다. 그때는 과거에 자신이 했던 생각이 얼마나 유치한 수준이었는지 알게 될 거예요. 어릴 적에 항상 자기만 옳다고 우기던 모습을 떠올리면 웃음이 나지 않는가요? 높은 차원에 있는 사람에게는 당신이 바로 그런 어린아이처럼 보일 겁니다.

제가 인성을 연구하기 좋아하는 이유는, 인성은 언제 어디에서나 크게 다르지 않다는 걸 여러 번 확인했기 때문입니다. 진시황에게 분서갱유를 제안했던 이사李斯는 유학자들을 탄압해야 한다고 주장하며 이렇게 말했습니다.

"서생이란 조정에서는 마음속에 비난을 품고 있다가 거리로 나가서는 논쟁을 일으키기 일쑤입니다. 그들은 자기주장을 과하게 하면 이름이 있다고 칭송하고, 취향을 달리하면 고상하다고 추켜세웁니다. 어리석은 무리를 끌고 다니며 비방이나 지어내는 자들입니다."

요즘 식으로 표현하면, '서생이란 자들은 조정에서 속마음을 감추고 임금의 비위만 맞추다가 거리로 나가서는 조정을 비방하고, 통치 집단을 비판하는 것으로 유명세를 얻고 명성을 얻으려고 한다. 또 자신들보다 수준이 낮은 이들을 잔뜩 끌어 모아 헛소문을 퍼뜨리고 다닌다'는 뜻이에요.

요즘 사회의 여론 형성 과정도 크게 다르지 않습니다. 지금은 진시황 시대와 체제가 다르고 사람도 다르지만, 벌어지는 행태는 놀라우리만치 유사해요. 제가 국학國學, 중국 고유의 역사, 예술, 사상을 연구하는 학문, 즉 중국학을 중요하게 생각하는 것도 이 때문입니다. 도무지 정리가 안 되는 인생 경험이라도 고서를 한 번만 펼쳐보면 그 안에 비슷한 사례가 다 있을 뿐 아니라 명확한 해설과 해결책까지 담겨 있습니다. 마찬가지로 이 책을 읽은 사람들이 나중에 저에게 이렇게 말할지도 모릅니다.

"큰곰 선생, 차마 난 글로 쓸 생각까진 못했는데, 내가 하고 싶었던 말이 여기 다 있군요!"

차원의 격차란 이런 것입니다. 그러므로 자신의 차원 이상의 문제에 대해서는 함부로 논쟁하거나 열 올리지 않는 것이 좋습니다. 당신 자신의 일도 제대로 하지 못하면서 국가적 취업 문제나 공무원시험 문제, 대학교육 문제에 대해 과도하게 떠드는 것은 어리석은 일입니다. 나라 돌아가는 꼴이 문제인 것이 아니라 당신이 당신 수준 이상의 문제에 열을 올리는 것이 더 문제인지도 모릅니다. 자원이 유한한

상황에서는 당연히 조금 더 가졌거나 덜 가진 사람이 있기 마련입니다. 어떤 사람은 너무 많이 갖고 있는데 어떤 사람은 하나도 못 가지고 있기도 해요. 그러나 우리 자신의 무능이 온통 제도의 불공정 때문인 것은 아니잖아요.

개개인의 차원을 높이는 것이 우선입니다. 당신이 더 높이 보고 더 멀리 생각하고 더 많은 일을 해낼 수 있게 될 때 주류사회가 당신을 받아들일 가능성도 높아지고, 당신 자신 또한 더욱 유능하고 부유해져 있는 것을 발견하게 될 것입니다.

도움 주기의 순환 고리

비즈니스 모델을 분석하는 사람들은 선순환구조라는 말을 즐겨 씁니다. 지속적인 수익을 가능하게 하는 모델을 가리키는데, 베풂과 호의도 일종의 선순환구조를 이루는 요소입니다. 그런데 현대인에게 가장 결여되어 있는 것이 바로 이런 정신이에요. 모두가 이런 정신을 가지고 살아간다면 많은 일이 훨씬 좋아지고 잘 풀릴 건데 말예요.

인터넷에 돌아다니는 에피소드로 이야기해볼게요. 어떤 여자가 식당에서 밥을 먹고 있었습니다. 마침 기분이 좋지 않던 차에 음식에도 문제가 있어 종업원에게 화를 냈어요. 종업원에게 너무 심했던 것 같아 집으로 돌아오는 내내 마음에 걸렸습니다. 집으로 돌아온 여자는 어떻게 했을까요? 남편과 아들에게 화풀이를 했습니다. 결과적으로 여자는 자신이 기분 나쁘다는 이유로 온 가족의 기분을 망쳐놓았습니다. 여기에 좀 더 덧붙여진 이야기도 있어요. 기분이 나빠진 아들은 집에 있는 강아지를 발로 걷어찼습니다. 걷어차인 강아지는 화가 나서 맨 처음 화를 냈던 엄마를 물어버렸습니다. 이런 것을 악순환구조라고 할 수 있겠죠. 당신이 식당 종업원에게 화를 내면 최종적으로 개에게 물리게 됩니다.

〈아름다운 세상을 위하여〉라는 영화를 보면, 누군가에게 보답을 바라지 않고 도움을 베풀면서 이렇게 말하는 사람이 나옵니다.

"나중에 어려움에 처한 사람을 보거든 그 사람을 도와주시면 돼요."

십 년 후 이 사람은 어려움에 처해 누군가의 도움을 받게 되는데, 그 사람에게서 자신이 했던 것과 똑같은 말을 듣게 됩니다. 누군가에게 베푼 도움은 이렇게 돌고 돌아 멀리까지 전해집니다. 이런 것이 바로 선순환구조예요. 이 순환 고리가 아무리 길어 보여도 얼마 가지 않아 나에게 다시 피드백으로 옵니다. "선한 사람은 선한 보답을 받고, 악한 사람은 악한 보답을 받습니다. 업보를 받지 않는 것처럼 보이는 이유는 아직 때가 도래하지 않은 것뿐"입니다.

그러므로 누군가에게 도움을 줄 때에는 그 일이 만들어낼 선순환구조를 상상해보면 좋아요. 지금 당신이 심는 어떤 씨앗이 나중에 거대한 나무로 자라날 수 있습니다. 그러나 그 열매가 꼭 당신에게 돌아오기를 기대하지는 마세요. 제가 굳이 시간을 내서 위챗중국의 모바일 메신저 팔로워들의 질문에 답하는 것도 무슨 보답을 바라서가 아니에요. 꾸준히 사람들에게 어떤 도움을 주다 보면, 그 보답이 긴 순환 고리 속에서 널리 퍼질 거라고 상상할 뿐입니다. 그런데 대부분의 사람들은 당장 보답이나 이득이 돌아오지 않으면 아예 시도조차 하지 않아요. 이렇게 살면서 생기는 손실은 꼭 돈만이 아닙니다. 정말로 큰 손실은 기회예요. 당신이 어떤 사소한 일을 함으로써 당신보다 실력 있는 누군가가 당신의 능력을 보게 될 수도 있는 것입니다. 당신이 했던 어떤 사소한 일이 새로운 기회의 디딤돌이 될 수도 있습니다.

당신이 베푸는 도움 하나하나를 수익이나 보답으로 연결 짓지 마세요. 이걸 내놓았으니 저걸 받아야겠다는 식으로만 생각하면 더 큰 잠재적 기회를 놓칩니다. 실은 기회야말로 가장 중요한 것입니다. 결혼정보업체에 가입한 사람들을 보세요. 그들이 당장 배우자라는 결과를 구매하기 위해 가입한 걸까요? 배우자를 만날 '기회'를 얻기 위해서 가입한 것입니다. 비용을 지불하고 만남의 '기회'를 얻지만, 정말로 마음에 드는 상대를 만날 수 있는가는 또 다른 문제입니다.

그러므로 당신이 많은 도움을 베풀었다고 해서 꼭 손해를 본 것은 아닙니다. 누군가에게 도움을 베푸는 것만으로도 당신의 마음은 한결 선량해집니다. 영혼을 변화시키는 것도 인생을 변화시킬 수 있는 좋은 방법입니다. 제가 많은 돈을 빨리 벌기를 권하지 않는 것도 그 과정에서 영혼이 파괴될 수 있기 때문입니다. 단번에 큰돈을 버는 경험은 자칫 삶을 엇나가게 만들 수 있어요. 우리는 이런 문제에 특히 주의를 기울여야 합니다.

세상은 큰 틀에서 균형을 이루고 있습니다. 당신이 이쪽에서 너무 많은 돈을 벌 때 다른 쪽은 너무 많은 돈을 잃어 기울어지고 있습니다. 그러므로 능력이 있을 때 많이 베풀고 도우세요. 어느 순간, 당신 앞으로 넓은 길이 펼쳐져 있을 것입니다. 그러나 한순간에 많은 돈을 벌려고만 하면 상황이 급변하는 순간 바로 힘들어질 수 있습니다.

"범도 평지에 내려오면 개들의 업신여김을 받는다"는 말이 있습니다. 이 말은 당신이 호랑이일수록 마땅히 개들에게 잘해주어야 한다는 뜻입니다.

천천히, 너무 늦지만 않게

오랫동안 제 좌우명은 '너무 빨리 가려고 하면 오히려 도달하지 못한다'였습니다. 그래서인지 성격도 느긋한 편이에요. 그런데 온오프라인을 통틀어 제가 가장 자주 받는 질문이 있습니다.

"큰곰 선생님은 위챗 운영을 어떻게 하시나요?"

마음이 급한 사람들은 아예 이렇게 묻습니다.

"위챗 팔로워를 확 늘리려면 어떻게 해야 하죠?"

마음이 더 급한 사람들은 이렇게 물어요.

"어떻게 하면 모멘트로 돈을 벌 수 있을까요?"

이런 질문들을 대하다 보면 제가 무슨 말을 해도 이들의 조급한 마음은 달라지지 않겠구나 하는 생각이 듭니다.

저도 마음이 조급했던 때가 있었어요. 2014년이었죠. 어머니가 저에게 2015년에는 꼭 결혼을 해야 한다고 종용했습니다. 처음엔 '뭐 어때?' 하는 마음이었지만 막상 2014년 하반기가 되자 마음이 급해졌어요. 물론 그래봤자 결과는 달라지지 않았습니다. 나중에야 저는 조급해하는 모습이 제 가치관과는 맞지 않는다는 생각에 원래의 제 모습으로 돌아가기로 했습니다. 결혼에 마음이 급해지면 결혼 자체가 목적이 되어버린 나머지, 기점을 종점으로 착각하게 됩니다. 그러나 결혼은 그 자체가 목적지가 아니라 또 하나의 출발일 뿐이에요. 결혼한 뒤에도 수많은 난관이 기다리고 있어요. 그 어려움에 비하면 결혼식 자체는 아무것도 아니죠. 그러니 천천히 가도 됩니다. 너무 늦지만 않게.

잠시 저의 개인 미디어 경력을 돌아볼게요. 저는 2011년 9월부터 지금까지 개인 미디어에 글을 써오고 있습니다. 블로그에만 315편의 글이 있고, 다른 글까지 합치면 총 400편 가까이 됩니다. 평균 2~3일에 1편 꼴로 글을 쓴 셈이에요. 이 가운데 4편이 관련 업계의 전문가로부터 추천을 받았어요. 이 4편의 글이 저의 개인 미디어 영향력을 높이는 데 결정적 역할을 했으니, 계산해보면 1% 조금 못 미치는 성공률입니다. 다른 개인 미디어 운영자들은 이보다 훨씬 낮은 빈도로 글을 씁니다. 글의 수준이 서로 비슷하다고 가정하면, 같은 성공률에 도달하기까지는 훨씬 오랜 시간이 걸릴 겁니다. 정확히 어떤 글이 폭발적인 반응을 얻을지는 아무도 알 수 없어요. 그런 날을 맞이할 때까지는 그저 계속 써나가는 수밖에 없습니다. 결과적으로 저는 5년 뒤로 내다보았던 목표가 첫 해에 이루어졌고, 지금은 새로운 목표를 수립중입니다.

많은 부호들이 비슷한 이야기를 합니다. 오랫동안 공들여온 일이 있어야 한 순간에 빛을 보는 날이 있다고. 제 아버지도 "돈은 매일 버는 것이 아니고, 다달이 버는 것도 아니고, 해마다 버는 것도 아니다. 그 모든 시간이 축적된 어느 날!"이라고 말했습니다. 그러므로 빨리 성공하겠다는 마음은 버리고 당신은 그저 당신이 하고 싶은 일을 꾸준히 해나가면 됩니다. 방향만 정확하다면 아무리 천천히 가도 충분

진정한 성공은 갑자기 찾아오는 것이 아닙니다.
당신의 경험과 고민과 모색이 축적된 어느 날, 찾아올 겁니다.
그러니 너무 조급해하거나 좌절하지 말고 꾸준히 앞으로 나아가세요.

히 빠른 거예요. 오히려 너무 조급한 걸음이야말로 목적지에 다다르기 어렵게 만들 수 있습니다.

저는 요즘 제품의 성공에 대해 연구하고 있는데, 저우훙웨이^{중국의 인}터넷 보안·소프트웨어업체인 치후360의 CEO이자 스마트폰 제조업체 치쿠의 CEO도 "제품은 오랜 운영 노하우를 거쳐 만들어지는 것이지 어느 한 순간에 나오는 것이 아니다"라고 말하는 것을 보았습니다. 오랜 개발 작업과 문제 개선을 거치고, 다시금 끊임없이 사용자 의견을 청취한 뒤라야 진정으로 사용자들이 좋아하는 제품을 만들 수 있다는 것입니다. 그러나 젊은 시절의 저를 포함해서 많은 사람들이 단숨에 성공해서 크게 한몫 잡을 생각부터 합니다. 그러다가 처음으로 돈 벌 기회가 생기면 그것으로 얼른 큰돈을 벌어야겠다는 욕심에 빠지고 맙니다. 이런 욕심이 위험한 이유는 당장은 돈을 벌 수 있을지 몰라도 내 안에 쌓이는 실력이 없기 때문입니다. 그러다가 돈마저 벌지 못하게 되면 인생이 통째로 낭패에 빠지는 수가 있습니다.

이런 문제는 '석사생의 월급이 어째서 농부보다 못할 수 있는가'라는 논쟁을 떠오르게 합니다. 석사생의 월급이 적은 이유는 석사가 되는 데 성장 과정이 필요하고, 그 성장의 공간은 농부의 그것보다 크기 때문입니다. 이 공간은 천천히 넓히고 채워가야 하는 것으로, 이렇게 해서 완성된 능력과 인품은 다른 누구도 가져갈 수 없게 됩니다. 이제는 어떤 업무나 프로젝트도 당신 삶의 전망을 보장해주지 않아요. 지금 같은 시대에 삶의 전망을 보장할 수 있는 것은 당신 자신뿐입니다.

먼저 조급한 마음부터 다스려야 일도 잘 풀리기 시작합니다. 마음이 차분해져야 일의 순서와 중요도를 정리할 수 있고, 모든 일이 명확해질 수 있어요. 아직 아무것도 정해지지 않았다 해도 차근차근 좋은 방향으로 발전할 수 있습니다.

그러므로 속도를 조금 늦추고 자기 자신과, 지금 자신이 가고 있는 길을 잘 살펴보기를 바랍니다. 자신이 어떤 미래를 원하는지, 궁극적으로 하고 싶은 일은 무엇인지, 잘할 수 있는 일은 무엇인지, 어떻게 가치를 창조할 것인지도 같이 생각해보기 바랍니다. 돈이란 당신이 어떤 가치를 안정적으로 창출할 때 그 가치와 함께 따라오는 부가적 가치입니다.

나를
알아야

제대로
시작할 수 있다

두 번째 공부 정확한 자기인식에 관하여

사람들의 자기인식은 크게 두 종류로 나뉩니다. 과대평가 아니면 자기비하. 아주 소수의 사람들만이 자신의 수준을 정확하게 파악하고 있어요. 〈두 번째 공부〉에서는 자신을 정확히 평가하는 데 참고가 될 만한 이야기를 하려고 합니다. 자신의 수준을 정확히 판단한 뒤에 자기 역량의 80% 정도를 발휘할 수 있는 일에 뛰어든다면 성공률이 훨씬 높아질 거예요. 성공률이 높아질수록 자기 자신에 대한 믿음이 커지고, 이 믿음을 바탕으로 다시금 자신의 수준을 높일 수 있습니다.

자신에게 중요한 몇 가지 방향을 알면, 무엇을 버리고 취할지, 취한 것은 어떻게 향상시켜나갈지 아는 데도 유리합니다. 이런 인식을 통해 자신의 실제 위치와 주변 환경도 더욱 분명히 알 수 있습니다. 정확한 자기인식이야말로 도약을 위한 진짜 출발점입니다.

Chapter 4

'나'라는
존재의 크기

본분과 자아

홍콩 배우 유덕화에게 무수한 상을 안겨준 영화 〈심플 라이프〉를 보
다가 저도 모르게 눈물이 흘렀습니다. 오랫동안 눈물 흘릴 일이 없
다 보니 조금 당황스러웠어요. 베이징에 오래 살면서 그런 느낌을 받
은 건 처음이었어요. 아마도 다들 자신의 감정을 돌볼 새 없이 바쁘
게 살고 있을 겁니다.

영화 속 주인공 아타오는 10대 중반부터 60년간 둥*씨 집안에서
가정부로 일하면서 4대에 걸쳐 둥 씨 가족들을 보살펴왔습니다. 마지
막에는 이 집안의 어린 주인(로저)이 그녀의 만년을 돌보고 임종을 지

킵니다. 하루 종일 남의 집에서 음식을 하고, 집안 정리를 하고, 아이들을 돌보며 살아온 아타오의 삶은 오늘날의 눈으로 보면 남을 위해 희생만 해온 것 같습니다. 개인적으로 이 영화에서 가장 울컥했던 장면은 새로운 가정부에게 신선한 생선은 어디 가면 살 수 있는지, 밥은 어떻게 지어야 맛있는지, 집주인들이 어떤 시간에 뭘 먹기를 좋아하는지 아타오가 세세하게 알려주는 장면이었습니다. 새로 온 가정부는 아타오 한 사람이 그렇게 많은 일을 책임져왔다는 사실에 놀라워하며 그녀의 이야기에 귀를 기울입니다.

비슷한 장면이 한국 영화 〈엽기적인 그녀〉에도 나오죠. 남자 주인공은 여자 주인공과 맞선을 보기로 한 남자에게 그녀가 무엇을 좋아하고 무엇을 싫어하는지, 그녀에게는 어떻게 대해주어야 하는지 세세하게 이야기해줍니다. 이런 장면들은 디테일이란 결국 실생활에서 나온다는 것을 우리에게 알려줍니다.

아타오는 오랜 가정부 생활을 통해 이런 직업적 경지에 올라 있었던 것입니다. 아타오가 중풍으로 쓰러지면서 더 이상 일을 할 수 없게 되자, 로저는 세탁기에 어떻게 옷을 넣어야 하는지조차 몰라 허둥댑니다. 아타오는 더 이상 일을 할 수 없게 된 시점에도 마지막까지 자신의 본분을 다합니다. 로저의 어머니에게 전화를 걸어 더 이상 일을 할 수 없게 되었다고 전하고, 더는 가족들에게 폐를 끼치지 않기 위해 자신의 돈으로 요양병원에 들어갑니다. 당신이 사장이라면 이런 직원을 좋은 사람으로 생각할 것이고, 당신이 직원이라면 이 사람이 너무 불쌍하다고 생각할지도 모릅니다. 평생을 이렇게만 살아온 사람의 삶에는 대체 무슨 의미가 있을까요? 영화에는 로저의 누나가 로저에게 이렇게 말하는 장면이 나옵니다.

"아타오가 널 애지중지 키웠으니 네가 이렇게 번듯하게 자랐지."

저는 아타오의 삶이 결코 헛되지 않았다고 생각합니다. 일생에 걸쳐 둥 씨의 가족을 돌본 결과, 로저가 그토록 멋진 청년으로 성장했으니 말입니다.

본분과 자아에 대해 생각해볼까요? 지금도 많은 사람들이 생각합니다. '이 일이 나와 잘 맞을까? 난 어떤 일에 잘 맞을까? 어떻게 하면 더 좋은 직업을 얻을 수 있을까?' 모두 '자아'에서 출발한 질문들입니다. 그런데 '어떻게 해야 내가 이 일을 좀 더 잘할 수 있을까?'라고 묻는 사람을 저는 거의 본 적이 없습니다. 앞선 질문들의 맹점은 자아만 일깨우고 있을 뿐 본분은 망각하고 있다는 데 있습니다.

저는 줄곧 "먼저 자기 자신을 정확히 인식해야 합니다. 그런 다음 자신의 삶과 이 사회를 바꾸려고 노력해야 합니다"라고 강조해왔습니다. 자신이 어떤 일에 적합한지 알아야 자신의 본분을 발견하고 그 일을 철저히 해낼 수 있다는 의미입니다. 큰 인재가 작은 일에 쓰일 수는 있지만, 작은 인재가 큰일에 쓰일 수는 없어요. 정말로 똑똑한 사람들은 자신의 최대 역량보다 조금 낮은 수준의 일을 택해서 좀 더 많은 자유와 여유를 누리며 살아갑니다. 그러나 자신을 과대평가하는 사람들은 다다를 수 없는 목적지를 갈망하며 끝없이 자신을 다그

치다 마지막 잠재력마저 고갈시켜버립니다. 그러다가 스스로 한계에 부딪히면 사회의 체제가 문제라고, 세상이 자신에게 너무 불공평하다고 불평합니다. 불평하지 않는다 해도, 일찌감치 바닥나버린 에너지로는 어차피 오래 버틸 수가 없습니다. 물론 대부분의 사람들이 지금도 열심히 불평불만을 쏟아내는 중입니다.

불교에서 말하는 '근기根器'라는 것이 있습니다. '근根'은 하늘에서 내린 재능이나 타고난 성품이고, '기器'는 그 '근'을 담아낼 수 있는 그릇입니다. 당신이 열심히 노력해서 '기'를 넓혀갈 수는 있지만 '근'을 바꿀 수는 없어요. 그러나 현실에서는 '근'은 둘째 치고, '기'를 넓히고 다듬어나가려는 노력도 거의 찾아볼 수 없습니다. 다들 '본분'은 다하지 않은 채 '자아'에만 매달리고 있으니까요. 이것이 바로 현재 심각해지고 있는 구직·구인난의 핵심입니다. 어떤 직장이든 응시자는 엄청 몰려드는데 정작 인재는 별로 없어요. 뽑아놓는다고 해서 일을 잘하는 것도 아닙니다. 인재를 뽑아도 오래 머물며 일하려 들지 않아요. 저를 포함해서 이 사회 전체가 경박하고 산만하게만 흘러가고 있습니다.

자신이 본분을 다하고 있는지 알 수 있는 방법은 간단합니다. 전에 일했던 직장에 가서 당신에 대한 평판을 들어보는 것입니다. 당신이 떠나올 때 상사가 당신을 붙잡았는가요? 상사가 당신을 다른 직장에도 적극 추천했는가요? 함께 일했던 동료들이 당신과 함께 일하고 싶어 했는가요? 그들도 당신이 떠나는 것을 아쉬워했는가요?

마음이 하늘보다 높은 사람들

저는 제 자신을 향상시키고자 하는 마음도 강하지만 다른 사람의 향상심을 북돋는 것 역시 좋아합니다. 그러나 누군가가 현재의 상황에 머무르고 싶어 한다면 그 사람의 선택 또한 존중할 겁니다. 마음이야 안타깝지만 향상되고자 하는 의지가 없는 사람을 억지로 어떻게 할수는 없잖아요. 게다가 세상 사람들이 자꾸만 새로운 것에 도전해보라고 종용하는 것 역시 마음에 들지 않습니다. 맹목적 낙관이 아닌 이성적 낙관을 중시하는 저로서는 '마음은 하늘보다 높으나 팔자는 종잇장보다 얇다心比天高 命比紙薄(심비천고 명비지박). 품은 뜻은 높고 원대하지만 생명이 유한하여 대망을 실현하기 어렵다는 뜻'는 말을 기억하라고 말하고 싶기도 합니다.

저는 대학시절부터 '마음이 하늘보다 높은' 총아들을 숱하게 보아 왔습니다. 지금 중국에 일고 있는 창업 붐은 특히 이런 사람들의 가슴에 불을 지릅니다. 사람이라면 누구나 가지고 있는 공통적인 특성이 있는데도, 어떤 사람들은 자신이 남들과 굉장히 다르다고 생각해요. 집안 여건이 대단히 풍족한 사람이라면 모를까, 대부분의 사람들은 가슴에 품고 있는 뜻보다 자신의 팔자가 종잇장보다 더 얇습니다. 그리고 그들 대부분은 이미 자신의 수준에 맞는 삶을 살고 있습니다.

'마음이 하늘보다 높은' 어떤 사람은 꽤 큰 회사에서 일하던 중 "자신에게 맞지 않는 직무만 주어진다"며 새로운 회사로 이직했습니다. 그는 새 회사의 실력이 아직 부족하니 자신이 회사의 실력을 키우고 싶다고 말하더군요. 그 이야기를 들으며 저는 마음이 복잡했습니다. 자신의 총명을 과대평가하는 사람은 마지막에 가서 비극을 맞이할 가능성이 높거든요. 현실과, 자신에 대한 과도한 평가 사이의 괴리가 커질수록 비극은 참담해집니다.

또 다른 친구는, 위에서 말한 친구가 원래 일하던 회사로 이직했습니다. 이 친구는 나이도 어린 자신에게 꽤 높은 직무가 주어졌다며, 창창한 미래를 펼쳐 보이겠다는 야심에 차 있었습니다. 저는 이 말을 들으면서도 마음이 복잡해졌어요. 십수 년 된 중견 기업이 어린 직원에게 중요한 직무를 맡겼을 리도 없거니와, 설령 맡겼다 해도 그것이 도리어 본인에게 위기가 될 가능성이 크기 때문이었습니다.

또 다른 사례도 있습니다. 평소 야무지고 성실해서 어디든 추천하고 싶었던 20대 여성에게 저는 실력 있는 회사를 소개해주었습니다. 그런데 그녀는 제 제안을 고사하며 말하더군요.

"그 회사에 들어가는 건 저에게도 오랜 꿈이었어요. 그런데 지금은 제 실력이 부족한 것 같아요. 다른 직장에서 2~3년 더 경험을 쌓고 싶습니다. 그때 다시 추천해주세요."

저는 조금 아쉬웠지만, 그녀의 겸손한 태도에 깊은 감동을 받았습니다. 그녀는 자기 자신을 정확히 인식하고 있는 동시에, 미래에 대한 계획과 자신의 꿈을 이루기 위해 필요한 절차를 잘 알고 있었습니다. 그녀를 좋은 회사에 추천하려고 했던 제 안목이 틀리지 않았음을 확인하는 순간이기도 했습니다.

'높은 산에 오르지 않으면 하늘이 높은 줄 모르고, 깊은 계곡에 임하지 않으면 땅이 두터운 줄 모른다. 반걸음씩 꾸준히 쌓지 않고서는 천 리에 다다르지 못하고, 작은 흐름이 모이지 않고서는 강과 바다가 이루어지지 않는다. 천리마가 아무리 크게 뛰더라도 단번에 열 걸음을 나아갈 수는 없고, 노둔한 말일지라도 열흘을 달린다면 충분히 다다를 수 있다'는 말이 있습니다. 자신의 능력을 과대평가하지 말고, 일의 어려움을 과소평가하지 말며, 남을 함부로 어리석다고 간주하지 말아야 한다는 뜻입니다.

직업 세계에서는 되도록 자신이 전적으로 감당할 수 있는 일만 하고, 자신의 한계에는 함부로 도전하지 않는 것이 좋습니다. 잠재력은 아직 잠재력일 뿐이에요. 잠재력은 천천히 다지고 쌓은 뒤에야 실력으로 발휘되어 나오는 것입니다. 실력이 채 다져지기도 전에 야심차게 달려나가다가 발이 걸려 넘어지는 순간 그대로 수렁에 빠져버릴 수 있습니다.

능력 있는 당신, 왜 제대로 쓰이지 못할까

저는 이제껏 자신의 능력이 아직 부족하다고 말하는 사람을 거의 보지 못했습니다. 가끔 있기는 있었습니다만 그들은 사실 굉장히 실력 있고 성실한 사람들이었어요. 그들은 자신의 능력에 비해 기대가 크지 않았기 때문에 거의 모든 일에 만족하면서 살고 있었습니다.

흔히들 자신의 능력을 펼칠 곳이 없다고 불평합니다. 그런데 제 경험에 비추어보았을 때 IQ가 낮지만 EQ가 높은 사람들에게는 언제나 그를 돕는 사람들이 주위에 있었던 반면, EQ가 낮고 IQ만 높은 사람들은 좀처럼 좋은 소속이나 파트너를 만나지 못하는 경우가 많았습니다.

한번은 동료 한 명과 인재에 관한 이야기를 나누던 중 인재를 평가하는 기준에 대한 의견이 엇갈린 적이 있습니다. 가장 생각이 달랐던 지점은 '업무 성과가 인재의 판단 기준이 될 수 있는가' 하는 부분이었습니다. 저는 업무 성과란 전체적인 팀워크의 결과이지 어느 한 사람만의 공일 수 없다고 생각했습니다. 한 사람에 대해 평가할 수 있는 요소는 '그의 업무가 창조적인 성격의 일인가'와 '그는 회사의 가치관과 잘 맞는 사람인가' 정도입니다.

예전에 한 동료가 꽤 좋은 직장에 있다가 "하는 일이 재미없다"며 퇴사한 일이 있었습니다. 그의 능력이 주위 사람들보다 조금 낫기는 했으므로 실력이 있다고 해서 꼭 중용되는 건 아님을 알 수 있습니다. 더욱이 지금 말하는 '실력 있는 사람'이란 정말로 실력이 있는 사람을 말하는 것이지, 스스로 실력이 있다고 믿는 사람을 두고 하는 말이 아닙니다.

정말로 실력이 있는 사람과 스스로 실력이 있다고 믿는 사람, 왜 이런 차이가 생기는 걸까요? 자신이 생각하는 인재의 기준이 다르기 때문일 수 있습니다. 우리는 보통 순수한 의미의 '재능'을 가진 사람을 인재라고 생각합니다. 인재가 등장하기만 하면 모두가 협력하여 뛰어난 성과를 만들어낼 수 있다고 믿습니다. 하지만 그런 인재가 존재한다고 해도 그의 출중한 재능은 치명적인 독이 되기 쉽습니다. 천지 사방에서 그를 질시하고 깎아내리려 들 테니까요. 성공은 뛰어난 재능 하나로 얻어지는 것이 아닙니다. 성공은 IQ와 EQ, 재능, 인간관계 등이 맞물려 얻어지는 종합적인 결과입니다. 이런 모든 요소를 다 갖추고 있는 사람은 극소수일 수밖에 없습니다. 당신이 정말 재능 하나는 끝내주게 뛰어난 사람이라면, 그 재능 이외의 다른 요소들은 어떤지 꼭 돌아보아야 합니다. 모든 요소를 고려하고 난 뒤의 총체적 역량을 다시 평가해보길 바랍니다.

학술계에서는 순수한 의미의 재능이 정말 중요합니다. 그러나 팀을 이루어 성과를 내야 하는 대부분의 일에서는 재능 하나가 그렇게 중요하지 않습니다. 오히려 천천히 실력을 키우면서 조직에 융화되어가는 평범한 사람이, 재능만 있고 덕이 없는 사람보다 성공할 가능성이 더 높습니다.

어딜 가도 자신의 상사가 무능하다고 불평하는 사람들이 있습니다. 그런데 왜 그처럼 무능한 사람이 상사가 되었을까요? 그 사람은 말 그대로 무능해서, 다른 어디로도 이직할 수 없었기 때문에 그냥저냥 버티다가 승진하게 되었을 가능성이 큽니다. 어떤 조직에서든 관리직으로 올라갈수록 재능 자체의 중요성은 현저히 줄어듭니다. 아니, 어떤 의미에서는 끈기 있게 버티면서 착실하게 한 단계씩 올라가는 능력이야말로 일종의 재능인지도 모릅니다.

역설적이지만 상사들은 재능이 출중하고 야심에 찬 직원보다 착실하고 우직하며 평범한 직원을 더 좋아합니다. 그래서 재능과 야심이 큰 사람일수록 오히려 직업적 지위는 불안정하기 쉽습니다. 재능 있는 직원을 경계하는 상사의 심리도 무시할 수 없어요. 특히 회사의 규모가 작을수록 더 그렇습니다. 그러므로 재능 있는 사람이 성공하기 위해서는 한동안 자신의 재능을 감추고 조용히 실력을 키우면서 결정적인 기회를 기다리는 것이 가장 좋습니다. 별다른 재능이 없는 사람이라면 착실한 노력으로 상사의 신임을 얻는 방식이 가장 무난해요. 이렇듯 재능은 성공의 필요조건 가운데 하나일 뿐 그 자체로 충분조건은 되지 못합니다.

지금 당신이 출중한 능력에도 불구하고 중용되지 못하고 있다면, 둘 중 하나일 가능성이 높습니다. 실은 별 능력이 없거나, 반대로 능력만 출중하거나. 전자라면 어쩔 수 없지만, 후자라면 대단히 안타까운 일이 아닐 수 없습니다. 재능은 출중한데 EQ가 높지 않은 사람은 남들과 가까워지지 못해서 재능을 펼칠 기회조차 얻지 못하는 경우가 많습니다. 너무 수준 높은 예술은 이해하는 사람이 많지 않은 것과 비슷합니다.

지금 당신이 중용되지 못하고 있다면, 둘 중 어느 쪽에 속하는지를 먼저 구분해야 합니다. 실력이 없어서 성과가 부진한지, 실력은 뛰어난데 사람들의 호감을 얻지 못하고 있는 것인지. 전자에 속한다면 꾸준한 노력으로 실력 자체를 키우는 수밖에 없습니다. 후자라면 자신의 성격을 바꾸려고 노력하거나(이것도 어려운 일이기는 해요), 자신을 좋아하는 스타일의 상사를 만나야 합니다(직장에서도 '기운이 잘 맞는' 사이는 중요하죠).

우리는 십수 년간 학교교육을 받고 자라오면서 알게 모르게 모든 것을 양적으로 비교하는 습관에 길들여져 있습니다. 99점 받은 학생이 98점 받은 학생보다 우수하다고 평가받는 곳이 학교예요. 그러나 사회는 전혀 다른 이치로 돌아갑니다. 성공만 해도 수많은 요소와 변수의 결합입니다. 심지어 그 결과조차, 가장 짧은 나무판자의 높이까지만 물이 차오른다고 하는 '나무통 이론'이 적용되는 경우가 많습니다. 이제 막 학교를 졸업한 청년들은 이런 이치를 이해하기까지 수년이 걸립니다. 점수라는 것 이외의 기준을 아직 알지 못하기 때문입니다.

피터의 법칙Peter's principle이라는 것도 있어요. 직장에서 직원들은 자신이 그 업무를 감당할 수 없는 직위까지 승진하려는 경향이 있다는 이론입니다. 그 결과, 많은 조직의 관리직들이 실은 그 직위의 업무를 감당할 수 없는 무능한 직원들로 채워지는 모습을 보게 됩니다. 자신의 수준을 정확히 판단한 뒤에, 본인이 90 정도의 능력을 가지고 있으면서 80 정도를 발휘하는 것이 가장 이상적인 선택입니다. 이렇게 스스로에게 여유 공간을 남겨둘 줄 알아야 한다는 지혜는 '매사에 전심전력을 다해야 한다'는 세상의 말과는 배치되죠. 노자도 "하늘의 도는 남은 것을 덜어 부족한 것에 보태는데, 사람의 도는 부족한 데서 덜어 남는 데에 보탠다"고 했습니다. 여기서 말하는 '하늘의 도'는 균부均富사상에 가깝고, 후자는 마태 효과Matthew effect, '무릇 있는 자는 더욱 받아 풍족하게 되고, 없는 자는 있는 것까지도 빼앗기리라'는 신약성서의 마태복음 13장 12절과 25장 29절에서 비롯된 사회학 용어로, 부자는 더욱 부자가 되고 가난한 자는 더욱 가난해지는 부익부빈익빈 현상을 가리킴를 떠올리게 합니다.

재능 있고 능력 출중한 당신, 왜 조직에서 쓰이지 못할까요? 이유는 둘 중 하나입니다. 사실은 능력이 출중하지 않아서, 혹은 EQ가 낮아서.

최선을 다한 결과가 왜 이럴까

뼈 빠지게 공부했는데도 허망한 성적을 받고 주저앉는 사람이 있는가 하면, 별로 공부도 하지 않은 것 같은데 시험 성적이 늘 좋은 사람도 있습니다. 누구나 주변에는 열심히 공부했는데도 원하는 대학에 진학하지 못한 중고등학교 동창이 있을 겁니다. 결과가 이런 식으로 제멋대로일 거라면, 굳이 노력을 할 필요가 있을까요?

세상에서는 대개 결과가 1순위이고 노력은 단지 성공을 해석하기 위한 말로 동원됩니다. 물론 "최선의 노력을 다했다면 실패해도 후회가 남지 않는다"는 말처럼 노력이라는 말이 실패를 해석할 때 쓰이기도 합니다. 하지만 솔직히 "최선을 다했으므로 후회는 남지 않는다"는 사람을 저는 본 적이 없습니다. 아무리 최선을 다해도 좋은 결과가 나오지 않는 이유는 무엇일까요?

첫째, 실은 최선을 다하지 않았기 때문일 수 있습니다. 어떤 기자가 미국 NBA의 스타 코비 브라이언트에게 물었습니다.

"당신은 어떻게 해서 이렇게 성공할 수 있었나요?"

코비가 대답했어요.

"새벽 4시의 LA 풍경을 본 적 있나요? 저는 자주 봅니다. 그때 하루 훈련을 시작하거든요."

당신은 새벽 4시에 무얼 하고 있는가요?

둘째, 노력의 방향이 달랐을 수 있다. "새벽 4시의 LA 풍경을 본 적 있나요?"라는 코비의 질문에 기자가 대답했습니다.

"저도 새벽 4시의 LA 풍경을 자주 봅니다. 그때쯤 기사를 송고하고 집으로 가거든요."

그렇습니다. 기자도 코비 못지않게 최선의 노력을 다했습니다. 다만 두 사람은 노력의 방향이 달랐어요. 그래서 코비는 농구 스타가 되었고 그는 기자가 된 것입니다.

셋째, 타고난 재능이 부족할 수 있습니다. 동료 농구선수가 코비에게 물었습니다.

"자넨 어떻게 그렇게 성공할 수 있었나?"

코비는 이번에도 같은 대답을 했습니다.

"새벽 4시의 LA 풍경을 본 적 있나? 난 자주 봐. 그때 하루 훈련을 시작하거든."

그러자 동료 선수가 대답했습니다.

"나도 자주 보는데. 난 새벽 3시 반에 훈련을 시작하거든."

이렇듯 남보다 더 노력하는데도 결과가 신통치 않을 수 있습니다. 그렇다면 이것은 재능이 부족해서라고 말할 수밖에 없어요. 에디슨은 "천재는 99%의 노력과 1%의 영감으로 이루어진다"고 말한 뒤 이렇게 덧붙였습니다. "그러나 사실은 이 1%의 영감이 가장 어렵다."

모두가 코비처럼 새벽 4시부터 훈련을 한다 해도 똑같이 성공할 수는 없는 이유입니다. 코비는 왜 자신의 성공에 대해 '노력' 운운할 수밖에 없었던 걸까요? 차마 "난 천재니까"라고 말할 수는 없었기 때문입니다. 이처럼 노력하기만 하면 성공할 수 있다는 믿음이 배신당하는 경우가 많습니다.

노력의 수준이 낮은 것도 어떤 의미에서는 타고난 재능이 거기까지인지도 모릅니다. 노력에 재능까지 더해진 성공은 정말 어마어마한 것입니다.

하지만 이런 생각을 할 수도 있어요. 모든 사람이 그렇게 대단한 성공을 거두어야 하나? 어느 정도 만족할 만큼의 삶이면 되지 않나? 그렇다면 우리는 노력이나 재능의 차원이 아닌, 다른 뭔가를 더 고민해보아야 합니다.

현재 하는 일이 불만스럽거나 매너리즘에 빠졌다면, 일을 대하는 마인드나 자세를 바꾸어보는 것도 좋은 방법입니다. "일이 너무 지겹다"면서 이직하고 싶어 했던 사람에게 저는 이렇게 조언한 적이 있습니다.

"내일 당장 퇴사한다 가정하고, 홀가분한 마음으로 지금까지 하던 일을 다시 해보세요. 상사가 뭐라 하든 (어차피 퇴사할 거니까) 신경 쓰지 마시고요. 그래도 일이 지겨워 죽겠다면 퇴사하는 수밖에 없죠."

결국 그는 일을 대하는 자세를 바꾸어본 것만으로 슬럼프에서 벗어날 수 있었습니다.

어떤 일이어도 좋아요. 일단 시도해보세요. 시도하지 않으면, 자신이 그 일을 잘할 수 있는지 없는지 알 수 없잖아요. 이것저것 해봐야 자신이 무엇을 잘하는지 알 수도 있고, 무엇을 잘하는지 알면 자연히 노력의 방향도 알 수 있습니다.

저는 젊을 때 여러 업계에서 일을 해보았습니다. 저로서는 매번 최선의 노력을 다했기 때문에 다른 업계에 스카우트되는 일이 많았어요. 업계를 옮길 때마다 그 업계에 대해 조금씩은 알고 있는 저를 사람들은 신기하게 여겼습니다. 나중에는 잘 모르는 분야와 맞닥뜨리기도 했는데, 어쩔 수 없었어요. 부딪혀보는 수밖에. 이런 두루치기 스타일이 좋은 것만은 아닐 수도 있습니다. 어쨌거나 저는 다시 한 번 업계를 바꾸어 일하게 되었는데, 그 전까지 해온 어떤 일보다 수월하게 느껴졌습니다. 저에게 맞는 방향을 찾은 겁니다. 방향이 정확하면 일은 한결 순조로워집니다.

저는 젊은 친구들에게도 1년에서 길게는 3년 정도 여러 가지 일을 해보면서 자신과 잘 맞는 일이 무엇인지 알아가기를 권합니다. 자신과 맞는 방향을 찾고 나면, 같은 노력으로도 훨씬 좋은 결과를 얻을 수 있습니다. 조급해하지 마세요. 삼십이립입니다. 자신에게 맞는 방향을 찾기만 했다면 서른이 아니라 마흔이어도 늦지 않습니다.

왜 무엇이든 해보라고 할까?

많은 사람들이 자신이 '뭘 해야 하는지' 알고 싶어 합니다. 저는 그런 분들에게 '무엇을 할 수 있는지' 묻고 싶어요. 하지만 그들은 자신이 무엇을 할 수 있는지 알지 못합니다. 그보다 더 많은 사람들이 실은 할 수 있는 일을 할 수 없다고 생각하고 있어요. 중요한 것은 자기 자신을 발견하는 일입니다.

나이키의 광고 카피인 'Just Do It'은 '일단 한번 해봐'라는 뜻이에요. 다들 자신만의 사정과 어려움 속에서 허둥대다가 마지막에 가서 다른 사람들에게 묻습니다.

"난 뭘 해야 하지?"

"이걸 해도 될까?"

"뭘 택하는 게 좋을까?"

그걸 왜 다른 사람에게 묻는지 모르겠어요. 그럴 때 제 대답은 늘 같습니다. "일단 뭐라도 해봐야 그 선택이 좋은지, 나쁜지 알죠."

저는 학창시절 내내 부푼 미래만 상상하다가 막상 졸업할 때가 다가오자 뭘 해야 할지 몰라 두려워졌습니다. 부모님도 같이 초조해져서 "입대를 해보면 어떻겠니?", "대학원에 진학할 생각은 없니?", "공무원시험이나 사법고시를 준비해보렴" 하시다가 나중에는 "취직자리를 좀 알아봐주마" 하셨습니다. 많은 젊은이들이 당시의 제 처지와 크게 다르지 않을 것입니다. 어쩌면 지금은 더 심각해져 있을지도 모르겠네요.

저는 결국 제 힘으로 일자리를 알아보기로 했습니다. 처음으로 했던 인턴직의 월급은 800위안으로 저의 학생시절 용돈과 거의 비슷한 수준이었습니다. 그러나 저는 지각 한 번 하지 않았고, 칼퇴근을 하는 날도 거의 없었어요. 당시에는 그저 엄격한 상사 때문이었지만, 무슨 일이 있어도 정시에 출근하고 근무시간을 성실히 지키는 습관은 저의 직업 소양을 기르는 데 큰 도움이 되었습니다.

첫 일자리는 별 목적 없이 아무렇게나 찾은 텔레마케터였어요. 그러나 이 일을 하면서 검색 엔진이라든가 인터넷 전반에 대해 많은 것을 알 수 있었습니다. 저는 6년 뒤에야 이때의 경험이 얼마나 유용한 것이었는지 알게 되었습니다. 이 시기에 알게 된 친구와는 지금까지도 베이징에서 정보와 경험을 나누며 지내고 있습니다. 그 일을 한 기간은 단 두 달에 불과했지만, 지금 돌아보면 얻은 것이 많았습니다.

그 후에는 어느 농산물 유통 기업의 홈페이지 만드는 일을 하며 농촌과 관련된 자세한 사정을 알게 되었습니다. 처음에는 3농^{농업, 농촌, 농민} 문제 같은 건 저와 거리가 먼 일이라고만 생각했는데, 베이징으로 와서 농업 관련 비정부기구의 면접을 볼 때 이때의 경험이 큰 도움이 되었습니다. 나중에는 BOT^{'건설-경영-양도(Built-Operate-Transfer)'의 준말. 사회에 공공서비스를 제공하는 방식 가운데 하나로, 민간기업이 참여하는 기초설비 건설 프로젝트} 공정에도 참여하게 되었습니다. 당시에는 그저 공업과 관련된 일을 하게 되었다고만 생각했는데, 이 시기에 보고 들은 것들이 나중에 기업투자를 할 때 큰 도움이 되었습니다.

구직에 뛰어든 후 첫 3년간 저는 사실상 잉여·루저에 가까웠기 때문에 여러 축구 팬사이트를 전전하며 시비에 가까운 논쟁을 벌여대곤 했습니다. 어찌 보면 한심하기 짝이 없는 일이었지만, 나름 토론 비슷한 것을 하는 과정에서 논리적 사고와 글쓰기 실력이 단련되었고, 사람과 인성에 대한 이해가 높아진 것도 사실이에요. 이 시기의 경험은 나중에 인터넷에서 평론을 쓸 때 큰 도움이 되었습니다.

세상에 쓸모없는 일이란 없어요. 일단 해보면 뭔가 배우는 것이 있고, 그게 나중에 가서 큰 도움이 됩니다. 그러니 무엇이든 일단 열심

나이를 먹는다고 저절로 어른이 되는 건 아닙니다.
흘러가는 시간 속에서 무언가를 차곡차곡 쌓아야만 성숙해질 수 있습니다.
그래서 도전과 경험이 중요한 거예요.

히 해보는 것이 좋습니다. 어느 한 업계에서 일하다 보면 최소한 그 업계에 대해서는 남들보다 잘 알게 됩니다. 나중에는 준전문가급 실력을 갖추게 될 수도 있어요. 물론 재무나 회계, 디자인 등 전문적인 분야에는 해당되지 않는 이야기입니다.

어떤 일이라도 좋아요. 젊을 때에는 되도록 이것저것 경험해보길 바랍니다. 당장은 수입이 만족스럽지 않더라도 충분히 가치 있는 경험으로 남습니다. 어떤 일이든 일단 해보면, 그 일을 경험함으로써 얻게 되는 지식이나 습관이 있습니다. 그 과정에서 자신이 어떤 일에 적합한지 알 수 있고, 무엇이 더 나은 선택인지도 분별할 수 있게 됩니다.

어떤 일을 할 때마다 그 업계 사람들을 알게 된다는 점도 무시할 수 없어요. 어떤 사람들을 알게 되면, 다시 그와 관련된 또 다른 사람들도 알게 되죠. 이들 모두의 경험과 지식, 다시 그들의 부모나 친구 등등이 나중에 당신에게 큰 도움이 될 수 있습니다. 당신과 연결된 관계가 늘어날수록 기회도 많아집니다. 집안 배경이나 스펙 없이 자기 힘으로 일어서야 하는 우리 같은 사람에게는 '정보'와 '사람'이야말로 다른 무엇보다도 중요합니다.

무엇이든 진지하게 임하기만 한다면 그 자체로 무가치하거나 시간 낭비인 일은 없습니다. 그 안에서 크든 작든 반드시 얻는 것이 있고, 그것이 몇 년 후 당신에게 더 큰 것을 가져다줄 것입니다.

Chapter 5

나를
업그레이드시키든 것들

IQ보다는 EQ!

IQ나 EQ가 낮은 것은 개인의 성공을 어렵게 만드는 큰 걸림돌입니다. IQ가 낮은 문제라면 솔직히 당신 대ᵗᵗ에서는 해결을 기대하기 어렵습니다. 자녀가 태어나기 전에 산모에게 DHA를 잘 먹이든가 해서 대를 이어 유전자를 개량하는 수밖에 없어요. 성인이 되어 DHA를 섭취해도 효과가 있다고 하지만, 그리 큰 효과를 기대할 수는 없다고 하네요(저도 오랫동안 DHA를 섭취해왔지만, 가장 크게 효과를 본 부분은 혈중지방 수치가 낮아진 것이었습니다).

저는 IQ가 뛰어난 사람을 많이 만나보았지만, 그들이 채용이나 승진이 잘되는 경우는 보지 못했습니다. 혹 채용이나 승진이 되더라도 그들 자신이 그 자리에 오래 머물러 있지 못하더군요. 오히려 IQ는 높지 않아도 EQ가 높은 사람들은 어디서 어떤 일을 하든 사람들과 잘 어울리는 모습을 보여주었습니다.

'감성지수'라고도 하는 EQ^{emotional quotient}는 다음의 다섯 가지 능력으로 이루어져 있습니다. 첫째, 자신의 진정한 기분을 자각하고 이를 존중하며 진심으로 납득할 수 있는 결단을 내릴 수 있는 자아인식 능력. 둘째, 목표 추구에 실패했을 때도 좌절하지 않고 자기 자신을 격려할 수 있는 능력. 셋째, 충동을 자제하고 불안이나 분노처럼 스트레스의 원인이 되는 부정적 감정을 제어할 수 있는 능력. 넷째, 타인의 감정을 잘 알아채고 공감할 수 있는 능력. 다섯째, 집단 내에서 조화를 유지하고 다른 사람과 협력할 수 있는 사회적 능력. 앞의 세 가지는 자아에 관한 것이고, 뒤의 두 가지는 사회적 관계에 관한 것입니다. 이 글에서는 EQ의 마지막 두 요소에 대해 중점적으로 이야기하겠습니다.

사실 공감능력과 인간관계 능력은 어느 정도 타고나는 것입니다. 훈련으로 나아지게 할 수는 있겠지만, 없는 능력을 있게 만들거나 성향 자체를 바꿀 수는 없어요. 저 자신은 공감능력과 인간관계 모두 무난하지만, 폭넓은 사교에는 약한 편이에요. 그래서 사람이 많은 장소나 집단 활동을 그리 좋아하지 않아요. 그러니 여러분도 자신의 어떤 부분이 부족하다고 해서 너무 스트레스만 받지 말고 조금씩 나아지게 한다는 마음으로 노력해나가면 좋을 것 같습니다.

공감능력이란 단순하게는 당신 주변 사람들의 기분이 좋은지 나쁜지 알아채는 단계부터 상대방이 무엇에 관심이 있는지, 무엇에 마음이 움직이는지, 무엇을 싫어하는지 등을 섬세하게 파악하는 단계까지 존재합니다. 상대가 무엇을 좋아하고 싫어하는지는 마케팅 경험을 통해서도 알 수 있고, 신체언어를 통해서도 미루어 짐작할 수 있습니다. 무의식은 사람을 속이지 않으므로 상대방의 몸짓을 주의 깊게 보면 그가 어떤 상태에 있는지 알 수 있어요. 사실 이런 것들은 모두 보완적인 방법이에요. 선천적으로 공감능력이 높은 사람들은 이런 수고를 아낄 수 있죠. 예를 들어, 상대방이 먼저 어떤 이야기를 꺼낸다는 것은 그 주제에 관심이 많다는 뜻입니다. 당신이 어떤 이야기를 하는데 상대방이 팔짱을 낀다든가 몸을 뒤로 빼는 등의 방어행동을 한다면, 그는 그 이야기를 좋아하지 않는다는 뜻입니다. 이야기하는 도중 자꾸 시계를 본다거나, 다리를 떤다거나, 발끝을 밖으로 향하고 있다면, 상대방은 그 이야기를 지겨워하고 있다는 뜻이에요. 이런 때는 곧바로 화제를 전환하는 것이 좋습니다. 더 간단한 방법이 있어요. 당신의 말을 줄이고 상대방의 이야기를 들어주는 것입니다. 이렇게 하면 어렵지 않게 상대방의 호감을 얻을 수 있어요. 상대방이 틀린 말을 했을 때도 곧바로 지적하기보다는 완곡하게 돌려 말하는 것이 상대방의 권위를 세워주는 방법이죠.

공감능력은 사실 고난도의 능력입니다. 사람은 모두 자신의 각도에서 문제를 바라보는 데 익숙하기 때문에 상대방의 입장에서 어떤 문제를 생각하기 어려워해요. '나를 알고 상대를 알면, 백번 싸워도 위태롭지 않다'는 말이 있습니다. 나를 알 뿐만 아니라 상대에 대해서도 알아야 승리를 장담할 수 있다는 뜻이에요. 내 생각만 알고 있어봐야 아무 소용이 없어요. 상대방이 무슨 생각을 하는지, 무엇을 얻고 싶어 하는지 알고, 그것을 얻을 수 있다고 상대방이 기대할 수 있게 만들어야 관계가 이어질 수 있습니다. 자기 입장에서 하는 자기 생각만 말하면, 상대방은 그 일이 자신과는 별 관련이 없다고 느끼고 흥미를 잃습니다. 당연히 후속 관계도 기약할 수 없죠. 사람은 현실에서만 사는 존재가 아니라 꿈과 기대 속에서도 삽니다. 누군가에게 꿈과 기대를 불러일으킬 수 있을 때 사람들의 환영을 받을 수 있어요. 상대방을 내심 부정하면서 자신이 옳다는 것만 내세우려고 하면 아무런 인정도 받지 못해요. 상대의 의견을 부정할 때는 최소한 대안이나 개선책을 내놓음으로써 상대방에게 희망을 품을 수 있게 해야 합니다.

공감능력이 중요한 또 하나의 이유는 어느 누구도 자신의 노력만으로 성공할 수는 없기 때문입니다. 성공은 다른 사람의 도움을 바탕으로 해서 이루어집니다. 당신이 다른 사람들의 꿈을 이룰 수 있게 도우면, 자연히 당신의 꿈도 이룰 수 있습니다. 당신이 다른 사람의 이익을 얻는 데 도움을 주면 자연히 당신도 이익을 얻을 수 있습니다. 자신의 이익을 위해 남들의 이익을 짓밟는 방식은 금물이에요. 케이

크는 어떤 방법으로 나누어야 가장 공평할까요? 먼저 그 자리에 있는 인원수대로 케이크를 나눕니다. 이어 다른 모든 사람이 한 조각씩 집어 들면 케이크의 주인은 가장 마지막에 집어 드는 거예요. 언제나 사람들을 도울 방법을 먼저 생각하고, 자신의 이익을 가장 마지막에 생각하세요. 누구나 자신의 이익을 신경 써주는 사람과 좋은 관계를 맺고 싶어 하는 법이니까요.

인간관계의 본질은 교환입니다. 친구관계의 본질도 실은 교환이에요. 여기서 말하는 교환이란 돈의 교환만을 의미하지 않습니다. 우리가 말하는 절친은 아무 때나 즐겁게 이야기 나눌 수 있는 사이입니다. 그런데 어느 날 애인이 생기거나 결혼을 하면 절친과의 사이가 멀어지기도 합니다. 절친과 멀어지지 않으면 배우자와 멀어지기도 합니다. 감정은 물론 중요하지만, 평등한 교환이 더 중요해요. 그러므로 친구가 당신에게 당연한 듯 뭔가를 해주어야 한다고 요구해서는 안 됩니다. 세상 누구도 당신에게 뭔가를 해주어야 할 의무는 없습니다. 상대가 당신에게 뭔가를 해줄 수는 있지만, 그것이 그들의 의무는 아니에요. 그러므로 어떤 관계에서든 평등하게 주고받는 분위기를 유지하려고 노력해야 합니다.

내 쪽에서 여유가 있다면 내가 더 내고 더 돕는 것이 낫습니다. 이때는 너무 공평한 득실을 따지고 들어가지 마세요. 넓게 보면 세상은 대체로 공평하게 돌아가고 있어요. 늘 더 내는 것처럼 보이는 사람도 실은 더 얻는 것이 있고, 늘 얻기만 하는 것 같은 사람도 다른 쪽에서는 뭔가를 잃고 있습니다. 너무 세세하게 계산을 따지고 지나치게 공평을 추구하면 그 관계는 끝나고 맙니다. 가족이나 친척도 마찬가지예요. 공평을 따지는 동안 알게 모르게 불공평한 교환이 누적되다 보면, 어느 날 갑자기 불만이 폭발하면서 관계가 끝나버리는 수가 있습니다.

총명함과 지혜로움

총명이 생존의 기술이라면, 지혜는 생존의 바탕 그 자체입니다.

총명한 사람도 드물지만 지혜로운 사람은 더욱 드물어요. 총명한 사람이 열에 하나라면, 지혜로운 사람은 백에 하나 있을까 말까 합니다.

총명한 사람이 현실에서 손해 보기를 싫어한다면, 지혜로운 사람은 기꺼이 손해 보기를 자처합니다. 총명한 사람이 기회를 잡기 위해 언제 손을 뻗어야 할지 안다면, 지혜로운 사람은 언제 손을 놓아야 할지를 압니다. 총명이 어느 정도 유전적 결과라면, 지혜는 전적으로 자기수련의 결과예요.

총명함을 통해 사람은 많은 지식을 얻지만, 지혜는 사람에게 문화적 기품을 부여합니다. 지식으로 사람은 총명해지지만, 문화적 기품은 사람을 지혜롭게 합니다. 총명한 사람은 가는 데마다 자신의 강함을 내세우고 싶어 하지만, 지혜로운 사람은 오히려 실력을 감추고 약함을 드러냅니다. 약함을 드러내는 것은 일종의 지혜일 뿐 아니라 힘이기도 합니다. 지혜로운 사람은 '출세^{出世}'의 마음가짐으로 '입세^{入世}'하여 세상의 일을 합니다.

흠 잡을 데 없이 완벽하고 총명한 여자가 있었습니다. 모든 것을 자신의 계산 범위 안에 두고, 절대로 손해 보는 일이 없었어요. 그런데 배우자에게도 그렇게 대하다가 이혼 위기에 처했습니다. 그녀는 총명한 여인답게 남편에게 매달리지 않고 가차 없이 헤어졌습니다. 이것은 성공일까요, 실패일까요? 작은 국면에서 보면 승리한 것일 수도 있지만, 큰 국면에서는 미래를 잃은 것입니다.

지금 같은 정보폭발 시대에는 거의 대부분의 사람이 총명해요. 다들 지식도 많고 모든 영역에 정통해 있습니다. 그러나 문화적 기품을 갖춘 사람은 찾아보기 어렵습니다. 많은 기업 경영자들이 안타까워하는 부분이기도 합니다. 요즘 직원들은 너무 총명해서 자기 이익은 조금도 양보하려 들지 않고, 더 좋아 보이는 기회가 나타나면 언제든 떠난다는 거예요. 한 사업가는 저에게 "너무 똑똑한 사람은 채용하지 않아요. 평범하고 우직한 사람이 오랫동안 착실히 일을 배워나가는 법이거든요" 하고 말하기도 했습니다.

그러므로 자신이 총명하지 않다고 절망할 필요는 없습니다. 노력으로 충분히 안목과 시야를 높여갈 수 있으니까요. 자신의 내면을 지키고 사소한 이해득실에 집착하지 않으며 손해 보기를 감수할 수 있다면, 얼마든지 밝은 미래를 예비할 수 있습니다. 총명한 사람들은 대부분 지혜로운 사람 아래서 일하게 됩니다. 앞에서도 말했듯, 총명은 어느 정도 타고나는 것이지만, 지혜는 어디까지나 자기수련의 결과입니다. 총명한 사람이 수련으로 지혜까지 갖출 수 있다면 금상 첨화일 것입니다.

기술과 재능

한번은 여자인 친구와 식사를 하다가 기술과 재능에 대한 생각을 정리할 수 있었습니다. 이 친구는 독학으로 편곡을 공부했는데 작곡과 편곡의 차이를 떠올리다가 생각이 거기에 이른 것입니다.

　작곡에는 재능이 필요하지만, 편곡은 다소 지루할 수 있는 기술적 작업입니다. 물론 어떤 성공도 지루한 과정이 없을 순 없죠. 재능 있는 축구선수도 재능만으로 공을 차는 건 아닙니다. 상대 팀의 동선과 공격·수비 태세를 날카롭게 관찰하여 최종 판단을 내린 후 공을 찹니다. 이때 판단은 재능에 속하고, 공을 차는 것은 기술에 해당합니다. 훈련을 거듭하면 공 다루는 실력은 늡니다. 그러나 축구는 공을 잘 다루는 것 이상의 일이고, 승부는 또 다시 별개의 문제입니다. 축구에는 기술과 재능, 둘 다 필요할 뿐 아니라 선수의 선천적 신체조건도 무시할 수 없습니다.

기술과 재능은 다릅니다. 기술은 연마할수록 늘지만, 재능은 어느 정도 타고나야 합니다. 기술을 연마하는 것으로 80까지는 갈 수 있지만, 100이 되려면 20 정도는 재능이 받쳐주어야 합니다. "천재는 99%의 노력과 1%의 영감으로 이루어진다"고 했던 에디슨의 말도 바로 이런 의미일 겁니다. 제가 안타까워하는 것은 타고난 재능이 뛰어나지 않은 평범한 사람의 성취가 아닙니다. 20의 재능을 가진 사람이 60의 노력밖에 하지 않아 80이라는 결과에 머무르고 마는 경우입니다. 조금 더 노력하면 되는데 그렇게 하지 않으니 안타까운 겁니다. 어떤 일을 하든 먼저 자신의 재능이 어디에 있는지 찾아야 하고, 그런 다음에도 100%의 노력을 다해야 합니다.

기술과 재능, 총명과 지혜에 대해 제대로 이해하면, 우리가 일을 하면서 맞닥뜨리는 대부분의 문제도 이해할 수 있습니다. 열심히 노력하는데도 발전이 없다면 재능이 부족해서일 수 있습니다. 이 문제는 솔직히 해결을 기대하기 어렵습니다. 매사 손해 보지 않으려고만 하다가 인간관계에 문제가 생긴다면 지혜가 부족한 것입니다.

많은 사람이 저에게 "어떻게 하면 세상일의 본질을 꿰뚫어볼 수 있느냐"고 묻습니다. 투기심과 요행심만 버릴 수 있다면 그리 어려운 일이 아닙니다. 첩경과 왕도에 대한 미련을 버리고 필요한 노력을 다하면, 누구나 자신이 가진 재능을 펼칠 수 있습니다. 자신의 이익을 위해 남의 이익을 해치려 들어서도 안 됩니다. 당신은 그저 당신이 해야 할 일을 성실히 다하면 됩니다. 그러다 보면 자연히 세상을 바라보는 안목이 성숙하고 점차 지혜도 갖출 수 있습니다. 당장 좋아보이는 것만 잡으려 하지 않을 때, 전혀 기대하지 않았던 더 좋은 것을 얻을 수 있습니다.

가장 중요한 것은 책임

웨이보중국판 트위터에서 어떤 사람이 "결혼과 성매매의 차이는 뭐죠?"라고 물어왔습니다. 가장 다른 점은 그것이 단기적 관계인가, 장기적 관계인가일 것입니다. 자녀의 유무를 꼽을 수도 있겠지만, 성매매 여성과도 자녀를 낳고 기를 수 있습니다. 당시 저는 이렇게 답했습니다.

"성매매는 돈과 성을 교환하는 관계일 뿐 상대에 대한 '책임'은 지지 않죠. 결혼의 가치는 대가 없이 사랑을 주고받는다는 것, 사회적으로 또 가정적으로 책임을 진다는 것, 그리고 공동체의 발전에 기여한다는 데 있을 겁니다."

많은 사람들이 이 대답에 동의하면서도, 결혼이 공동체의 발전에 기여한다는 부분은 선뜻 받아들이지 못했습니다.

사람에게는 동물적 속성과 사회적 속성이 있습니다. 사람은 사회적 속성이 있기에 외로운 개체가 아니라 공동체의 일원으로 살아갑니다. 공동체는 개개인에게 생존 기반을 제공하고, 개개인은 공동체를 발전시킬 의무를 집니다. 하지만 지금은 자유주의 풍조와 세계화 기조가 만연하면서 이런 가치관이 변화하고 있습니다. 지금은 국가나 민족보다는 자기 자신이 가장 중요하다고 생각하는 사람이 많습니다.

비교적 작은 차원의 책임을 볼까요. 사회의 가장 작은 단위는 가정입니다. 가정은 국가와 민족이 존속하도록 하는 기본 단위입니다. 가정에 대한 책임은 비교적 단순합니다. 남자는 가족을 부양하기 위해 돈을 벌고, 여자는 자녀를 낳고 기르는 것이 가정에서의 천부적인 직책입니다(부디 페미니즘 논쟁을 들이밀지는 마시길 바랍니다. '천부적'이란 말은 인류의 오랜 역사 속에서 부여된 의무이자 책임을 뜻하고, '직책'이라는 말은 후천적 의식을 뜻합니다).

만약 우리가 매사를 이기적 관점으로만 생각하면, 세상은 위험과 혼란에 빠지고 말 거예요. 자기 자신을 한번 돌아보길 바랍니다. 당신은 당신의 일에서 직업적 책임을 다하고 있는가요? 사무실에서 대충 시간만 때우며 허구한 날 이직만 생각하고 있지는 않은가요? 가정에서는 배우자와 자녀에게 책임을 다하고 있는가요? 난 이렇게 힘든데 가족들이 이해해주지 않는다고 원망만 하고 있지는 않은가요?

회사가 월급이라는 책임을 다하듯, 당신은 당신이 맡은 일에 최선을 다해야 합니다. 설령 내일 바로 퇴사를 한다 해도 오늘은 오늘의 일을 완수해야 합니다. 만약 회사 사정이 어려워서 당분간 월급을 받지 못한다면, 당신은 어떻게 할 건가요? 일을 그만두거나 태업할 건

당장의 이익을 추구하는 것이 영리한 행동처럼 보이지만, 현명한 행동은 아닙니다.
조금은 손해를 보겠다는 생각을 가져보세요.
많은 것으로부터 자유로워질 수 있습니다.
그리고 그로 인해 생각지 않은 기회가 찾아올지 모릅니다.

가요? 일이란 궁극적으로 자기 자신을 위해 하는 것입니다. 당신에게 맡겨진 일을 성실히 다하는 것은 당신 자신의 브랜드를 만드는 일이기도 합니다. 경제적 사정 때문에 이직을 고려할 수는 있겠지만, 어떤 경우에도 일을 가볍게 생각해서는 안 됩니다. 일이란 단순히 월급을 받기 위해 하는 것이 아닙니다. 일은 전문적 소양의 문제이기도 해요. 아예 안 한다면 모를까, 하는 거라면 잘해야 합니다. 대충 하고 마는 것은 작게는 책임의 문제이고 크게는 인품의 문제입니다.

일에서도 가정에서도 책임이 우선입니다. 책임감만 갖추고 있다면 어떤 일을 해도 큰 문제 일으키지 않고 많은 사람들의 인정을 받을 수 있습니다. 한동안 회사 사정으로 월급을 받을 수 없는데도 성실히 일하면, 누군가는 그런 당신을 눈여겨볼 것입니다. 이런 것들이 쌓이고 쌓여 궁극적으로 당신에게 무형의 자산이 되는 겁니다.

당신이 당신의 일과 사람들에게 책임을 다할 때 당신의 운명도 당신에게 책임을 다할 것입니다.

Chapter 6

가치를 만들어내는 것이
진짜 능력

당신의 가격을 높이기보다는 가치를 높여라

최근 〈인턴 한 명을 뽑았다〉는 글과 〈7년간의 금융공부, 난 어디에도 들어가지 못했다〉는 글을 보았습니다. 앞의 글은 최근 괜찮아 보이는 인턴을 한 명 뽑았는데 "배울 것 없는 일만 주어진다"며 퇴사했다는 내용이고, 뒤의 글은 대학과 대학원에서 7년간 금융을 공부했는데 구직을 하려고 보니 들어갈 수 있는 직장이 하나도 없었다는 내용이었습니다. 많은 청년 구직자들이 공통적으로 안고 있는 문제입니다. 다만 이런 문제를 저마다 얼마나 인식하고, 어떻게 표출하고 있는가가 다를 뿐입니다.

가치란 모든 의미 있는 것의 핵심이고, 가격은 그 가치의 표현 양식입니다. 가격은 언제나 가치의 언저리에 있습니다. 파는 쪽의 입장에서는 가격이 가치보다 높으면 돈을 벌고, 가격이 가치보다 낮으면 밑지는 겁니다. '대가'라는 것도 있습니다. 이익을 얻는 쪽은 상대방에게 그에 상응하는 대가를 제공합니다. 그러므로 '가치 = 가격 + 대가'라고도 말할 수 있습니다. 전체적인 차원에서 보면 이 공식은 항상 성립합니다.

조금 더 깊게 들어가볼까요. 300위안으로 쌀 한 포대를 살 수 있다고 가정할 때, 쌀의 묘종을 사서 심으면 30위안밖에 들지 않습니다. 가격만 놓고 보면 후자 쪽이 싸죠. 그러나 이 묘종이 자라 쌀이 되려면 1년을 기다려야 합니다. 당신의 직업이 농부가 아닌 이상 1년이라는 시간을 비용으로 들이는 것은 무리입니다. 그래서 우리는 30위안보다 비싼 가격에 다 자란 쌀을 구입합니다. 세상에는 이렇게 '대가'가 분명히 드러나지 않을 때가 있습니다. 이른바 '보이지 않는 대가'입니다. 예를 들어, 평소 남들에게서 조금씩 뭔가를 공짜로 얻는 게 습관이 되면 당장은 그것이 이득처럼 보일 수 있어요. 그러나 그 사이에 알게 모르게 자신의 마인드는 병들어가고 있어요. 그러던 어느 날, 큰 이익의 기회를 보고 차지하려고 덤비려는데 자신만 밀려나는 수가 있습니다. 그 전까지 누려온 사소한 이득을 다 합쳐봤자 저 큰 이익과는 비교할 수 없어서 후회가 밀려듭니다. 바로 이런 것이 '보이지 않는 대가'입니다.

당신이 받는 것과 당신의 가치는 대체로 비례합니다. 비례한다고 느끼지 않는다면, 두 가지 상황이 있을 수 있겠네요. 하나는, 사실 당신에게는 아무런 가치가 없을 수 있다는 것. 다른 하나는, 지금은 당신의 대가가 축적되고 있는 중이니 언젠가 크게 폭발할 수도 있다는 것입니다. 안타깝게도 첫 번째 경우가 절대다수를 차지해요.

모든 직장인은 많든 적든 연봉을 받습니다. 높은 연봉을 받는다고 해서 꼭 기뻐할 일만도 아니에요. 그것은 높은 수준의 직무와 책임을 요구받는다는 뜻이기 때문입니다. 그 요구를 충족시키지 못하면, 연봉도 직위도 오래 지킬 수 없습니다. 연봉이 낮은 사람이라고 해서 꼭 힘든 것만도 아닙니다. 그에게는 연봉이 적은 대신 더 많은 삶의 여유 공간이 주어지기 때문입니다. 그러다가 그가 연봉 이상의 가치를 내놓는 순간, 곧바로 업계에서 두각을 나타낼 수 있습니다. 자신에게 부여된 기대를 뛰어넘는 방법에는 두 가지가 있어요. 기대 이상의 능력을 발휘하거나, 상대방의 기대를 낮추거나.

때문에 먼저 자신의 가치를 정확하게 판단하는 것이 중요합니다. 자신의 가치를 정확하게 알아야 정확한 가격을 매길 수 있으니까요. 저는 그 가격을 자신의 가치에서 80% 수준으로 매기기를 추천합니다. 20% 정도는 향상과 축적을 위한 여유 공간으로 남겨두는 것이 좋습니다. 향상과 축적에 매진하면서 시간이 흐르다 보면, 자신의 가치는 처음보다 120~150% 혹은 그 이상으로 높아져 있을 거예요. 이 초과분이 바로 실력의 향상과 축적입니다. 반대로 처음부터 자신의 가치보다 20%쯤 높은 가격을 받으면, 얼마 가지 않아 성장의 한계에 부 딪히면서 극심한 스트레스를 받을 수 있습니다.

다른 문제도 마찬가지입니다. 제가 글을 기고할 때마다 저에게 고료를 올려 받으라고 권하는 이들이 많습니다. 그러나 저는 꾸준히 유지해야 할 글의 품질과 매체의 성격 등을 고려해서 시장가격보다 1/3~1/2쯤 낮은 고료를 받고 있습니다. 제가 보기에 현재 중국의 원고 시장가격에는 거품이 많아요. 누군가가 현재의 시가보다 높은 고료를 받기로 계약한다면, 저는 그가 오래 버티기 어려울 거라고 생각합니다. 당신이 받는 가격에 합당한 가치를 제공할 수 있어야 독자 혹은 고객이 좋은 체험을 하고, 당신에게 더 많은 자원을 소개할 것입니다.

사실 저에게 높은 가격은 그리 중요하지 않습니다. 저에게 중요한 것은 업계 내부의 다양한 사례와 법칙을 접하고, 더 많은 업계 전문가와 기업 임원들의 인정을 받는 것입니다. 이런 경험이 5~10년 후저의 고도를 더욱 높여줄 거라고 생각합니다. 원고료를 조금 덜 받는 대신 고도의 상승이라는 가치를 얻을 수 있다면, 저는 만족합니다.

그러므로 자신의 가치를 너무 높게 매겨서 당겨 받지 마세요. 그것은 자신의 미래를 당겨 써버리는 것과 같습니다. 자신에게 더 높은 가격을 매기려고 하기보다는 더 높은 가치를 갖추려고 노력하세요. 그래야 안정적인 성장을 도모할 수 있어요. 자기 자신을 너무 대단하게 생각하지 마세요. 남들이 당신을 존중할 때 비로소 당신은 스승이 될 수 있습니다. 그러나 남들이 당신을 존중하고 있지 않다면, 당신은 아직 아무것도 아닙니다.

이해득실과 신분변화에 일희일비하지 말라

위챗 예비판매자를 대상으로 강연을 진행하면서 1인당 2만 위안씩, 총 120만 위안을 받는 사람이 있다고 들은 적이 있습니다. 이런 이야기가 전해지면 다들 부러워하면서 자신도 한번 해봐야겠다고 덤빕니다. 그러나 이런 이야기에는 약간의 과장이 섞여 있기 마련이에요. 더욱이 이런 강연에서 중요한 것은 강사의 존재가 아니라 시장 자체의 확대입니다. 강사가 무슨 말을 하느냐도 별로 중요하지 않아요. 돈을 내고 이런 강연을 들으러 오는 사람이 있다는 사실이 더 중요한 겁니다. 저는 솔직히 이런 소문이 퍼지는 과정에서 강연 참가비만 더 올라갈 것이라고 생각합니다.

혹 "부러워서 그러는 것이냐"고 할까 봐 많은 말은 하지 않을게요. 앞서 밝힌 것처럼, 저는 2000년을 전후해서 성공학 강연자인 천안즈의 대중강연을 열심히 들으러 다닌 적이 있어요. 제 주위 사람들도 모두 그의 강연을 따라다녔습니다. 그러나 한때의 열풍을 주도했던 명사들이 지금은 어디서 무얼 하는지 알 수가 없네요. 중국 남부에서 뜨겁게 일었던 천안즈의 열풍도 북쪽까지 밀고 올라가지 못했고, 불과 1~2년 사이에 그의 인기는 시들해지고 말았습니다.

예비판매자를 대상으로 하는 강연 같은 것은 몇 명이 듣느냐가 중요한 게 아니라, 몇 명이나 들은 대로 실천하느냐가 훨씬 중요합니다. 대중강연은 어떤 의미에서는 심리적 최면과 비슷해요. 단기적으로는 대단히 고양되는 듯한 느낌을 주지만, 장기적 효과는 장담할 수 없거든요. 그 단기적 효과 때문에 하루 이틀은 돈을 벌지 모르나 바람이란 금세 잦아들 수밖에 없습니다.

저는 이제껏 줄곧 많은 돈을 빨리 버는 것은 권하고 싶지 않다고 말해왔습니다. 그 과정에서 영혼이 망가질 수 있기 때문입니다. 자신이 10년 일해야 버는 돈을 누구는 1년 만에 벌었다고 해서 그가 앞으로도 평생 그렇게 벌 것이라고 생각하지는 마세요. 당장 내년부터 일도 돈도 없어질지 모릅니다. 게다가 사람은 소득이 느는 만큼 소비수준도 높아지기 마련이잖아요. 그러나 한번 높아진 소비수준은 소득이 줄거나 끊겨도 어지간해서는 낮추기 어렵습니다. 그러므로 큰돈을 빨리 벌 것처럼 보이는 기회 앞에서는 언제나 신중하고 또 신중해야 합니다. 기회가 아니라 투기가 되어버릴 수 있으니까요.

대학 졸업 후 저는 이런저런 강연과 행사 등 정보가 모이는 곳을 기웃거리면서 단숨에 백만장자가 될 꿈에 부풀어 있었지만, 그때 기웃거린 사업 중 어느 하나도 제대로 이루어지지 않았습니다. 저 자신이 여러 번 속으면서, 남들이 속고 속이는 모습도 오랫동안 지켜보아 왔습니다. 그 과정에서 발견하게 된 것이 있습니다. 누군가에게 속아 넘어가는 이유는 자신의 내면을 지키지 못해서라는 사실입니다. 사람은 작은 이익에 얽매이다가 자신만의 페이스를 잃고 큰 수렁에 빠지고는 합니다. 수렁에 빠진 뒤에도 '내가 그동안 들인 돈이 얼만데, 혹시 성공하기라도 하면?'이라는 기대를 버리지 못합니다. 그러면서 더 깊은 바닥으로 가라앉습니다.

우리의 인생은 선로 위를 달리는 열차와 같습니다. 아름다운 주변 경관이 이목을 끈다고 해서 그 경관에만 눈을 팔다가는 선로를 이탈할 수 있습니다. 이때 발생하는 피해와 비용이 어마어마해요. 그러므로 어떤 일에 대해 판단할 때는 지금껏 살아오면서 축적해온 모든 통찰을 동원해야만 합니다. 지금 하는 일을 꾸준히 쌓아나가 내일의 경력으로 이어지게 할 것인가, 당장 한몫 크게 버는 데 쓸 것인가, 한몫 크게 벌기로 했다면 성과는 언제쯤 나올 것으로 예상하는가, 생각보다 오래 아무런 성과가 없다면 손실을 줄이기 위해 곧바로 몸을 뺄 것인가, 좀 더 버티고 기다릴 것인가……. 어느 하나 중대한 선택이 아닌 것이 없습니다. 기회를 잡으려는 사람은, 그 기회를 포기해야 할 시점에 포기할 줄도 알아야 한다. 손실을 줄이기 위해 몸을 빼기로 마음먹었다면, 곧바로 몸을 빼고 처음부터 다시 시작하겠다는 마음을 가져야 합니다.

자신의 내면을 지키고 욕망을 다스릴 줄 알면, 이해득실에 연연하지 않을 수 있고 자신의 신분변화에도 일희일비하지 않게 됩니다. '기쁠 때는 선물을 약속하지 말고, 화났을 때는 답장을 쓰지 말라'는 말이 있습니다. 전자의 행동으로 신뢰를 잃기 쉽고, 후자의 행동으로 의가 상할 수 있기 때문입니다.

우리는 사소한 이해득실의 문제로 정서적 균형을 쉽게 잃어요. 지나치게 분노하거나 긴장한 상태에서 어떤 판단이나 행동을 하면 일을 그르치기 쉽습니다. 어느 쪽이든 치우쳐 있는 감정은 어떤 일에도 도움이 되지 않아요. 그러므로 항시 내면의 안정을 유지해야 합니다. 그래야 어떤 일이든 좋은 방향으로 전환할 수 있고, 좋은 운도 끌어당길 수 있습니다.

이런 이야기가 있어요. 어느 날 고급 찻주전자인 자사호紫沙壺를 얻은 사람이 침대 맡에 그걸 두고 잠이 들었습니다. 그런데 잠결에 손을 뻗쳤다가 자사호를 엎어버렸어요. 그 바람에 뚜껑이 굴러 떨어지더니 어디선가 깨지는 듯한 소리가 났습니다. 그는 '뚜껑이 깨졌는데 주전자만 있으면 뭐 하나' 싶어 홧김에 주전자를 창밖으로 던져버렸습니다. 그런데 아침이 밝고 나서 보니 뚜껑은 깨지지 않은 채 슬리

퍼 안에 들어가 있었습니다. '이런 것도 모르고 주전자를 던져버리다니' 그는 속이 상해서 뚜껑을 밟아 깨버렸습니다. 그러고는 문을 나서는데, 어제 던져버린 찻주전자가 나뭇가지 사이에 걸려 있는 거예요.

'자신의 내면을 지키는 것'과 '감정을 잘 다스리는 것', 이 두 가지를 잘해내는 가운데 '자신의 미래를 뚜렷하게 그리고' '무엇을 해야 할지' 분명히 안다면, 가끔은 길을 돌아가더라도 최소한 큰 수렁에 빠지는 일은 없을 겁니다.

반드시 영웅이 될 필요는 없다

저는 사실 불안을 많이 타는 성격이에요. 불안감이 많아 이것저것 일을 많이 하는 것인지도 모릅니다. 바쁘게 일에 매달리다 보면 불안이 사라지고 희망이 차오르는 느낌이 들거든요. 이럴 때 제가 한 것은 주로 작은 일이었습니다. 작은 일의 장점은 결과가 빨리 나타난다는 것과 성공 가능성이 높다는 것입니다.

〈옆에서 박수 치는 사람도 필요하다〉는 글이 SNS에서 인기를 끈 적이 있습니다. '영웅이 지나가면 박수 치는 사람이 옆에 늘어서기 마련'이라면서 '학교 성적이 우수하지 않았더라도 누군가에게 가치와 즐거움을 줄 수는 있다'는 내용이었습니다. 그 글을 쓴 사람은 자신이 꼭 영웅이 되겠다는 마음은 없다며, 길가에 늘어서서 박수를 치는 사람이고 싶다고 했습니다. 황제보다는 귀족이 되고 싶었던 제 어릴 적 소망과도 비슷해요. 황제가 되려면 피비린내 나는 권력투쟁을 해야 하고, 똑바로 일을 하지 않으면 나라를 망칠 수도 있습니다. 그런 황제, 꼭 되어서 무엇 하겠어요!

이따금 중고등학생들이 저에게 세상에 관한 질문을 해오는 것을 보면 SNS 팔로워가 점점 어려지고 있다는 생각이 듭니다. 그런데 이 친구들, 하나같이 마음이 너무 급해요. "전 세상에 대해 아는 게 없는데 어떻게 해야 할지 모르겠어요", "대학 가서는 뭘 해야 할까요?", "어떻게 해야 돈을 벌 수 있나요?" 하면서 조급해 합니다. 조금 나이가 있는 분들은 "어떻게 해야 좋은 일자리를 얻을 수 있을까요?", "승진하려면, 연봉을 높이려면, 상사와 잘 지내려면 어떻게 해야 하나요?" 라고 묻기도 하고. "저희 회사가 곧 망할 것 같아요. 어떡하죠?"라며 고민을 토로하기도 해요. "큰곰 선생님의 젊은 시절 직업 계획은 무엇이었나요?"라고 묻는 사람도 있었습니다. 저는 기억을 더듬어보았지만 딱히 떠오르는 게 없었어요. 삶이 흘러온 맥락이 있을 뿐 무슨 계획을 세우고 살았던 것은 아니거든요.

당신의 인생 경험 가운데 사람들과 공유할 가치가 있다고 여겨지는 것은 무엇인가요? 아마도 기대와 희망을 불러일으키는, 남들의 기대를 뛰어넘었던, 자신만의 브랜드가 될 만한 일을 성취했던 경험일 것입니다. 개인 미디어는 그런 경험을 공유하기에 분명 좋은 도구입니다. 그런데 그 전에 일단 자신만의 브랜드를 만들 수 있어야 합니

'나'의 가격을 높이기보다는 가치를 높이세요.
그러면 가격은 저절로 따라 오릅니다.

다. 일도 브랜드예요. 보통 실직을 하면 그 일과 관련된 기회와 자원을 잃지만, 나만의 브랜드는 누구도 가져갈 수 없습니다. 바로 이런 브랜드가 저에게는 가장 큰 안전감을 줍니다.

사람들이 조급한 이유는 불안하기 때문이에요. 불안하기 때문에 돈이나 일, 높은 지위 등으로 안전감을 얻고자 합니다. 그러나 이런 것들이 안전감을 가져다주지는 않습니다. 오히려 더 큰 불안을 불러일으킬 수 있어요. 잃을 것이 없을 때는 높이 오를수록 더 많은 것을 가질 수 있지만, 높이 오르거나 많이 가진 뒤에는 변화가 닥치는 순간 많은 것을 잃을 수 있으니까요. 사람은 참 재미있는 존재입니다. 처음부터 없으면 아무렇지 않은데, 뭔가를 얻었다가 잃으면 미친 듯이 화를 내요. 득실과 무관하게 마음의 평온을 유지할 수 있는 사람은 극소수에 불과합니다.

그래서 영웅조차 박수소리를 듣지 못하면 깊은 슬픔에 빠집니다. '높은 곳일수록 추위를 이기기 어려운' 것과 같아요. 그러나 박수 치는 사람은 박수를 치기로 선택할 수 있을 뿐 아니라 다른 어떤 일도 선택할 수 있습니다. 박수 치는 사람에게는 영웅이 없어도 되지만, 영웅에게는 박수 치는 사람이 없으면 안 됩니다. 그래서 박수 치는 사람이 없으면, 영웅은 박수 쳐줄 사람을 모으러 다닙니다. 영웅이 분명 인재일 수는 있겠지만, 영웅을 영웅으로 만드는 것은 결국 시대의 선택입니다. 대부분의 사람들은 대체로 박수 치는 사람이 됩니다. 어떻게 하면 박수를 잘 칠 수 있을까 연구하는 것이, 어떻게 하면 영웅이 될 수 있을까 고민하는 것보다 차라리 현실적일 수도 있어요. 혹시 모르잖아요? 박수를 잘 치다 보면 박수부대의 리더가 될 수 있을지도.

인재란 무엇인가

사람들은 보통 자신의 역량을 기준으로 인재를 판단합니다. 무슨 말이냐면, 자신이 이러이러한 사람이므로 그런 사람이 인재일 것이라는 식으로 생각한다는 거예요. 그런 이유로 인재들은 자신을 인재라고 생각하지 않습니다. 인재인 사람들은 자신을 천재라고 생각할 가능성이 높습니다. 인재에 대해서는 학력, 집안, 성적 등 통일된 기준을 정하기 어렵지만, 스위주 쥐런그룹 회장으로 '중국에서 가장 영향력 있는 비즈니스 인사'로 꼽힘 가 제시한 좋은 기준이 있습니다. "인재란 어떤 일을 맡겼을 때 잘해내고 다시 맡겼을 때도 잘해내는 사람이다."

모든 일은 그 결과를 보면 됩니다. 이런 기준이 옳으니, 저런 방법이 나으니, 설전을 벌일 필요가 없어요. 결과를 보고 판단하면 돼요. 이 말은 아직 아무런 일도 제대로 해낸 적이 없는 사람은 인재의 기준을 논할 자격이 없다는 뜻이기도 합니다.

"이런 일은 나랑 안 맞아."

"상사가 너무 무능해."

"이 회사에는 비전이 없어."

"업계가 불경기야."

"나 같은 인재를 썩히다니."

지금도 이렇게 생각하고 있는 사람이 많을 것입니다. 만약 당신도 이렇게 생각하고 있다면 당신은 사실 그리 우수한 인재가 아닐 가능성이 높습니다.

한편, 자신의 수준을 정확히 알고 애초에 너무 높은 기대를 품지 않는 사람들이 있습니다. 그들은 크게 도약하거나 발전하는 일도 없습니다. 그렇다면 이런 사람들이 위와 같은 상황에 있을 때는 어떻게 행동할까요? 평온한 마음으로 현실을 받아들입니다. 그런가 하면, 냉정하게 자기비판을 하는 사람들도 있습니다. 제 친구 중 하나는 저와 만날 때마다 불평불만을 늘어놓다가 자기비판을 하더니, 이윽고 자신을 바꾸기 위한 노력을 시작했습니다. 경제적 사정은 지금도 크게 나아지지 않았지만, 전보다 한결 즐거운 마음으로 살아가고 있어요. 이렇듯 꼭 외적 조건을 바꾸는 것만이 문제를 해결하는 방법은 아닙니다.

최근 모멘트에서 〈리더십 기르는 법〉이라는 글을 보았습니다. 저에게도 리더십 기르는 법에 대해 물어온 사람이 있었습니다. 입사를 앞둔 대학생이었어요. 저는 그 친구에게 왜 리더가 되고 싶으냐고 물었습니다. 자신도 잘 모르겠다고 했어요. 한번 생각해보겠다고 했지만 딱히 대답을 하지 못했어요. 제 짐작에는, 하는 일에 비해 돈을 많이 벌고 싶어서가 아닐까 싶어요. 자신이 어떤 일을 하게 될지 모르면서 리더가 될 생각부터 하는 것이 저에게는 더 이상하게 여겨졌습니다.

리더란 '이끄는' 사람입니다. 무엇을 이끌고 싶은 건가요? 자신보다 무지한 사람들? 일단 일을 해야 리더십도 발휘할 수 있습니다. 어떤 문제가 생겼을 때 당신이 구성원들의 마음을 모으고 필요한 자원을 동원하고 합당한 논리와 능력으로 그 문제를 해결할 수 있을 때 생기는 것이 리더십입니다. 그러므로 리더십을 기르는 가장 현실적인 방법은 어떤 일이든 일단 한번 해보는 것입니다.

사실 대부분의 사람은 어떤 분야에서는 분명 인재입니다. 문제는 자신이 어떤 분야의 인재인지 발견하지 못하고 있다는 데 있습니다. 바꿔 말하면, 분명 어떤 일인가는 해낼 수 있는데 정확히 어떤 일을 해낼 수 있는지 알지 못하고 있는 것입니다. 그러므로 인생의 전반기 30년에 해야 할 가장 중요한 일은 바로 자기 자신을 발견하는 것입니다. 앞에서도 말했듯이 EQ는 다섯 가지 능력으로 이루어져 있습니다. 그중 첫째는 자아인식입니다. 이것이 기초이자 전제입니다. 그런데 많은 사람들이 바로 이 자아인식을 건너뛴 채 EQ의 마지막 요소인 '사교'에만 열중합니다. 그 결과, 알고 지내는 사람은 한 무더기인데 무엇 하나 제대로 해내는 일이 없어요.

꼭 큰일이 아니어도 좋습니다. 어떤 일이든 하나라도 제대로 해내고 나면, 사람들에게 좋은 인상을 심어줄 수 있어요. 사람들이 당신을 보면서 '이 사람에게는 안심하고 일을 맡길 수 있다, 이 사람이라면 그 일을 완수할 것이다'라는 믿음을 갖게 되는 것입니다. 그 과정에서 당신의 가치는 점점 높아지고, 당신을 필요로 하는 사람도 많아집니다. 다만 이때 한 가지 주의할 점이 있어요. 만남이나 의뢰가 늘어난다고 해서 전처럼 여기저기 아는 사람만 많아지는 식이 되어서는 곤란합니다.

그렇게 실력을 키우고 널리 인정을 받다 보면, 최정상급 인재가 되어 높은 몸값이 매겨질 것입니다.

직장
생활의

거의
모든 것

직업과 노동에 관하여

20~30대에 창업을 해서 경영자 위치에 있는 사람은 많지 않습니다. 성공한 창업자들의 경우, 창업 전 대부분 직장생활을 했습니다. 직장생활을 잘하는 것도 최종적인 성공에 요구되는 자질 가운데 하나입니다. 학교 다닐 때 공부를 잘했다는 것만으로는 직장생활을 잘하기 어렵습니다. 직장생활에는 어느 정도의 학력과 능력, 업계의 특성, 인간관계, IQ, EQ 등 종합적인 요소가 관여하기 때문입니다.

직장생활은 보통 어려운 것이 아니에요. 저는 평범하기 그지없는 사람이 직장에서 승승장구하는가 하면, 우수한 인재가 소리 소문 없이 직장을 떠나는 모습을 숱하게 보아왔습니다. 직장에서의 전환점은 어떻게 마련할 수 있을까요? 〈세 번째 공부〉에서 다루는 몇 가지 문제를 이해하면, 앞으로의 직장생활에 큰 도움이 되리라 믿습니다.

Chapter 7

일의 가치와 대가는
돈만이 아니다

졸업 직후 직업을 선택할 때 고려해야 할 것들

얼마 전 젊은 친구에게서 긴 메시지를 받았습니다. 자신이 부모의 기대를 저버린 것 같아 너무 실망스럽다고 했고, 제 부모는 저에게 좋은 말을 많이 해주는 것 같아 부럽다고도 했습니다. 저는 사실 부모의 말을 잘 듣지 않았습니다. 나중에 이런저런 책을 보고 여러 가지 경험을 한 뒤에야 부모의 가르침에 일리가 있었구나, 생각하게 되었을 뿐입니다. 마치 〈의천도룡기〉에 나오는 소년 장무기가 사손의 심법心法과 비결을 이해할 수 없어 외면했다가 나중에야 그 의미를 깨달은 것과 비슷해요. 결론적으로 부모의 가르침은 중요합니다. 당신이 아무리 경험과 통찰을 벼렸다 해도 그분들 가르침이 더 정확할 가능성이 높습니다.

저는 그 젊은 친구에게 이렇게 조언해주었습니다.

'자신의 인생에 대해서 젊은 나이에 섣불리 단언하거나 결론내리지 마세요. 아직은 해오던 노력을 계속해나가야 할 때입니다. 그러다 보면 부모님도 안심이 되어 더는 뭐라 하지 않으실 겁니다. 부모님은 단지 당신의 사회적 자립이 늦어지는 데 대해 마음을 놓지 못하고 있는 것뿐입니다. 부모님의 기대를 저버렸다고 자책하면서 자기 인생을 단정 짓기보다는 지속적인 노력으로 부모님을 안심시키는 편이 낫지 않겠어요? 인생에서 가장 중요한 것은 선택입니다. 하지만 우리가 항상 옳을 수는 없죠. 사람은 여러 가지 선택을 해봄으로써 성장하고, 자신에게 어떤 일이 잘 맞는지도 알게 됩니다. 그렇게 하나하나 부딪혀나가는 과정에서 자신이 있어야 할 진짜 자리도 찾게 돼요.'

사람에게 중요한 것은 막연한 이상이 아니라, 자기 자신을 정확히 아는 것입니다. 자신이 '무엇을 할 수 있는지'를 아는 것이 '무엇을 하고 싶은지' 아는 것보다 중요합니다. 부단히 일하고 경쟁하는 과정에서 자신을 발견할 수 있고, 자신의 자리도 찾을 수 있어요. 서른 전까지는 자신이 어떤 사람인지 부단히 탐색하되, 함부로 단정 짓지 마세요. 저만 해도 2014년까지는 지금 제가 이런 일을 하고 있으리라고는 알지 못했습니다. 세상은 빠른 속도로 변화하고 있어요. 믿을 수 있는 건 자신의 지혜와 능력 그리고 포기하지 않는 마음뿐이에요.

며칠 전에는 갓 대학을 졸업했다는 친구의 메시지를 받았습니다. 그는 학생시절에도 가정환경이 좋지 않아 돈을 벌기 위해 안 해본 일이 없다고 했습니다. 지금은 졸업 직후라 취직을 해도 월급이 만족스럽지 않을 것 같다며, 투자를 받아 창업을 할지, 취직을 하는 게 좋을지 결정을 내리지 못하고 있다고 했어요.

저는 학생시절에 돈을 버는 것을 권하고 싶지 않습니다. 졸업 직후에는 너무 소득을 따지지 말라고도 말하고 싶어요. 이제 갓 고등학교나 대학을 졸업한 사람에게 무슨 대단한 능력이 있겠어요? 그보다 더 중요한 것은 이제부터 경험과 실력을 쌓아갈 '기회'입니다.

서른 전까지는 직업의 불확실성이 큰 반면 다양한 선택을 할 수 있습니다. 서른 이후에는 길이 좁아지는 대신 그 안에서 전문성을 갖출 수 있어요. 저는 줄곧 제 직업이 한 가지로 고착되는 것에서 벗어나고 싶었는데, 지금은 갈수록 직업적 확실성이 커지고 있습니다. 제가 앞으로 10년간 무엇을 하게 될지도 지금은 거의 정해져 있습니다. 예전에는 저도 나중에 뭘 하게 될지 늘 불확실했어요.

다양한 직업을 모색하려면 한 가지 전제가 필요합니다. 일단 집안의 경제 사정은 고려하지 말아야 해요. 만약 당신이 당장 얼마 이상을 벌어 집에 생활비로 보태야 하는 사정이 있다면, 당장의 수입은 높지 않지만 차차 전문성을 쌓아갈 수 있는 일을 선택하기가 어려울 겁니다. 반대로 그런 사정이 없다면, 서른 전까지는 어느 정도 선택의 여지가 있죠. 간혹 집안 사정이 여유로운 것만 믿고 이런저런 시험을 준비한다는 핑계로 한동안 목적 없는 생활을 이어가는 친구들도 있어요. 이런 친구들은 사회에 첫발을 내딛는 것 자체가 어려울 수 있습니다. 반대로 가정형편이 너무 어려운 친구들은 처음 사회생활을 시작할 직장과 직업을 택하는 것 자체가 어려울 수 있어요.

졸업 직후에 수입이 적은 것은 시간이 흐를수록 차츰 수입이 높아지면서 개선됩니다. 고급 직무는 경험과 자원에 따라 몸값이 결정되기 때문에 시간이 흐를수록 유리해집니다. 반대로 졸업 직후에 소득이 높은 일은 대개 판매 수수료와 관련된 영업 쪽 일이 많습니다. 졸업 후 첫 5년간은 이런 고소득 직종에 유혹을 느끼기 쉽지만, 5~8년쯤 지나면 이런 위치는 역전됩니다. 졸업 직후에 수입이 높은 일은 젊은 나이에 막 덤빌 수 있는 종류의 일인 경우가 많아요. 그러다 보니, 신규 인력이 진입하면 대부분 도태되거나 근근이 현상유지만 하게 됩니다. 한편 인사나 행정처럼 비교적 여유롭게 할 수 있는 일도 있는데, 이런 일은 시간이 흘러도 성장 가능성이 커지지 않는다는 단점이 있습니다.

대학을 졸업하자마자 창업에 도전하는 것은 별로 권하고 싶지 않습니다. 실패 확률이 너무 높거든요. 초반에 실패하지 않았다 해도 나중에 큰 위기를 맞을 가능성이 큽니다. 창업에 도전했다가 실패하고 서른을 넘기면, 다른 길에서 새로 시작하기가 쉽지 않습니다. 물론 성공 가능성이 없는 것은 아니에요. 그러나 개인의 재능과 더불어 자원 등이 뒷받침되어야 하고, 그러고도 성공 가능성은 다시 바늘구

명을 통과해야 하는 수준입니다. '80후 세대 억만장자' 4명^{저우야후이(완웨이}테크 회장), 천어우(온라인 화장품 쇼핑몰 쥐메이요우핀 창업자), 왕치청(산하에 부동산, 미디어, 기업자문·투자회사를 두고 있는 한킴유니크그룹 회장), 왕타오(드론 개발업체인 DJI의 CEO) 등 30대 슈퍼리치를 가리킴을 보세요. 이들 가운데 흙수저 출신은 없어요. 순수한 자수성가형으로 창업에서 성공한다는 게 이토록 드문 일입니다.

축적과 성장이 가능한 직업은 초반에 힘들고 수입도 낮을 수 있습니다. 근무 여건이 여유로운 일은 시간이 흐를수록 성장 가능성이 좁아질 수 있고요. 초반에 수입이 높은 일은 나중에 가서 입지가 흔들릴 수 있습니다. 혹 관리직으로 전환될 수도 있는데, 직위는 높아져도 수입은 더 낮아질 수 있어요. 물론 최종적인 성공 여부는 어디까지나 당신 자신에게 달려 있습니다.

저는 지금 성공사례가 아니라 일반적인 경험에 대해 말하고 있는 것입니다. 님의 성공을 따라 한다고 나도 성공한다는 법은 없지만, 대부분의 실패에는 실패로 귀결될 수밖에 없는 공통된 패턴이 있습니다. 인생에서 가장 두려운 것은 방향의 부재입니다. 미지에 대한 두려움이 동력으로 작용할 수도 있지만 저항으로 작용할 수도 있어요. 너무 겁을 먹은 나머지 직업 세계에 발도 들이지 못하는 사람도 많아요. 그렇다고 세상 모든 일을 다 경험해봐야 어떻게 돌아가는지 알 수 있는 건 아닐 겁니다. 하지만 시작조차 하지 않으면 아무것도 알 수 없습니다.

전공과 직업의 관계

매년 졸업·입학 시즌이 되면 하고 싶은 말이 많아집니다. SNS에서 이런 이야기를 본 적이 있어요.

'해마다 대입 시험이 끝나면 성적을 비관한 수험생들이 저장성 서호西湖로 몰려든다. 그런데 이들이 서호에 도착하자, 반년 전부터 길게 줄을 선 사람들이 있었다. 취직 실패를 비관한 대학 졸업생들이었다.'

대입시험 후 성적을 비관한 학생들이 자살을 시도했다는 이야기가 해마다 들려옵니다. 그런데 취직 실패를 비관한 대학 졸업생도 있을 수 있다는 생각은 해본 적이 없었어요. 인생에는 아무리 무거운 짐도 가볍게 해주는 위대한 진리가 하나 있습니다. 바로 '익숙해지면 괜찮다'는 것입니다.

며칠 전에는 의대와 회계학 사이에서 진로를 고민 중이라는 여고생의 메시지를 받았습니다. 이 친구는 의대 공부가 많이 힘들 것 같은 반면, 회계를 공부하면 졸업 후 좋은 대우를 받고 생활이 안정적이지 않을까 생각하고 있었습니다. 그러나 저는 의대 진학을 추천하고 싶습니다. 중국의 의료환경은 앞으로 개선될 가능성이 크기 때문입니다. 이 여고생이 공부를 마치고 업무 현장에 진입할 때쯤이면 중국의 의료업계는 그야말로 황금기에 접어들어 있을 가능성이 큽니다. 그에 비해 회계 업무의 미래에 대해서는 딱히 열거할 만한 장점이 없습니다. 아, 물론 현재의 중국이라는 조건에서 하는 말입니다.

제가 대학에 들어가던 때는 컴퓨터공학이 가장 인기 있는 전공이었습니다. 그런데 불과 4년 뒤, 제가 졸업할 때가 되니 컴퓨터업계의 인기가 시들해져 있었어요. 선택을 할 때는 멀리 내다볼 수 있어야 합니다. 저의 어머니는 모두가 일반적인 회사에 취직하는 것을 최고로 여기던 시절에 외할아버지의 고집으로 의대에 진학했습니다. 어머니는 싫다며 단식투쟁까지 했지만 외할아버지의 고집을 꺾지 못했어요. 그런데 일반적인 회사에 취직을 한 다른 동창들이 하나둘 직장에서 밀려날 때 어머니만은 부교수로 승진했고 퇴직 후에도 바쁘게 일했습니다. 이러니 부모의 말은 함부로 흘려들을 일이 아닙니다.

"어떤 대학, 어떤 전공을 택하든 어차피 연애나 하고 게임이나 하다 지나갈 테니 다 똑같지 않느냐"고 말하는 사람도 있을 겁니다. 이 말은 맞기도 하고 틀리기도 합니다. 저도 대학시절에 공부는 팽개치고 친구들과 놀러 다니기만 했어요. 그런데 그때 같이 어울려 다닌 친구들은 대부분 부모의 권유로 IT업계가 아닌 은행에 취직했습니다. 초반 연봉은 높지 않았지만, 지금은 대개 소장이나 부행장 자리에 올라 있습니다. 물론 이런 결과가 학부 전공과 관련 있을 리 없죠. 같은 과 동기들 중에는 법률 공부를 하기 위해 편입한 친구들도 있어요. 이들은 변호사가 되는 대신 법원이나 경찰청 등 정부기관으로 진출했습니다. 이들 모두 최종 전공이 무엇이건, 대학에서는 별로 배운게 없다는 공통점이 있습니다.

직업 선택에는 재미있는 구석이 많아요. 앞서 밝힌 대로 저의 컴퓨터공학과 동창들은 대부분 금융계에서 일하고 있습니다. 물론 IT업계에서 일하고 있는 친구들도 있지만 극소수예요. 제가 졸업하던 시점에는 회계를 공부하는 것이 일자리를 구하기 쉬워 보였기 때문에 회계 전공을 택하는 이들이 많았습니다. 그런데 회계를 전공한 친구 가운데 한 명은 지금 프로그래머가 되어 있습니다. 대체 어찌 된 일일까요? 저도 잘 모르겠어요.

제가 하고 싶은 말은, 전공을 이유로 자신의 진로를 제한할 필요가 없다는 겁니다. 사람들이 마지막에 가서 하게 되는 일은 대개 전공과 무관한 경우가 많아요. 사람들이 하는 일이 대체로 전공과 관련 없는 이유는, 직업 선택에는 복잡한 요소가 관여하기 때문입니다. 세상 모든 일이 그렇듯 직업 선택도 뜻대로만 되지 않다 보니 전공에 대한 고집을 포기하게 되는 거예요.

그런데 어떤 사람이 뛰어난 성취를 보인다면, 그것은 전공과 관련 있을 가능성이 높습니다. 무슨 말이냐고요? 전공 공부는 단순한 취미나 관심사와는 차원이 다르기 때문입니다. 전공의 기초 지식과 그에 따른 사고방식은 평생에 걸쳐 영향을 미칩니다. 저는 법률을 공부한 적도 있는데, 지금의 지식과 논리는 대체로 법률 공부에서 비롯된 것입니다. 법률업계에서 일을 한 적은 없지만, 법을 공부하면서 익힌 것들은 여러모로 도움이 되고 있습니다. 그러므로 전공 공부가 아무 소용이 없는 것은 아니에요. 그러나 전공이 당신의 본업으로 이어질 가능성은 매우 낮습니다.

책도 그 자체로는 별 쓸모가 없어 보입니다. 어떤 책을 읽으면서도 과연 이 책 속의 것들이 나중에 어떤 쓸모가 있을지 알기 어려워요. 제 친구 중 한 명은 《도덕경》을 무척 좋아했는데, 이 친구에게도 《도덕경》 자체는 별 쓸모가 없었어요. 그러던 어느 날 회사에 면접을 보러 갔는데 마침 그 회사의 사장이 《도덕경》을 좋아했고 덩달아 이 친구도 마음에 들어 했습니다. 이 친구는 그런 뜻하지 않은 이유로 덜컥 취직이 되었어요. 무엇이 어떤 쓸모가 있을지는 제대로 쓰임새가 드러나기 전까지는 알 수 없습니다. 그러니 뭐든 일단 잘 배워둬서 나쁠 건 없습니다. 전공 공부도 일단 잘해두는 것이 좋아요. 나중에 쓸 일 없을 것 같다는 이유로 공부조차 하지 않는 건 어리석은 일입니다.

2015년에는 특히 청년들의 취업이 어려웠어요. 아마도 청년들의 취업난은 점점 더 심해질 거예요. 그런 와중에 대기업에서 인턴 근무를 하고 있다는 친구가 고민을 토로해왔습니다. 이 친구는 인턴 월급으로 3,000위안을 받고 있는데, 타오바오 점포 운영으로 버는 돈이 월 6만 위안이라 퇴사를 고민하고 있다고 했어요. 그의 고교 동창도 타오바오 점포를 운영하고 있는데 그 친구는 한 달에 60만 위안을 벌고 있어서 부럽기도 하고, 대기업이라는 그럴 듯한 간판과 형편없는 월급 사이의 괴리도 견디기 힘들다고 했습니다. 저는 이 친구에게 일단 인턴 근무를 그만두지 말라고 권하고 싶습니다. 대기업에서 일해보는 것은 그 자체로 본인에게 대단히 가치 있는 경험입니다. 그에 비하면, 온라인 점포 운영이란 어찌 보면 현금이 오가는 일에 불과해요. 자신이 사회에서 맡을 수 있는 역할의 가치는 그 이상일 것 아닌가요? 타오바오 점포 운영 같은 것은 잠시 다른 사람에게 맡겨도 됩니다. 더욱이 온라인 점포 운영은 시류를 많이 타는 일이에요. 리스크 측면에서도 인턴 근무가 훨씬 안정적입니다. 당장 인턴 근무로 버는 돈이 크지 않을지 몰라도, 대기업 인턴 경험을 통해 그는 분명 성장하고 있습니다. 일은 꼭 돈을 벌기 위해서만 하는 것이 아니에요. 그 일을 함으로써 발전하고 성장할 수 있다는 것이 더 중요합니다. 그러므로 부디 제 제안을 흘려듣지 말기를 바랍니다.

저는 대학을 졸업하자마자 창업에 투자했다가 실패한 적이 있습니다. 손실을 만회하고도 다시 5년의 시간이 흐른 뒤에야 지금의 위치까지 올 수 있었어요. 지금도 저는 일반인이 창업으로 성공하기는 대단히 어렵다고 생각하고 있어요. 일단은 인생을 안정적으로 경영하는 것이 자기 자신에게나 가정에 최선의 선택입니다. 투자의 궁극적 목적도 안정적 수익이라는 것을 기억하세요.

누누이 말하지만, 서른 전에는 너무 돈을 좇지 말고, 이것저것 시도하고 다양하게 경험해보세요. 그러다 보면 서른 후에는 돈이 자연스럽게 당신을 찾아올 것입니다.

직장생활의 다섯 가지 기본 원칙

아등바등하지 않는 사람은 없죠. 그때그때 발을 동동 구르게 만드는 내용이 서로 다를 뿐이에요. 졸업 직후에는 직업을 두고 아등바등하고, 직업을 얻은 뒤에는 승진이나 이직을 두고 아등바등합니다. 젊을 때는 수입 때문에 아등바등하다가 좀 더 나이를 먹으면 인생의 방향을 두고 다시 고민에 빠집니다.

회계나 프로그래밍 같은 전문적인 일이 아닌 한 대부분의 직장생활에서 요구되는 자질은 비슷합니다. 전공과는 별 관련이 없고 누구든 할 수 있는 일들이 대부분이에요. 전공과 관련된 일이면 비교적 적응이 쉬울 수도 있을 텐데 말예요. 그러나 영어를 전공했다고 해서 중국문학을 전공한 사람보다 직장생활을 잘하는 것은 아닙니다.

직장생활의 핵심은 무엇을 전공했는가가 아니에요. 지식이 부족하면 따로 공부를 하면 됩니다. 직장생활의 핵심은 인간관계와 이익 충돌의 문제를 잘 처리하는 데 있어요. 이 두 가지가 미숙하면, 아무리 일을 잘해도 직장에서 버텨내기 어렵습니다.

직장생활을 할 때 유념해야 할 몇 가지 원칙이 있습니다.

- 1. 환경이 바뀌면 일단 고개를 숙이고, 사내 인간관계부터 정확히 파악해야 합니다. 저는 예전에 새로 온 상사에게 예전 상사의 험담을 한 적이 있어요. 그런데 알고 보니, 예전 상사가 새로 온 상

사의 친척이었어요. 등골이 서늘했죠.

2. '뽕나무를 가리키며 홰나무를 욕하는(《손자병법》의 36계 중 26계인 '指桑
罵槐(지상매괴))' 사장에게 굳이 당신의 무고함을 증명하려 애쓸 필요 없
습니다. 사장은 무조건적으로 당신을 이해하고 품어주는 부모 같은 존재
가 아니에요. 사장은 때로 당신이 옳다는 것을 알면서도 다른 모두를 지
키기 위해, 특히 당신의 상사를 지키기 위해 당신을 포기해야 할 때도 있
습니다. 사장의 입장에서 조직을 운영하는 데 필요한 존재는 당신보다 당
신의 상사이기 때문입니다.

3. 남모르게 사무실 곳곳을 쓸고 닦으세요. 괜히 혼자 쓸데없는 일을 떠맡는
다고 불평할 필요 없습니다. 당신 손에서 처리되는 일이 많아질수록 당
신은 점점 대체 불가능한 존재가 되어갈 겁니다. 당신이 없으면 안 되는
일이 많다는 것을 회사에서 알게 되면, 연봉협상을 할 때도 유
리해집니다. 소리 소문 없이 임무를 선점하고 당신의 협상력을
높이세요.

4. 보상을 염두에 두지 말고 일단 아낌없이 일하세요. 아낌없이
일하다 보면 대개는 보상이 따를 것입니다. 그러나 당신이 먼
저 보상을 요구하고 나서지는 마세요. 만약 아무런 보상도 없다면, 당신
이 그만큼 중요한 존재가 아니라는 의미일 수 있습니다. 그래도 아낌없이

일해야 합니다. 서서히 당신의 노고가 알려지고 보상도 받게 될 거예요. 나중에는 그 보상이 당신의 기대를 뛰어넘는 수준이 될 수도 있습니다.

5. 가치는 교환에서 생겨납니다. 당신이 남과 교환할 수 있는 것은 무엇인가요? 당신에게 교환할 것이 시간과 체력밖에 없다면, 아직은 직장생활에서 두각을 나타내기 어렵습니다. 핵심 경쟁력은 자기 자신에 대한 정확한 이해, 그리고 부단한 노력과 학습에서 비롯된다는 것을 기억하세요.

혼나는 것도 일의 한 부분이다

갓 퇴사한 젊은 여성과 식사를 할 때였습니다. 그녀는 상사가 자신을 엄하게 혼냈던 이야기를 하다가 눈물을 뚝뚝 흘리기 시작했어요. 영문을 알 리 없는 종업원이 지나가면서 저를 나무라듯 흘끗 보는 통에 등에서 땀이 날 지경이었습니다.

저도 일을 처음 시작했을 때 운 적이 있습니다. 상사가 저를 혼내서가 아니었어요. 저는 회사를 위해 이토록 열심히 일하는데, 상사라는 사람들은 회사의 안위에는 관심도 없고 자신의 이익에만 골몰하고 있다는 사실이 답답해서였습니다. 저는 그들에게 가서 따졌습니다. 당시에도 썩 보기 좋은 행동이 아니었는데 나중에 생각하니 더

유치하게 느껴졌어요. 내 일이나 잘하면 되지, 왜 그렇게 나서려고 했던가 하는 후회가 밀려왔습니다. 그러나 한편으로 생각해보면 이런 식으로 감정과 의욕이 무뎌지는 것이야말로 '직장인화'되는 것이 아닌가 싶기도 해요.

일에서 감정을 배제하는 것이 당신에게나 회사에 꼭 좋은 것만은 아닙니다. 그 감정이 애정이든 악감정이든 마찬가지예요. 감정을 배제한다고 해서 꼭 정확한 판단을 보장하는 것도 아니고, 모종의 기대가 무너지면 어차피 마음은 타격을 받게 되어 있습니다. 여러 사람이 한 마음으로 사장을 따르며 창업했는데, 나중에 사장이 부동산이나 주식을 늘려가는 모습을 보면 누구나 심정적으로 타격을 받을 거예요. 하지만 처음부터 이익에 대한 기대는 품지 않고 자신의 일에 대해서만 책임을 졌다면, 계속 평화로운 마음으로 일해나갈 수 있었을 것입니다.

상사에게서 혼이 날 때는 어떻게 해야 할까요? 저는 사실 상사에게 혼이 나는 것도 업무의 일부이자 월급에 포함된 비용이라고 생각합니다. 상사가 혼을 내는 이유는 대체로 당신이 월급에 걸맞은 직무를 다하지 않았기 때문입니다. 당신도 구입한 물건이나 서비스가 가격에 미치지 않으면 화를 내지 않는가요? 상사가 혼을 낼 때 당신이 해야 할 일은 일단 잠자코 듣는 것입니다. 당신의 잘못을 인정하고, 상사의 기분이 풀어지게 해야 해요. 당신이 어떤 잘못을 했든 당신의 월급은 줄어들지 않습니다. 물론 당신 잘못이 전혀 없을 때도 있어요. 단순히 상사가 기분이 좋지 않아 화낼 구실을 찾고 있었을 수도 있죠. 그럼 이때 당신이 해야 할 일은 무엇일까요? 역시 위에서 말한 것과 같습니다. 중국에는 '임금의 녹을 먹는 신하는 임금의 근심을 같이 짊어져야 한다'는 말이 있습니다. 사장에게서 임금을 받는 직원 또한 사장의 염려와 근심을 같이 짊어져야 합니다. 그것까지가 월급에 포함된 직무예요. 동양의 이러한 직업정신은 서구 기업의 임원들이 '받는 만큼만 일한다'면서도 고액의 연봉을 챙기기 바쁜 행태보다 나은 면이 있습니다.

상사가 어떤 직위에 있는가에 따라 질책의 내용은 달라집니다. 때로는 도저히 납득할 수 없거나, 인격모욕이라고까지 느껴지는 질책을 당할 수도 있어요. 이런 경우에는 어떻게 해야 할까요? 대략 두 가지 선택을 할 수 있습니다. 하나는, 그냥 인생의 수련으로 받아들이는 겁니다. 나중에 더 나은 것을 얻기 위해 지금 이런 고난을 감당하는 것이려니 생각하는 거예요. 다른 하나는, 구구한 변명 없이 그냥 자리를 박차고 나가버리는 것입니다. 정말 서로의 기운이 잘 맞지 않으면 좋은 결과도 만들어낼 수 없습니다. 어차피 그런 상태로는 앞으로 함께 일해나갈 수도 없어요. 어느 쪽을 택할지는 당신 선택입니다. 다만 그 자리에서 즉각 화를 내는 것만은 피하세요. 가는 데마다 동료들에게 억울함을 호소하거나 상사의 험담을 하는 행동도 삼가세요. 사람들은 당신의 입장에서 동조해주기보다는 당신이 무능하고 비겁하다고 생각할 가능성이 더 큽니다. 만약 당신은 충분히 일을 잘했는데도 상사가 부당하게 질책한다면 어떻게 해야 할까요? 더 이상 기다릴 것 없습니다. 구구한 변명도 할 필요 없어요. 어쩔 수 없습니다. 잘못된 직장을 택한 자신을 반성하는 수밖에.

사장은 대체로 인재를 반기고 아낍니다. 사장이야말로 회사를 위해 무엇이 이익인지를 가장 많이 고민하는 사람이니까요. 그러나 전문경영인이나 중간관리자의 입장은 조금 달라요. 그들은 부하직원의 능력이 지나치게 출중하면, 자기네 자리를 위협할 수 있다는 생각에 당신을 시기하고 질투할 가능성이 있어요. 그러므로 당신의 상사가 어떤 위치에 있는지, 당신에게 무엇을 요구하는지에 따라 적절히 처신을 달리할 필요가 있습니다.

나약한 사람은 남 앞에서 강하게 보이려고 하지만, 정말로 강한 사람은 어떤 일도 대수롭지 않게 받아들일 줄 아는 법입니다.

신입사원이 주의해야 할 여덟 가지

직장이라는 세계에 처음 발을 들인 신입사원에게는 직장에서 겪는 모든 일이 어색하고 불편할 수 있습니다. 이 글에서는 신입사원이 주의해야 할 몇 가지 기초 사항을 언급하고자 합니다. 직장에 처음 발을 들인 신입사원은 이직으로 새로 합류한 직원과는 다릅니다. 학생이었다가 직장인이 된 신입사원은 어떤 자세를 갖추어야 할까요?

첫째, 학교를 다니다가 직장을 다닌다는 것은 엄청난 신분변화입니다. 학교에서는 당신이 소비자, 즉 갑이었지만, 직장에서 당신은 월급을 받는 을이 됩니다. 신분이 변화한 만큼 마음의 준비를 단단히 해야 해요. 신입사원이 가장 먼저 갖추어야 할 것은 서비스 마인드입니다. 직장에서는 아무도 당신을 붙들고 하나하나 가르치거나 이끌어주지 않아요. 당신이 먼저 다가가 서비스를 베푼다는 자세를 보여야 합니다.

둘째, 당장 뭔가를 해 보이겠다는 야심은 잠시 접어두는 것이 좋습니다. 회사에서는 당신의 잠재력을 보고 뽑은 것이지 당장 능력을 발휘할 것 같아서 뽑은 것이 아니에요. 즉 지금 직장에서는 누구도 당신에게 대단한 성과를 기대하고 있지 않습니다. 회사에서 신입사원에게 기대하는 것은 빨리 배우고 성장하는 것입니다. 때문에 신입사원이 우선적으로 갖추어야 하는 것이 있다면 바로 '자세'예요. (당신에게 아무도 능력을 기대하고 있지 않으므로) 적극적이면서도 예의 바른 자세가 일단 점수를 얻는 데 유리합니다. 먼저 나서서 잡다한 일을 하거나, 식사할 때 상사에게 물을 따라주는 것만으로도 사람들은 당신에 대해 좋은 인상을 갖게 됩니다.

셋째, 회사 안의 모든 사람을 존중해야 합니다. 겉만 보고 함부로 다른 사람의 직위나 능력을 평가하거나 그 사람을 경시해서는 안 됩니다. 그 사람 뒤에 누가 있는지 신입사원인 당신은 알 수가 없어요. 함부로 사내의 소문을 옮기거나 다른 직원에 대해 험담하지 마세요.

당신 자신이 어떻게 될지 알 수 없어요. 일단 모든 사람에게 예의를 갖추고 친절하게 대하세요. 사무실 한쪽 구석에 있던 존재감 없는 사람이 사장의 아들일 수도 있습니다.

넷째, 맡겨진 일에 대해서는 최대한 상세하게 피드백을 구하세요. 그 일에 대해 당신이 얼마나 알고 있든, 얼마나 잘할 수 있든, 최대한 정확하게 상사의 의도를 파악해서 나쁠 것은 없습니다. 나이가 많은 상사 입장에서는 젊은 직원인 당신이 이것저것 가르침을 청하면 일단 기분이 좋아집니다. 그런 모습을 통해 사무실에서 자신의 지위와 중요성이 부각되기 때문입니다. 꼭 말을 잘할 필요는 없어요. 표현이 서툴러도 됩니다. 이런 모습들이 당신의 직장생활을 한결 수월하게 만들어줄 거예요. 사내의 분위기가 폐쇄적이어서 직원들 사이에 교류가 많지 않다면, 당신도 말을 줄이세요. 섣불리 줄을 서려고 하지 말고, 충실히 당신의 일에만 매진하세요. 당신은 이 조직에 새로 들어온 사람입니다. 회사에서 신입사원에게 바라는 것은 사내 권력지형을 파악하는 눈치나 줄을 서는 능력이 아니라, 적극적으로 업무를 배우고 익히는 자세라는 사실을 명심하세요.

다섯째, 바닥부터 시작하는 사람의 마인드를 가지세요. 당신이 한때 아무리 우수한 학생이었다 해도, 직장에서는 아무것도 모르는 신참일 뿐입니다. 학창시절에 아무리 대단한 상을 받았다 해도, 그것이 회사에 이익을 가져다주지 않는 한 아무 소용이 없어요. 출신 학교나 전공, 영어 혹은 그 무엇에 대해서도 우월감은 금물입니다. 누군가가 당신이 가진 장점에 대해 도움을 청해오면, 겸손하고도 적극적인 자세로 응하세요. 직원들은 새삼 당신의 능력을 눈여겨보는 동시에 당신의 겸손한 태도에 좋은 인상을 받게 될 겁니다. 이렇게 하지 않으면 "○○는 똑똑하긴 한데 자세가 엉망"이라는 부정적인 낙인이 찍힐 수 있어요. 한번 이런 낙인이 찍히면, 당신이 아무리 일을 잘해도 비방과 질투만 받게 될 수 있어요. '덕도 있고 재능도 있으면 명품, 덕이 있지만 재능이 없으면 양품良品, 덕도 없는데 재능도 없으면 폐품, 덕은 없으면서 재능만 있으면 독극물'이라는 말이 있습니다. '덕이 없다'는 평가가 따르는 순간, 향후에 당신이 펼치는 재능까지도 독이 될 가능성이 큽니다.

여섯째, 지름길에 연연하지 마세요. 당신도 몇 년간 일을 하다 보면 알게 될 겁니다. 직장인의 값어치는 경험의 값어치라는 것을. 경험이 많을수록 값어치가 올라가고, 당신은 대체할 수 없는 존재가 됩니다. 싫은 일이라고 마다하지 말고 일단 맡아서 해내보세요. 자기 손으로 직접 해봐야 경험이 되고, 그런 경험 위로 배움이 더해지면서 당신의 가치도 축적됩니다.

일곱째, 당장의 연봉에 연연하지 마세요. 신입사원 시절에는 연봉이 높지 않을 수 있습니다. 그러나 신입사원이 실제로 내놓을 수 있는 성과에 비하면 적절한 수준입니다. 당신의 가치는 앞으로 일을 통해서 증명해나가면 됩니다. 당장의 연봉이 중요한 것이 아니에요. 정말로 중요한 것은 향후 당신이 정말로 크게 성장할 수 있는 일을 맡을 수 있는가입니다.

여덟째, 사내 정치에 끼어들지 마세요. 신입사원의 수준에서 감당할 수 있는 일이 아닙니다. 사내 정치에 휘말려봤자 총알받이나 가루가 될 뿐이에요.

회사에서는 대체 무엇을 보고 직원을 채용할까

면접에서 엉뚱한 대답을 했는데도 꽤 좋은 직장에 취업했다는 전설적인 이야기가 심심찮게 들려오는 것을 보면, 취직은 정녕 신의 영역이 아닌가 싶어요. 이런 우스갯소리도 있습니다. 칭화대, 베이징대, 전문대 출신의 여성이 각각 면접을 보았어요. HR팀에서 사장에게 "어느 대학 출신을 뽑으셨나요?"라고 묻자, 사장은 "그…… 제일 가슴 큰 친구"라고 대답했다는 이야기.

웃어넘길 이야기만은 아닙니다. 면접 테크닉은 면접을 준비하는 사람에게 나름대로 유용한 정보일지 모릅니다. 그러나 HR팀에서는 면접대상자를 추려낼 뿐 채용을 결정할 권한까지는 없습니다. 채용을 결정하는 건 새 직원을 필요로 하는 부서의 담당자나 회사의 임원 혹은 사장입니다. 이렇게 되면 문제가 조금 복잡해져요. 대체 이 사람들이 가슴을 선호할지, 다리를 선호할지, 두뇌를 선호할지 어떻게 알 수 있겠어요? 그나마 사장이 여성이라면 조금 보수적인 선택을 할지도 모르지만 말입니다. "아니, 능력은 안 봅니까?"라고 따지는 사람이 있을지 모르겠네요. 미안한 말이지만, 채용에서 능력은 그렇게까지 중요한 고려사항이 아닙니다. 능력을 정말로 중요하게 생각하는 사람은 헤드헌터예요. 일반적인 면접 현장에서 능력이 출중한 지원자를 만나기란 쉽지 않습니다. 그렇기 때문에 차라리 외모로 채용이 결정되는 건지도 몰라요.

그런 의미에서, 면접 테크닉을 익혀서 얻을 수 있는 효과는 면접장에서 자신이 얼마나 바보 같을 수 있는지 깨닫는 것인지도 모릅니다. 면접관은 당신의 그런 바보 같은 모습을 마음에 들어 할 수도 있지만, 그런 당신이 지나치게 총명하다고 생각해서 탈락시켜버릴 수도 있어요. 어느 쪽이든 채용으로 이어지지 않기는 마찬가지입니다.

제가 이 글에서 강조하고 싶은 것은 면접에서 떨어졌다고 해서 꼭 비관할 필요는 없다는 겁니다. 저 역시 과거에 면접을 보고 떨어진 적이 많아요. 그러나 그 덕분에 다른 여러 업계에서 다양한 경험을 쌓고 오늘의 제가 될 수 있었습니다. 그러므로 면접에 떨어졌다고 해서, 인턴 기간 후 정직원으로 채용되지 못했다고 해서 너무 가슴 아파하지 마세요. 그 회사가 당신과 맞지 않는 곳이었을 뿐 반드시 인생에서 나쁜 일이 일어난 것은 아닙니다.

사실 면접에서 가장 중요한 세 가지를 순서대로 나열한다면 인맥, 외모, 능력이라고 할 수 있습니다. 잔혹하지만 그게 현실이에요. 최고의 인재가 가진 실력이 10이라고 했을 때 실력이 4인 사람과 5인 사람이 면접을 보러 왔다면, 저라면 둘 중 외모가 나은 사람을 뽑겠어요. 뽑고 나서 가르치면 누구나 6~7 정도의 실력은 되기 때문입니다. 실력은 8이지만 외모가 조금 떨어지는 사람이라도 역시 뽑을 의향이 있습니다. 뽑고 나서 가르치는 수고를 덜 수 있으니까요. 그러므로 오로지 실력으로만 승부하겠다면, 실력이 남들의 두 배는 되어야 합니다.

인맥에 대해서는 제가 자세히 말하지 않아도 알 것입니다. 사회 시스템이 낙후된 나라에서는 고위층 인맥의 자녀를 채용해서 월급을 주는 것이 뇌물을 들고 직접 찾아가는 것과 같은 의미를 지니는 직장이 많으니까요.

제가 이제까지 들어본 가장 황당한 채용 이유는 "띠궁합과 사주가 좋아서"라는 것이었습니다. 어떤 시골 출신 사장은 입사지원자의 이름이 자신의 예전 연인의 이름과 비슷하다는 이유로 채용을 결정한 적도 있습니다. 한마디로, 취직에 붙고 떨어지는 것은 많은 부분 운과 우연에 좌우된다는 겁니다. 사장 한 사람의 재량권이 큰 회사일수록 이렇다 할 기준이나 이유를 찾기가 더더욱 어려워집니다. 중국에서는 민영기업과 공기업에서 이런 현상이 가장 심하고, 외자기업이나 증시상장 기업, IT기업은 그래도 좀 나은 편입니다.

그렇다면 어떻게 해야 조금이라도 구직 성공률을 높일 수 있을까요? 이건 사실 준비나 테크닉의 문제라기보다 일종의 정감情感의 문제인지도 모릅니다. 아마도 이 책을 읽는 독자들은 인맥이 없거나 능력도 외모도 지극히 평범한 사람이 대다수일 겁니다. 그렇다면 당신이 할 수 있는 노력은 크게 두 가지입니다. 스타일링을 잘하고, 과감하게 움직이는 거예요. 스타일링을 잘해야 한다는 것은 미남·미녀로 꾸미라는 뜻이 아니라, 최대한 전문직업인의 느낌이 나도록 정중하고 반듯한 차림새를 갖추라는 뜻입니다.

과감하게 움직이는 방법은 간단해요. 수시로 기업의 HR팀이나 경영자에게 자신이 그 회사에 얼마나 들어가고 싶어 하는지 어필하는 레터를 보내는 겁니다. 절대 괜한 짓이 아니에요. 이건 정말로 효과가 있습니다.

예를 들어, HR팀에서 전체 입사지원자 중 열 명과 면접 약속을 잡았는데 면접 당일에 달랑 세 명만 왔다고 쳐요. 이 세 명도 썩 마음에 들지 않은 상태에서 어떻게든 이번에는 꼭 한 명을 뽑아야 한다면, 채용담당자는 분명 당신을 떠올리고 연락해올 것입니다.

작은 회사의 사장이라면, 지원자의 능력도 중요하지만 충성도와 적극성을 가장 중요하게 생각합니다. 그런데 당신이 먼저 일하고 싶다면서 적극성을 보였다면, 그 회사에서는 당신의 채용을 가장 우선적으로 검토할 가능성이 높아요. 절대로 체면 차리지 말고, 지나치게 몸 사리지도 말며, 당당하게 나아가세요.

일단 채용이 결정되었다면, 바로 출근부터 시작하세요. 세세한 절차가 중요한 게 아닙니다. 곧바로 얼굴도장부터 찍고, 얼른 자리를 차지하고 앉아야 합니다. 당신이 머뭇거리는 며칠 사이에 다른 사람으로 교체되어버릴 수도 있어요. 예전에 저는 갓 졸업한 젊은 친구에게 신입사원 월급이 6,000위안이나 되는 꽤 좋은 직장을 소개해준 적이 있습니다. 그런데 절차를 중시했던 그 친구는 인턴으로 일하고 있는 회사에서 이직증명서를 받아야 한다며 시간이 좀 걸릴 것 같다고 말했어요. 저는 "절차는 나중에 처리하고, 일단 출근부터 하라"고 채근했지만, 그 친구는 자신만만하게 말했습니다. "이미 채용이 결정됐잖아요. 여기서 필요한 절차 다 끝내고, 출근은 다음 주부터 할게요." 그러나 며칠 지나지 않아, 이 친구를 채용하기로 했던 회사에서 "너무 경력이 없는 친구라 아무래도 힘들 것 같다"며 채용을 취소했습니다. 이 소식을 들은 친구가 아쉬워한 것은 당연한 일이에요. "차라리 바로 출근부터 했다면 '뽑았으니 일단 써보자' 했을지도 모르는데, 마침 자리에도 없고 하니 사장님 생각이 달라지신 모양이네요. 일단 선생님 말씀대로 할 걸 그랬어요."

저도 사전 절차를 확실하게 마무리 짓는 것이 좋다고 생각합니다. 아무것도 확정적이지 않다면 신중하게 행동해야 한다는 데도 찬성해요. 하지만 믿을 구석이 확실한 상황이 아니라면, 일단 용기 있게 잡아버려야 정말로 내 것이 됩니다. 나에게 내정된 자리라도 내가 아직 꿰차지 않은 이상, 수많은 대기자가 그 뒤에 줄을 서 있다는 사실을 기억하세요.

일은 어디까지나 나 자신을 위해 하는 것이지 남을 위해 하는 것이 아닙니다. 어떤 자리에서든 일단 경험을 쌓아야 실력이 되고, 그 실

학생으로 지내다가 직장인이 된다는 것은 엄청난 신분변화예요.
소비자에서 공급자가 되는 것이고, 어떤 의미에서는 갑에서 을로 변화하는 겁니다.
때문에 사회생활을 잘하기 위해서는 올바른 서비스 마인드를 갖추어야 합니다.
매사에 배운다는 자세를 취하고 궂은일도 마다하지 마세요.

력으로 우뚝 설 수 있습니다. 똑같이 뭔가를 배우며 실력을 쌓는 공간 이라도 학교에서는 당신이 돈을 내고, 회사에서는 당신에게 돈을 줍 니다. 그만큼 감사한 마음으로 기대를 저버리지 않겠다는 마음을 가 질 필요가 있어요. 설령 퇴사를 하더라도 반드시 좋게 헤어지고 나와 야 합니다. 예전 회사의 사장을 욕하고 다니는 것은 당신 자신의 인 격을 깎아내리는 행동일 뿐입니다.

어떤 경영자가 나와 잘 맞을까

텐센트에서 소우거우^{중국의 검색 엔진}를 인수했지만, 소우소우^{텐센트의 검색 엔진} 의 직원들 중 90% 이상이 소우거우로는 부서이동을 하고 싶어 하지 않았습니다. 아무리 높은 직위와 고액 연봉을 제시해도 소용없었어 요. 이건 다들 소우거우의 전망을 불투명하게 예상하고 있다는 뜻이 었습니다. 다들 텐센트에 그냥 남아 있거나, 전도유망한 다른 업체로 이직을 하는 것이 낫다고 여기고 있었어요. 소후^{검색 포털사이트}의 한 직원 에 따르면, 텐센트에 합병되기 전부터 소우거우 직원들은 자사의 가 치가 하락하자 일할 의욕을 잃고 각자 살 길을 찾고 있었다고 합니다. 양샤오촨^{소우거우의 CEO}을 따르며 10년간 일해온 소우거우 직원들로서는 지금껏 땀흘려온 시간마저 허망하게 느껴졌을 겁니다.

이렇듯 10년 고생이 허망해지는 일이 없으려면, 자신이 들어가려는 회사의 경영자에 대해서도 잘 알아보고 선택할 필요가 있습니다. 경영자에 대한 불만도 우리가 생각해봐야 할 문제 중 하나예요. 대부분의 사람들은 자기 회사의 경영자가 문제가 많다고 생각하고, 극소수의 인재들은 자기 회사의 경영자가 좋은 사람이라서 다행이라고 여깁니다. 참 재미있는 일이 아닐 수 없어요.

사실 대부분의 경영자에게는 직원들을 행복하게 해줄 능력이 없습니다. 중국의 경우 기업의 평균 생존기간은 3년, 길어도 5년을 넘기지 못합니다. 그러므로 당신이 안정적으로 일하고 싶다면, 먼저 들어가려는 회사의 역사부터 살펴보는 것이 좋아요. 5년 이상 된 회사라면 업무의 매뉴얼이나 제도가 잘 갖추어져 있을 가능성이 높으므로 일단 믿어도 좋습니다. 이런 회사는 연봉과 승진에 관한 내규가 체계화되어 있기 때문에 직원 입장에서도 불필요한 협상에 진을 빼지 않아도 됩니다. 단점은 모든 시스템이 안정적으로 갖추어져 있다 보니, 리스크를 동반하는 기회를 발굴하는 일에는 인색할 수 있다는 겁니다. 예를 들어, 특정 프로젝트를 잘 완수했다는 이유로 당신을 총괄 매니저로 전격 발탁하는 일 같은 건 일어나지 않을 가능성이 높아요. 직원들의 근로 의욕을 자극하는 핵심은 결국 승진과 연봉입니다. 승진할 직위가 많지 않은 조직이라면, 직원들의 의욕을 고취할 만한 연봉체계를 갖추고 있어야 합니다.

여기까지는 회사에 대한 이야기였습니다. 이제부터는 사장에 대해 이야기해볼게요.

사장이라는 말은 사실 모호합니다. 전문경영인^{CEO}이 사장인 기업도 있지만, 중국에서 '사장'은 대부분 그 기업의 소유주를 의미합니다. '사장'이라고 하면 모든 의사결정과 집행을 독단적으로 진행하는 존재로 비추어지지만, 전문경영인과 기업의 소유주는 그 스타일이 전혀 다릅니다.

사장에는 크게 두 종류가 있어요. 먼저, 사장의 이익과 회사의 이익이 일치하는 경우입니다. 이런 상황에서는 직원의 제안이 합리적이고 회사에도 도움이 된다면 그 제안은 곧장 받아들여집니다. 그러나 사장의 이익이 곧 회사의 이익이 아닌 경우에는 직원의 제안이 회사에 도움이 되더라도 사장의 이익에 반하면 채택되지 않을 가능성이 높아요. 대부분의 직장인은 사장의 손에 자신의 생사가 달려 있음에도 불구하고 이 둘의 차이를 잘 구분하지 못합니다. 만약 회사의 관리계층이 복잡하다면, 최종적인 의사결정이 꼭 회사에 유익한 결정이라기보다는 모든 관리자들의 이익을 절충한 결과인 경우가 많습니다. 큰 기업이 도산에 이르게 되는 이면에도 대체로 이런 의사결정 구조가 존재합니다.

중국에서는 JD의 류창둥이나 360의 저우홍웨이처럼 경영자의 권한이 강한 기업일수록 전투력과 실행력도 강한 경우가 많습니다. 반면 소우거우의 양샤오촨이나 킹소프트의 푸셩처럼 전문경영인이 경영하는 기업은 주주들이 문제를 지적해도 빠져나갈 구멍이 많기 때문에 무기력한 실행력을 보입니다. 기업의 소유주인 사장은 직원들을 잘 대우해야 기업의 생산성도 높아진다는 걸 알기 때문에 종업원 지주제를 시행하는 360처럼 직원들에게 우호적인 조치를 아끼지 않습니다. 전문경영인은 자신의 이익이 우선이기 때문에 자신의 발언권을 높이기 위한 후원 세력을 찾는 데 골몰하고, 직원들의 복리후생은 공무로만 처리하는 경우가 대부분입니다.

그러므로 직장에서 뭔가 제대로 일을 해보고 싶은 사람이라면, 사장이 강한 권한을 가지고 있는 기업을 찾는 것이 좋습니다. 당신이 야심차게 능력을 펼칠수록 사장은 당신을 눈여겨보고 더 많은 기회를 주려고 할 것입니다. 단, 연봉은 사장의 스타일에 따라 그 형태가 조금 달라질 수 있습니다. 사장이 통이 큰 사람이라면 높은 연봉을 줄 것이고, 통이 크지 않더라도 당신이 일을 더 잘할 수 있도록 최대한 좋은 업무환경을 지원할 것입니다. 반면 당신이 일 욕심은 크지 않고 안정석으로 돈을 버는 것이 중요하다면, 전문경영인이 운영하는 회사가 좋습니다. 직원이 일을 잘하든 못하든 정해진 대로 월급은 지급될 겁니다.

그러나 소유주가 경영자인 회사에서 당신이 돈을 벌려고 하면, 사장은 당신이 돈만 밝힌다며 불쾌해할 가능성이 높아요. 전문경영인이 있는 회사에서 당신이 회사의 발전에 기여하려고 하면, 사장은 당신이 공을 세워 자신의 자리를 위협하려 한다고 생각할 수 있습니다. 어느 쪽이 좋다, 나쁘다 단정할 수는 없습니다. 자신이 원하는 것을 분명히 한 뒤 취사선택하는 것이 좋습니다.

어떤 사장을 택하기로 했든, 사내의 다른 직원들이 사장과 어떻게 지내는지도 잘 보아두기를 바랍니다. 사장의 근처에 있는 사람들이 오랫동안 함께 일해온 사람들이라면, 당신도 그 사장과 함께 오래 일하게 될 가능성이 높습니다. 그러나 사장 근처에 있는 사람들이 성공의 과실만 챙기고 하나둘 떠났거나, 떠나지는 않았지만 제대로 돈을 벌고 있지 않다면, 당신 역시 아무리 열심히 일해도 그렇게 될 가능성이 높습니다.

성공의 비결은 결국 일과 사람에게 달려 있습니다. 좋은 사람과 좋은 일을 하는 것이 가장 중요합니다.

Chapter 8

직장과 동행하라,
일과 함께 가라

누구를 위해 일할 것인가

당신은 무엇을, 누구를 위해 일하나요? 그냥 먹고살기 위해서라고 대답하는 사람이 가장 많을 겁니다. 저는 이것이 우리의 직업적 소양이 부족할 수밖에 없는 문화적 이유 가운데 하나라고 생각합니다. 어쩌면 교육이 원인일 수도 있어요. 우리는 일이라고 하면 착취나 시달림부터 떠올려요. 그래서 마지막에는 다들 자기 일을 하고 싶어 하죠. 회사라는 플랫폼이 자신을 지지하고 있는 면은 제대로 보지 못한 채말입니다. 일에서 거두는 성취 또한 대부분 회사라는 배경보다는 자신의 능력 때문이라고 생각합니다. 그래서 일을 잘하는 사람은 회사를 떠나 창업하더라도 자신의 능력으로 잘해나갈 거라고 믿습니다. 그러다가 정작 실패하면 자기 자신에 대한 믿음이 과도했던 것 같다고 말합니다. 여기에는 어느 정도 기업들의 책임도 있습니다. 특히 중국의 기업들은 외부에서 새로 들어온 직원이 기존 직원들보다 우수하다고 여기는 경향이 있어요. 이것은 그 회사에서 오랫동안 일해온 직원들의 이직률을 높이는 원인이 되기도 합니다.

외국 자본으로 세운 외자기업에서 이런 문제가 두드러집니다. 모든 직원이 조직의 나사일 뿐이에요. 그래서 탕쥔_{유통기업인 신화두그룹의 CEO}이나 리카이푸_{중국 IT업계의 신화, 스타트업의 대부로 불리는 창신공장의 회장 겸 CEO, 전 구글 차이나 사장, 전 MS 리서치 아시아 부사장} 같은 외자기업의 고위임원들_{탕쥔과 리카이푸 둘 다 MS의 고위임원 출신이다}은 나이가 들어 민영기업으로 옮기거나 자신의 회사를 창업했습니다. 나이 많은 직원은 체력을 비롯한 생산성이 전반적으로 낮은 반면에 연봉은 높기 때문에 외자기업에서도 부담스러워합니다. 더욱이 대기업일수록 누가 고위임원이든 기업에 미치는 영향력은 크지 않아요. 그러나 민영기업으로 가면 상황은 달라집니다.

사실 사람 사이의 능력차는 그리 크지 않습니다. 그리고 능력 못지않게 중요한 또 다른 요소가 바로 플랫폼, 즉 그 사람이 일하고 있는 회사예요. 회사의 수준과 실력에 따라 그가 동원할 수 있는 자원의 수준, 접촉할 수 있는 사람의 수준이 달라지고, 창조할 수 있는 가치의 수준도 달라집니다. 설령 연봉은 똑같다 해도, 회사의 수준에 따라 자신이 성장하고 발전할 수 있는 수준도 달라지는 거예요. 그에 비하면 돈이란 어디까지나 부가적 가치일 뿐입니다.

타오바오 점포 운영으로 월 5,000위안을 버는 것과 세계 500대 기업에서 월 5,000위안을 버는 것은 완전히 다른 개념이에요. 전자가 한때의 장사일 뿐이라면, 후자는 다양한 경험과 능력, 인맥, 소양을 쌓을 수 있는 기회이기 때문입니다. 타오바오에서 점포 운영을 하던 사람은 시간이 흐르면 90% 이상 폐업을 하기 마련이지만, 세계 500대 기업에서 일하는 이들은 그 시간 동안 크든 작든 뭔가를 배우며 성장하고 발전합니다. 사람은 사회적 존재예요. 즉 사회 안에서의 상호작용을 통해 자기만의 자리를 찾아나가는 과정이 필요합니다. 좋은 집안에서 태어나 부모덕을 입은 사람이 아니라면, 결국은 회사라는 공간에서 일을 배우면서 만난 상사와 고객이 미래에 자신의 귀인이 됩니다. 이들 중 일부는 당신에게 새로운 기회를 연결해줄 수도 있고, 일을 하면서 받은 인정이나 당신에 대한 좋은 인상을 바탕으로 향후 다른 일에서 파트너십을 맺을 수도 있습니다. 당장 아무도 만나지 않고 살아가면 갈등을 겪거나 스트레스를 받을 일은 없지만, 사회에서 자신만의 자리를 찾아나가는 데에는 어려움을 겪을 수 있어요.

사람은 다른 누구도 아닌 자기 자신을 위해 일해야 합니다. 표면적으로는 회사의 이익을 위해 일한다고 느껴질지 모르지만, 그 안에서 당신이 내놓는 모든 성과는 결국 당신 자신만의 능력이자 브랜드가 됩니다. 당신이 이제까지 해온 일들은 미래에 당신이 하게 될 일들의 증명서가 되죠. 연봉이 너무 적다거나 근무 여건이 좋지 않다는 등의 이유로 회사에서는 설렁설렁 시간이나 보내겠다는 식으로 생각하면, 결국에는 당신의 인생 자체가 그런 모습이 되어버릴 수 있습니다.

모든 회사에는 그 회사만의 생존 주기가 있어요. 많은 회사들이 경기 변동 속에서 부침을 겪고, 생산성 향상이나 혁신에 실패함으로써 시장에서 사라집니다. 그러나 그 속에서도 당신은 어쨌거나 최선의 노력을 다해야 합니다. 꼭 회사를 살리기 위해서만이 아니에요. 회사 안에서 했던 노력들이 결국 자기 자신에게 성공의 자산이 되기 때문이에요. 설렁설렁 시간이나 보내겠다는 식의 자세는 회사의 수익성도 악화시키지만, 자신의 미래와 성공가도 또한 악화시킵니다. 회사는 돈을 벌어야 하기 때문에 직원들에게 월급을 주고 필요한 자원과 플랫폼을 제공합니다. 이것이 회사와 학교의 가장 큰 차이예요. 앞서 말했듯, 학교에서는 당신의 성장과 발전을 위해 당신이 돈을 내고 수업을 듣지만, 회사에서는 궁극적으로 당신의 성장과 발전에 도움이 되는 노력에 회사가 돈을 지불합니다. 우리는 이 점을 중요하게 생각해야 합니다.

당신에 대한 인정과 당신만의 브랜드가 축적되다 보면 당신의 인생에 얼마나 많은 변화가 일어나기 시작하는지 발견하게 될 거예요. 당신의 예전 상사와 고객들이 당신을 찾으면서 일을 부탁해오거나 새로운 업체나 파트너를 추천해주고, 좋은 기회와 당신을 연결해줄 수도 있어요. 당신과 함께 창업을 하고 싶다고 제안해오는 사람도 있을 수 있죠. 마치 SNS나 온라인상에서 팬이 늘어가는 방식과 비슷합니다. 처음에는 몇 명의 팬밖에 없다 해도 당신이 제공하는 콘텐츠의 가치를 높게 평가하는 이들이 당신을 신뢰하고 추천하면서 점차 팬과 팔로워가 늘어나고, 나중에는 그들이 서로가 서로를 소개하면서 연결되어가는 관계가 펼쳐지기도 하니까요. 당신이 제공하는 콘텐츠가 늘어갈수록 팬들은 서서히 일정하게 늘다가, 어느 순간 폭발적으로 증가하는 때가 와요. 그런 폭발이 언제쯤 일어날지는 예측하기 어렵습니다. 그때까지 그저 꾸준히 노력을 지속해나가는 수밖에 없습니다.

"부모님이 아무것도 지원해줄 수 없는 환경이라면 어떻게 해야 하느냐"고 묻는 이들이 많아요. 제 대답은 간단합니다. 일단 돈을 생각하지 말고 남의 일에 도움을 제공해보라는 거예요. "어떻게 하면 사람들 사이에서 주목받을 수 있는지" 묻는 이들도 많은데, 이 또한 간단합니다. 내가 밥값을 계산하면 됩니다. 보수를 따지지 않고 일을 하는 것은 얼핏 나만 손해인 것처럼 보이지만, 실제로는 크리스 앤더슨Chris Anderson의 책 《프리》에서 말하는 논리와 일치합니다. 현재도 많은 업체들이 무료 서비스를 제공하고 있어요. 무료이기 때문에 일단 많은 사람들이 찾고 이용하기 시작해요. 이런 습관이 자리 잡고 나면 이용자들이 양심의 가책을 느껴서라도 보답을 해오는 때가 와요. 당신에 대한 그동안의 인정과 평판을 바탕으로 정말 놀라운 프로젝트에 참여할 기회를 제안해오는 사람도 생깁니다. 그러므로 일단은 돈을 받지 않고서라도 남의 일에 도움을 제공해보세요. 정말로 무서운 것은 돈이 아니라 인정을 빚지는 것입니다.

당장 얼마를 버는지에만 관심을 가질 것인가, 미래의 상승과 발전을 바라볼 것인가? 당장 손해를 본다는 것은 어떤 의미에서는 사실 복입니다. 똑똑한 대개의 사람들은 한 치의 손해도 보려고 하지 않기 때문에 종국에 가서 큰일을 함께 하지 못합니다. 당장의 돈만 바라보고 살면 궁극적 경쟁력은 쌓이지 않습니다.

인생은 깁니다. 못해도 수십 년은 되죠. 앞선 10년의 노력이 그 다음 10년의 발전 기반이 될 수 있도록 해야 합니다. 지금 하는 일에서 얻을 당장의 결과만 생각하지 말고, 향후 생산적인 경력으로 이어질 것까지 고려해야 합니다. 젊을 때에는 돈 하나만 바라보고 결정을 내리기 쉽지만 조금만 나이를 먹으면, 업계가 불황이면, 나에게 문제가 생기면, 수입은 금세 줄어들고 이직이나 전직도 힘들어집니다. 그러므로 젊을 때, 특히 서른 전에는 당장은 돈을 조금 적게 벌더라도 장기적으로 나에게 생산적인 경력이 될 수 있는, 더 많은 사람들에게 가치를 제공할 수 있는 일에 뛰어드는 것이 좋습니다. 그러다가 서른을 넘어서면 업계에서도 우뚝 서고 돈도 벌 수 있게 됩니다.

직장인, 당신의 수완을 끌어올려라

수완이란, 한정된 자원을 효과적으로 이용해서 소기의 목적을 양적·

질적으로 달성하는 능력을 가리킵니다. 이때 반드시 고려해야 할 것은 현재 보유하고 있는 자원과 달성 가능한 최대한의 목표, 두 가지입니다. 자원을 고려해야 하는 이유는 간단합니다. 직원에게 단돈 100위안을 주면서 언론시사회를 준비하라고 할 수는 없잖아요. 아무리 수완이 좋은 사람도 터무니없는 예산으로는 일을 진행할 수가 없으니까요.

자원은 언제나 부족하기 마련입니다. 하지만 모든 자원이 풍족하게 주어진다면 무슨 일인들 못할까요. 세상에서 제일 쉬운 게 돈 쓰는 일 아닌가요? 한정된 자원을 얼마나 효율적으로 활용해서 목표를 달성해내는가가 그 사람의 능력이자 값어치입니다.

일이 늦어지는 것은 가장 흔히 나타나는 문제인데, 일을 진행하는 과정에서 이보다 큰 장애는 없습니다. 시일이 늦어짐으로써 다른 사소한 일들의 진척까지 더뎌지고, 시간이 흐르면서 나타날 수 있는 예상치 못한 변수가 다시금 악영향을 미칠 수 있기 때문입니다. 일을 미루고 늦추는 습관은 학창시절부터 시작되어 점차 고착됩니다. 방학을 하루 앞두고 방학 숙제를 몰아서 하는 것도 일을 지연시키는 것의 일종이에요. 일의 지연이 반복되다 보면 심리적 건강이 무너지는 경우도 있어요. 일이 지연되거나 일을 지연시키는 동안 자기 자신에 대한 비하나 부정, 죄책감, 불안, 초조, 우울 등의 증상이 동반될 수 있습니다.

어떤 임무가 주어지면, 먼저 그 일이 자신이 할 수 있는 일인지부터 판단해야 합니다. 자신이 할 수 없다면, 어느 부서의 누가 최적임자인지도 생각해보아야 합니다. 꼭 자신이 수행하지 않더라도 다른 적임자를 떠올릴 수 있기만 해도 일은 한 단계 더 진척될 수 있기 때문입니다. 당신이 맡기로 했다면 유한한 자원 가운데 당신이 책임질 수 있는 부분이 어디까지인지 확정짓고, 나머지 부분에 대해서는 일찌감치 외부에 지원을 부탁해두어야 합니다. 그래야 외부의 지원이 차일피일 미뤄지더라도 내 쪽에서 대비할 여유가 생깁니다.

유능한 직원에게 업무보고란 곧 결과보고를 의미합니다. 어떤 일이 차질을 빚을 수밖에 없게 된 원인이나 현재 처한 상황을 자세히 이야기하는 것은 아무런 의미가 없어요. 결과를 말하는 것만이 유일하게 의미 있는 보고입니다. 실행력을 높인다는 것은 결과를 추구하는 습관을 기른다는 말과 같아요. 일을 할 때는 어떤 식으로든 결과가 나와야 일단락되었다고 말할 수 있습니다.

능력이나 자원이 비슷한 상황에서는 수완의 차이가 곧 그 직원의 값어치가 됩니다. 여기서 잠시 채소가게 이야기를 해볼게요.

A와 B가 같은 임금을 받기로 하고 같은 채소가게에 고용되었습니다. 그런데 불과 몇 달 사이에 A의 입지는 수직상승한 데 반해 B는 제자리걸음만 하고 있었어요. 이유를 납득할 수 없었던 B는 가게 주인에게 왜 A만 우대하느냐고 항의했습니다. 그러자 가게 주인이 B에게 말했습니다.

"이보게, 지금 시골 장터로 가서 감자를 파는 사람이 있는지 보고 오게."

잠시 후, 장터에 다녀온 B가 말했습니다.

"트럭에 감자를 싣고 와서 파는 농민이 한 명 있었습니다."

"그래, 가격은 얼마던가?"

"가격요? 감자 파는 사람이 있는지 보고 오라고 하지 않으셨나요?"

가게 주인은 이번에는 A를 불렀습니다.

"당장 시골 장터로 가서 감자를 파는 사람이 있는지 보고 오게."

잠시 후 장터에서 돌아온 A가 가게 주인에게 보고했습니다.

"오늘 농민 한 사람이 트럭에 감자를 싣고 와서 팔고 있었습니다. 전부 40포대, 개당 가격은 2.5마오¹마오(毛)는 1/10위안였습니다. 감자 품질도 좋고 가격도 싸더군요. 직접 보시라고 한 개 가져와봤습니다."

A는 주머니에서 감자 하나를 꺼내며 말을 이었습니다.

"이 가격이면 우리한테도 이득이겠던데요? 40포대라면 한 주 안에 다 팔 수 있습니다. 우리가 40포대를 전부 구매하면 좀 더 싸게 해줄 수 있다더군요. 그래서 그 농민을 여기로 모셔왔습니다. 지금 문 밖에서 기다리고 계세요."

수완이 무엇인지를 보여주는 이야기입니다. 수완이란 상사가 요구하는 대로 일을 처리하는 것을 넘어 상사의 심층적 의도까지 구현하는 것입니다. 더욱 뛰어난 수완이란 상사의 의도를 구현하는 수준을 넘어, 상사가 생각지 못했던 부분까지 생각하는 것입니다. 이를 위해

서는 상사의 요구에 담긴 핵심이 무엇인지 파악하고, 그 핵심과 관련된 외연도 아우를 수 있어야 합니다. 효율적인 수완을 발휘하면 불필요한 수고를 덜 수 있고, 경험이 축적됨으로써 당신의 수완은 더욱 강력해집니다.

진정으로 모든 노력을 다할 때 불필요한 수고를 덜 수 있다는 것을 기억하세요.

모든 의사결정이 완벽하다면 어떻게 자신의 능력을 발휘할 수 있을까

직원의 수완에 대해 이렇게 말하는 사람이 있었습니다.

"관리자는 직원의 수완에 대해 불평해서는 안 된다. 직원의 수완 부족은 그와 함께 일해온 관리자와도 관련이 있다. 이를 테면 용인^用人에 문제가 있거나, 교육이 부족했거나, 성과를 정확하게 고과에 반영하지 않았거나, 애초에 정확한 목표를 제시하지 않았거나, 일관성 없는 명령을 내렸거나, 상사가 모든 일을 직접 처리하려고 하는 등의 문제가 있을 수 있다. 그러므로 직원의 수완이나 일처리에 문제가 있다면, 상사는 먼저 위에 언급한 문제가 있지는 않은지 검토해보아야 한다. 일처리보다 더 중요한 것은 일을 맡기기 전에 우리의 결정이 과연 타당했는가 살피는 것이다. 어떤 일이든 사전에 꼼꼼히 검토하고 정확한 결정을 내렸어야 한다. 애초에 잘못된 결정을 내렸다면, 잘못된 방향으로 차를 몰고 가는 것과 같다. 잘못된 방향으로 열심히 운전해봤자 영원히 목적지에 다다르지 못한다. 즉 수완도 중요하지만 더욱 중요한 것은 정확한 의사결정이다. 일단 맞는 방향으로 일을 하고 있어야 중도에 보완을 하든 속도를 내든 할 수 있다."

위에 언급한 지적 가운데 저는 '용인에 문제가 있을 수 있다'는 말에는 동의하지만, 나머지 지적에는 동의할 수 없습니다. 아니, 잘못된 지적이라고 생각해요.

이 지적은 모든 책임을 관리자에게만 돌리고 있습니다. 과연 직원의 미흡한 일처리가 전부 관리자 때문일까요? 세상 누구도 항상 올바른 결정만 내릴 수는 없습니다. 제아무리 훌륭한 리더도 수많은 오판을 합니다. 그러므로 '올바른 판단에 따른 올바른 일처리'라는 것은 하나의 이상일 뿐이에요. 부하직원의 수완은 바로 상사의 부족함을 보완하기 위한 수단이기도 합니다.

기업에서 가장 흔히 나타나는 문제는 정작 사장이 해야 할 생각을 직원이 하고 있고, 직원이 해야 하는 일은 사장이 하고 있다는 점입니다. 생각이 많은 직원은 회사와 사장에게 이런저런 의견을 제시합니다. 그런데 그런 제안을 자세히 뜯어보면, 직원 자신이 위로 올라가고 싶은 마음만 한가득 담겨 있는 경우가 많아요. 한편 사장은 몸이 가루가 되도록 일하고 있는데 그 이유를 들여다보면, 직원들에게 적절히 권한을 위임하고 있지 않아서인 경우가 많습니다. 고도로 훈련된 병사들로 이루어진 우수한 군대일수록 단순한 일념으로 출격명령만을 기다립니다. 병사들 하나하나가 전략을 고민하고 있다면, 그 군대는 문제가 많다는 뜻입니다.

물론 기업은 군대가 아닙니다. 시장 또한 전쟁터보다 변수가 많고 더 복잡합니다. 그러므로 끊임없이 전략을 수정·보완해야 하고, 끊임없이 다양한 의견을 수렴해야 합니다. 그러나 일단 일이 실행단계에 돌입했다면, 맞든 틀리든 그 결정을 밀고 나가야 합니다. 전체 의사결정의 70% 이상만 정확해도 기업은 빠른 속도로 전진할 수 있습니다. 설령 일부 잘못된 결정이 있다 해도, 일을 추진하는 과정에서 문제를 발견할 수 있으므로 곧바로 수정하고 보완할 수 있습니다.

그러므로 올바른 의사결정이 중요하다는 말에는 공감하지만, 그다지 현실적이지는 않다고 말하고 싶습니다. 결정이 맞든 틀리든 일단 시도해보고 나서 고쳐나가는 편이 효율적이에요. 잘못된 의사결정을 너무 두려워할 필요는 없습니다.

제 아버지는 자주 이렇게 말합니다.

"사람은 제자리가 아닌 자리에 앉아서도 안 되고, 자리에 부여된 역할 이상을 넘봐서도 안 되며, 자신의 자리에 요구되는 역할을 제대로 수행하지 못해서도 안 된다."

당신이 신경 써야 할 일이면 신경 쓰되 당신이 신경 쓸 일이 아니라면 신경 쓰지 말아야 하고, 지금의 위치에 주어진 역할은 확실하게 수행해야 한다는 뜻입니다. 직원이 짊어져야 하는 책임은 맡겨진 일을 수행하면서 끊임없이 피드백을 받는 것이고, 사장이 짊어져야 하는 책임은 결정을 내리고 그 결정을 조정하는 것입니다.

직원의 시야와 사장의 시야는 다릅니다. 그래서 사장이 내린 결정 중에는 직원으로서는 이해할 수 없는 것도 많아요. 직원인 당신은 너무 많은 생각을 하지 말고, 사장이 내린 결정대로 일단 일을 추진해 나가면 됩니다. 도중에 문제가 생기면, 상사에게 보고하고 피드백을 받으면 돼요.

요즘은 목을 빼고 멀리만 바라보느라 눈앞의 일을 보지 못하는 사람이 많아요. 직원은 가장 먼저 자기 손 안에 있는 일부터 충실히 해야 합니다. 사장에게 중요한 것은 원대한 시야와 좋은 사고방식입니다. 그러나 사장의 가장 우선적인 임무는 일단 현상을 유지하는 것입니다. 현상을 유지하는 데 악영향을 미치지 않는 한도 내에서 조금씩 문제를 조정하고 개혁해나가면 됩니다. 처음의 전략을 전면 수정해야 하는 상황이라면 어떻게 해야 할까요? "미안하다"고 말하면 됩니다. 혼란을 수습하고, 대오와 조직을 정비하고, 다시금 일을 추진해나가면 됩니다.

직원은 모든 탓을 사장에게 돌리려고 해서는 안 됩니다. 당신이 일을 제대로 수행하지 못한 것은 어디까지나 당신의 부족함 때문입니다. "사장과 잘 안 맞는다"는 말로 당신의 능력 부족을 덮고 싶은 것은 아닌가요? 어떤 일이든 매번 최대한으로 잘해내는 직원이 좋은 직원입니다. 어떤 분야든 마찬가지예요.

회사에서는 문제를 해결하기 위해 직원을 고용하는 것이지, 문제를 보태거나 방치하려고 고용하는 것이 아닙니다. 직원이 문제를 발견하지 못하거나 해결하지 못하면, 그 직원이 도리어 회사에 문제가 되고 있다는 뜻이에요. 얼마나 큰 문제를 많이 해결할 수 있는가가 곧 당신의 직위를 결정하고, 당신이 해결할 수 있는 문제의 가짓수가 곧 당신의 연봉 액수를 결정합니다. 그러므로 문제를 해결하는 것은 당신이 발전할 수 있는 기회가 됩니다. 사장이 항상 올바른 결정만 내린다면, 당신에게 주어지는 발전의 기회도 없지 않을까요?

중간관리자 역할, 어떻게 해야 좋을까

현재 직장에 다니고 있다는 한 팔로워가 부하직원들이 잘 협조해주지도 않고, 상사에게 보고한 것을 사장에게 또 보고해야 한다며 중간관리자의 피로를 호소한 적이 있습니다.

일반적으로 기업에서 일선직원은 자주 바뀌고 고위임원은 업무 일선에 있지 않기 때문에 고위임원과 일선직원을 연결하는 중간관리자의 역할이 정말 중요합니다. 부하직원들은 중간관리자를 통해 고위임원들의 소식을 듣고 상부의 지시도 전달받습니다. 회사의 일 대부분은 중간관리자가 이끄는 일선직원들이 수행합니다. 그렇다 보니 중간관리층의 중요성은 더욱 커질 수밖에 없습니다. 어떤 의미에서는 고위층보다 안정적인 중간관리층이 더 중요할 수도 있습니다.

때문에 중간관리자는 해야 할 일이 많습니다. 부하직원들과도 협력해야 하고, 윗분들 뜻도 만족시켜야 합니다. 기업 환경이 성숙하지 않은 나라의 기업에서는 직급을 뛰어넘어 보고와 진정이 이루어지는 일도 흔하고, 고위층의 자제나 친척이 일선직원으로 일하는 경우도 많기 때문에 부하직원까지 모시다시피 해야 하는 중간관리자의 입장은 더욱 고달플 수밖에 없습니다.

어떤 사람은 직원이 퇴사를 결심하는 이유가 크게 두 가지라고 말했습니다. 급여가 만족스럽지 않거나, 스트레스가 크거나. 제가 보기에는 결국 스트레스 한 가지 문제예요. 급여가 적은 것도 일종의 스트레스이기 때문입니다. 이때 회사에서 그 직원을 잡을 수 있는 방법은 크게 세 가지예요. 급여를 올려주거나, 새로운 사업에 동참시키거나, 감정을 달래어주는 것입니다. 직원으로서는 다른 어디로 이직하더라도 받기 힘든 수준의 임금을 받을 수 있다면, 그 회사를 떠나지 않을 것입니다. 회사로서도 임금을 올려주는 것이 실은 비용을 절약하는 방법이 됩니다. 직원이 기대했던 수준 이상으로 임금을 올려준다면, 그 직원은 자신의 일을 소중히 여기고 더욱 열심히 일할 거예요. 새로운 사업에 동참시킨다는 것은 함께 창업에 뛰어들어 성과를 공유하는 방식을 말합니다. 마지막 방법은 상사가 직원의 공로를 인정해주고 좀 더 잘 대해주는 것입니다. 이렇게 하면, 그 직원은 다른 직장에서 더 높은 임금을 준다고 해도 회사를 떠나지 않을 가능성이 높습니다.

일선직원들이 회사에 원하는 것은 무엇일까요? 금전적 보상과 인정입니다. 중간관리자가 부하직원들의 인정을 받지 못하는 것은 그 자신이 상하의 소통을 가로막는 일종의 벽이 되고 있어서인 경우가 많습니다. 부하직원이 아무리 일을 잘해도 그 성과를 중간관리자만 알고 윗선에는 보고하지 않는다면, 부하직원은 제대로 된 기회를 얻을 수 없어 불만스러울 것입니다. 세상에서 가장 순진한 행동이 직무로 사람을 압박하는 겁니다. 기업은 군대가 아니에요. 부조리한 처우를 당한 직원이라면 당연히 불만을 품고 불복할 수밖에 없습니다.

그러므로 중간관리자 역할을 잘하려면 스스로가 벽이 아닌 통로가 되어야 합니다. 특히 부하직원의 업무 성과나 기여를 상부에 알릴 기회를 주어야 해요. 부하직원이 실질적으로 담당한 일의 결과는 당신의 이름으로 바꾸지 말고 직원의 이름 그대로 상사에게 메일로 발송하는 것도 한 방법입니다. 직원으로서는 자신이 한 일이 그대로 상부에 보고되었다는 사실만으로도 충분히 인정받았다고 느끼고 일에 의욕을 가질 겁니다.

중간관리자는 도중에 문제가 생긴 일에 대해 상사 대신 책임을 져야 할 때도 있습니다. 이런 책임은 절대 부하직원에게 떠넘기지 말아야 합니다. 당신의 위신만 떨어뜨릴 뿐입니다. 부하직원의 입장에서 좋은 중간관리자는 부하직원의 성과를 상부에 그대로 전달하고, 상부의 비판은 본인이 감당하는 사람입니다. 이렇게 할 수만 있다면 당신은 상하 모두에게서 인정받을 수 있습니다.

중간관리자는 부하직원이 직접 주요 업무를 담당하도록 적절히 수권授權하고, 간섭을 줄이는 법도 배워야 합니다. 이렇게 하면 한동안은 직원의 미흡한 일처리를 당신이 책임져야 할 수도 있지만, 점차 직원의 실력이 쌓이면서 당신은 수고를 크게 덜 수 있습니다. 바로 이것이 직원들을 이끈다는 말의 진정한 의미입니다. 직원들을 이끄는 것은 중간관리자의 중요한 업무이자 인사고과의 핵심 기준 가운데 하나입니다.

상사의 입장에서 좋은 중간관리자란 자신이 기대한 대로 일을 해내고, 자신이 생각지 못한 것까지 미리 안배하는 사람입니다. 예를 들어, 상사가 지시하려고 하는 것을 당신이 이미 해놓았거나 필요한 준비라도 갖추어놓았다면 상사는 무척 기뻐할 거예요. 의사결정상의 착오와 같은 상사의 잘못을 당신이 보완하는 법도 배울 필요가 있습니다. 더 이상 일을 이대로 밀고 나갈 수 없다고 판단되면, 모든 방법을 동원해서 리스크를 통제하고 손실을 낮추어야 합니다. 그런 다음에는 과감히 오명을 뒤집어쓸 줄도 알아야 합니다. 당신에 대한 상사의 신임은 더욱 두터워질 겁니다. 좋은 결정은 신속하게 진행하고 바로 결과를 보고하세요. 상사가 원하는 것은 결과와 그 실행 방안이지, 일의 진행 과정과 난점에 대한 구구한 설명이 아닙니다.

부하직원이 제대로 협조를 하지 않는다면, 그 직원에게는 한동안 아무 일도 맡기지 마세요. 그게 가장 좋은 방법입니다. 얼마 지나지 않아 그 직원이 스스로 견디지 못할 겁니다. 잘 협조하는 직원이 있다면, 그 직원에게 더 많은 권한과 책임과 기회를 주세요. 부하직원의 성과가 당신을 능가할까 봐 걱정할 필요는 없습니다. 부하직원의 실력이 향상되는 것이 당신에게도 결국 도움이 되기 때문입니다.

이런 상사 앞에서는 이렇게 행동하라

〈나는 일부러 꾸미지 않는다〉라는 글을 읽었습니다. 이 글을 읽다 보니, 360의 저우홍웨이 사장이 "꾸미지 않는다, 형식을 따지지 않는다, 가끔은 바보인 척한다"고 했던 말이 떠올랐습니다. 말은 쉽지만 실제로 행하기는 어려운 일들이죠. 이 큰곰만 해도 꾸미지 않고 형식 따지지 않는 것까지는 어느 정도 할 수 있겠는데, '바보인 척'은 어떻게 해야 하는지 잘 모르겠어요. 어느 정도 나이를 먹고 보니 '바보인 척'이 가장 어렵고, 총명한 척은 다소 어렵고, 진짜 바보가 되는 게 가장 쉽게 느껴집니다.

대부분의 경우에는, 꾸밈이 없고 형식도 따지지 않으면서 실력도 충분치 않다면 부하직원들은 당신을 따르지 않을 겁니다. 그러므로 직장에서는, 특히 당신이 실력이 충분치 않은 중간관리자라면, 적당히 꾸미기도 하고 형식도 따지면서 말을 줄이는 것이 가장 좋습니다. 말을 줄여야 하는 이유는 말이 많을수록 실언이 많아져 약점을 잡히

일이 반드시 고통스럽고 힘들어야 할까요? 일이란 자기 자신을 위해 하는 것입니다.
일 속에서 성장하고 발전하세요.
타인에게 해를 입히지만 않는다면, 그것 자체로 무가치한 일이란 없으니까요.

기 쉽기 때문입니다. 말을 어떻게 줄여야 할지 잘 모르겠다면, 직장에서는 이 두 마디 위주로만 말해보세요.

"어떻게 생각해요?"

"그렇게 하면 되겠네요."

아직도 너무 형식적인 것 같죠? "다 되면 보고해요"라든가 "나한테는 결과만 보고하도록"을 추가해도 좋을 것 같네요. 이 정도면 대부분의 상황은 커버할 수 있을 겁니다. 상사라고 해서 모든 일을 장악하려고 할 필요는 없어요. 그렇게 하지 않아도 대부분의 일은 잘 처리될 거예요. 이런 마인드가 바로 '수권'입니다.

그렇다면 일반 직원들은 어떻게 하는 것이 좋을까요?

일반 직원인 당신이 어떻게 해야 하는가는 당신의 상사가 어떤 사람인가에 달려 있습니다. 상사가 완고하고 융통성 없는 스타일이라면, 당신도 실없는 말이나 농담은 하지 않는 것이 좋아요. 잡담도 줄이고 최대한 진지하게 일에 몰두하는 모습을 보이세요. 인간관계에서 중요한 기술 중 하나가 모방입니다. 사람은 누구나 자신과 닮은 사람에게 호감을 느끼기 마련이에요. 상사의 자세, 모습, 일처리 방식 등을 닮으려고 해보세요. 상사는 당신에게서 뭔가 모를 익숙함을 느끼고 당신에게 호감을 갖게 될 겁니다.

상사가 개방적이고 호탕한 스타일이라면, 당신은 한결 마음의 짐을 내려놓아도 됩니다. 마음껏 자기 역량을 펼쳐도 좋고, 마음 편하게 여러 가지 이야기를 털어놓아도 좋습니다. 이런 상사는 형식을 따지지 않기 때문에 당신도 연기를 하느라 애쓰지 않아도 됩니다. 어떤 의미에서는 이런 사람이 융통성 없는 노력파보다 한 수 위예요. 이런 상사야말로 고단수이므로 당신이 쉽게 속여 넘길 수도 없습니다. 당신은 다만 솔직한 태도로 성실히 일하면 됩니다. 능력이 아주 뛰어날 필요는 없습니다. 중요한 것은 당신의 능력이 어느 정도인가가 아니라, 당신의 능력을 상사가 정확히 알아보고 있는가입니다. 직원의 능력은 직원이 보유한 만큼이 아니라 상사가 알아보는 만큼 활용될 수 있기 때문입니다.

그 다음은 어떻게 해야 할까요? 여기서부터가 당신의 능력에 달려 있습니다.

먼저 직장 내에서 당신의 능력이 상·중·하 어디에 속하는지를 정확히 파악해야 합니다. 직장에서의 경쟁은 단순하지 않아요. 능력이 출중한 직원도 사내 인간관계에는 능숙하지 않을 수 있고, 인간관계가 매끄러운 직원도 자기 능력이 얼마나 부족한지 모르고 있을 수 있습니다. 만약 당신이 능력이 부족한 쪽에 속한다면 충성이나 상사의 수권·용인 등으로 그 부족함을 메워야 합니다. 능력이 부족하면서 중책을 맡았다가 마지막에 가서 문제가 생기면, 아무도 당신을 도우려 들지 않을 수 있습니다.

만약 당신의 능력이 상위권에 속한다면, 그 능력을 감추고 최대한 평범한 척하는 것이 좋아요. 당신이 먼저 나서서 큰 역할을 맡으려 하지 마세요. "물가에서 걷다 보면 신발이 젖지 않을 수 없다"는 말이 있습니다. 다른 능력 있는 직원이 있다면 최대한 그를 추어주고 칭찬해서 어지간한 일은 그 직원에게 먼저 돌아가게 하세요. 그러다가 그 직원이 제대로 해내지 못할 때 당신이 나서서 해내는 겁니다. 단박에 비교가 되면서 당신의 능력이 돋보일 것입니다. 당신이 아닌 남이 나서서 어떤 역할을 자처할 때 당신의 성공 가능성이 더 커집니다.

당신의 능력이 중위권에 속한다면, 대범하거나 솔직한 척하려고 하지 마세요. 당신에게 어떤 책임이 주어지거든, 잘못할 수도 있다고 솔직히 말하는 것이 낫습니다. 그게 오히려 착실하다는 인상을 줄 수 있어요. 이렇게 말하고 막상 일을 잘해내면, 당신은 책임감과 성실성을 높게 평가받아 중용될 수 있습니다.

만약 당신의 능력이 하위권에 속한다면, 최대한 성격이 내향적인 척하세요. 그렇게라도 해서 남이 쉽게 예측할 수 없는, 속이 깊은 사람이라는 인상을 주는 편이 나아요. 능력이 안 되는데 말까지 많은 건 재앙의 서곡입니다. 능력이 안 되는 사람이 활달하기까지 하면 사람들의 혐오감만 불러일으켜요. 당연히 신뢰감도 얻을 수 없죠. 사람들과는 늘 거리를 두고 있다가, 누군가가 도움을 필요로 할 때 옆에서 보조 역할을 충실히 하세요. 그게 가장 좋은 방법입니다.

능력이 출중하지 않으면 자세라도 낮출 줄 알아야 합니다. 직장생활은 지구전이에요. 너무 능력을 뽐내거나 떠벌이다가는 일찍 소모되어 나가떨어질 수 있습니다.

Chapter 9

자리는
스스로 만드는 것

완벽히 준비된 때란 영원히 오지 않는다

대부분의 사람은 무언가를 하기 위해서는 제대로 준비해야 한다고 생각합니다. 제대로 준비한 뒤 결혼해야 하고, 제대로 준비한 뒤 일해야 하고, 무엇이든 제대로 준비되지 않으면 시작해서는 안 된다는 생각에 사로잡혀 있습니다. 그래서 모두들 뭔가를 준비하느라 바쁩니다. 그런데 막상 일이 닥치면 자신이 없어집니다.

창업을 준비하는 이들도 마찬가지입니다. 세상에 내놓을 제품을 설계하고 제작할 때가 가장 즐거워요. 그러다 드디어 회사 문을 열고 제품을 출시하면 예상치 못한 문제와 불협화음이 일면서 팀이 와해

되곤 해요. 하지만 이건 그나마 다행입니다. 대개는 제품을 출시하기도 전에 팀이 와해되고 맙니다. 사실상 준비 단계에서 모든 것이 끝나버리는 거예요.

모든 회사에는 창업 준비 기간이 있습니다. 이 기간 동안 각종 수속을 밟고, 건물을 임대하고, 인테리어를 하고, 직원을 채용하고, 제도를 갖춥니다. 꽤 긴 시간이 소요될 수도 있습니다. 시간만이 아니라 돈도 듭니다. 준비를 하다 보면 당초 예상치 못한 비용이 발생하죠. 그러다 보니, 모든 준비가 완벽하게 끝나기 전에 업무를 시작하는 회사도 있습니다. 영업 업무를 병행하면, 거기서 생겨나는 수익으로 '준비 기간'의 비용을 충당할 수 있기 때문입니다. 이렇게 본격 업무를 겸하면서 창업 준비를 하면, 안정적인 궤도 위에서 회사를 운영해나갈 수 있습니다. 이런 능력 없이 준비에만 하염없이 매달리는 것은, 심하게 말하면 돈과 시간을 낭비하는 '창업 놀이'에 불과합니다.

지나치게 조심스러운 것도 문제지만, 막연히 열정만 불태우는 것도 위험할 수 있습니다. 우리 주변에서는 영원히 배우려고만 할 뿐 아무런 결과를 만들어내지 못하는 '공부중독자'를 흔히 만날 수 있습니다. 이들은 어떤 일에도 본격적으로 뛰어들지 않아요. 이들도 분명 노력은 합니다. 게다가 매우 열심히 합니다. 그런데 오로지 배우고 준비하는 데만 노력을 기울입니다. 가시적인 결과가 없어요. 이들은 말합니다.

"내가 이렇게 열심히 노력하는데, 왜 돈을 벌지 못하지?"

"내가 이렇게 열심히 공부했는데, 왜 명문대에 들어가지 못했지?"

"내가 자기계발서를 얼마나 많이 읽었는데, 왜 성공하지 못했지?"

과연 그럴까요?

저에게 질문을 하는 친구들은 말합니다. "저는 뭘 해야 할까요?", "뭘 선택하면 좋을까요?", "제 나이에 이런 걸 해도 될까요?", "전 아직 준비가 안 됐어요" 등등. 어찌 보면 이것은 이들 개개인의 성향 문제라기보다는 보편적인 인성의 병통인지도 모릅니다. 제가 이들에게 해주고 싶은 말은, 일단 한번 해보라는 겁니다. 해봐야 알 수 있어요. 영원히 준비만, 생각만 하고 있지 말고, 직접 부딪히고 경험해보세요. 그 과정에서 더 좋은 길, 더 맞는 일을 찾을 수도 있고, 일찌감치 문제를 발견하고 고쳐나갈 수도 있습니다.

창업에는 일종의 법칙이 있습니다. 당신이 A를 하고 싶어서 A를 추진하면, 결과는 B가 되고, 돈은 C에서 벌고, 마지막에 D로 성공하는 식입니다. 최종 제품에 최초의 의도가 그대로 반영되고 그걸로 성공까지 하는 회사는 거의 없어요. 지금은 빠른 업데이트 시대입니다. 업데이트란 무엇인가요? 운영 과정에서 생겨나는 여러 가지 문제를 해결하는 겁니다. 어느 누구도 사용자의 수요와 시장의 형태를 상상만으로 판단할 수는 없습니다. 제가 프로젝트의 성공 여부에 대해 창업자와 논쟁을 벌이고 싶지 않은 이유입니다. 대부분의 경우 프로젝트가 성공하지 못하는 이유는 프로젝트 자체의 문제 때문이 아닙니다. 사람과의 갈등 혹은 조직의 와해 때문이에요. 이 갈등과 와

해는 대부분 창업 준비 기간에 여러 형태로 터져 나오는 인성의 문제에서 비롯됩니다.

그러므로 끝없이 준비에만 매달리기보다 뭐라도 당장 실행을 하세요. 꿈과 희망 속에만 머물지 마세요. 현실은 상상처럼 아름답지 않습니다. 잔혹한 현실과 부딪치면서 실행을 해봐야 그때그때 문제를 개선하면서 길을 열어갈 수 있고, 최종적으로 자신의 목표에 도달할 수 있습니다. 그러다 보면 어느 시점엔가 발견하게 될 겁니다. 그 전까지 해온 끝없는 준비는 시간낭비에 불과했다는 사실을.

새로워 보이는 것의 함정

새로워 보이는 것만 선호하는 것도 인성의 약점인 듯합니다. 저에게 조언을 청하는 글 중 상당수가 이런 내용입니다. '큰곰 선생님, 저는 지금 ○○를 하고 있는데 너무 싫어요. ◇◇가 좋을 것 같은데, ◇◇로 직업을 바꿔도 될까요?', '지금 하는 일이 너무 지겨워요. 상하이로 가서 새로운 일을 해보려고 하는데, 가도 될까요?' 등등.

이런 질문이 하도 많다 보니 이제는 하나의 현상처럼 보입니다. 뭐랄까, '신선감 선호 현상'이랄까. 다들 이제껏 해오던 일보다는 새로워 보이는 일이 더 좋다고 느끼는 듯합니다.

그런데 많은 사람들이 예전 직장에 대한 악감정으로 이직을 하고 나서 종종 예전 직장을 그리워하곤 합니다. 왜일까요? 이직을 결심하던 당시에는 새로운 일이 매력적으로 보여서 끌렸는데, 막상 이직을 하고 보니 현실이 그렇지만은 않다는 사실을 뒤늦게 깨닫기 때문일 겁니다. 어릴 적에 본 〈아기 고양이의 낚시〉라는 만화가 떠오르네요. 낚싯대를 앞에 두고도, 잠자리를 잡으려고 하고 나비를 잡으려고 하느라 물고기는 하나도 잡지 못한 아기 고양이처럼 새로워 보이는 것만 좇다가는 아무것도 제대로 얻지 못할 수 있습니다.

마치 연애와 비슷해요. 연애를 막 시작했을 때는 뜨겁게 타오르다가, 서로에게 익숙해지면서 싫증이 나다가, 나중에는 다른 이성에게 눈길이 가기도 하는. 당신도 이렇다면 당신은 지극히 평범한 것입니다. 인성의 약점은 누구도 떨치기 쉽지 않아요. 사람들이 흔히 가지고 있는 문제 가운데 하나가 낯선 사람에게만 친절하고 익숙한 관계에는 무심한 것 아닐까요? 이유가 뭘까요? 처음 본 사람에게는 최대한 좋은 인상을 남기려고 하는 반면, 익숙한 사이에서는 그런 것까지 신경 쓰지 않아도 된다고 생각해서일 겁니다. 그러나 정작 어려운 일이 생겼을 때 당신을 도와줄 사람은 늘 가까이에 있는 익숙한 사람입니다. 실은 아는 사람에게 잘해야 하고, 낯선 사람에게는 예의를 갖추는 정도면 족합니다.

저는 SNS 상으로 질문을 해오는 팬들에게도 말합니다. 우선 지금 하고 있는 일을 잘해야 나중에 직업이나 직장을 바꾸어도 금방 성공할 수 있다고. 어떤 일을 하는 습관은 다른 일을 할 때도 그대로 적용

됩니다. 직업을 바꾸면 이전까지 축적해온 것들은 사라지고 당신의 습관과 열정만 남습니다. 그 열정과 습관만으로는 새로운 일에서 정상 궤도에 오르지 못합니다. 이후의 여정도 계속 힘들어질 가능성이 높아요. 어떤 일을 좋아하는가 아닌가가 호불호의 문제라면, 어떤 일을 잘하는가 아닌가는 능력의 문제입니다. 그러므로 무언가를 단지 좋아하지 않는다는 이유로 쉽게 벗어던지려고 하지 마세요.

우수한 인재는 어떤 일을 하더라도 자신의 호불호 여부와 관계없이 일단 우수하게 해냅니다. 자신이 좋아하는 일이면 더 즐거운 마음으로 하겠지만, 좋아하지 않는 일도 일단 잘해내요. 이런 것이 실력입니다.

현대사회의 문제점 가운데 하나는 유혹과 선택지가 너무 많다는 것입니다. 우리의 부모 세대는 한번 들어간 직장에서 평생 일했습니다. 그러나 우리 세대는 그럴 수 없어요. 수많은 기회와 유혹이 우리 앞에 놓여 있으니까요. 더 좋은 일, 더 좋은 지역, 더 멋진 이성, 맛있는 음식과 고급 차량 등이 쉴 새 없이 우리의 시선을 끕니다. 이런 유혹들은 원래의 선택을 지키려 했던 마음을 흔들고, 기어이 그 선택을 바꾸게 만듭니다.

저는 웬만하면 한번 한 선택을 그대로 고수하는 편이에요. 심지어 밥만 해도 늘 같은 데서 같은 걸 먹다 보니 한두 달 내내 비슷한 것만 먹은 적도 있어요. 이런 습관도 생각보다 나쁘지 않습니다. 특히 선택의 유혹이 많은 때일수록 도움이 돼요. 잘 고른 방향을 흔들림 없이 밀고 나갈 수 있어야 성공도 할 수 있습니다.

새로운 걸 시도해보겠다는 선택이 꼭 좋은 것만은 아닙니다. 선택을 할 때는 최대한 자세히 들여다보고 객관적으로 평가해야 합니다. 새로운 그 일에 적응할 수 있는가? 적응할 수 없다면, 그 다음은 어떻게 할 것인가? 이건 주식을 하는 것과 비슷합니다. 시세에 흔들리지 말고 애초의 계획을 밀고 나가는 편이 중간에 선택을 바꾸는 것보다 낫습니다.

정 새로운 선택을 하고 싶다면, 어느 한 영역에서 충분히 연구하고 성과를 쌓은 뒤에 전환을 시도하기를 권합니다. 어느 한 영역을 깊이 파고든 뒤라야 미련 없이 버리고 돌아설 수도 있어요. 나중에 돌아보면 어느 순간 깨닫기 마련입니다. 인생은 결국 끊임없는 취사선택의 문제라는 것을.

연봉협상, 이렇게 하라

자, 당신은 이직을 하지 않고 회사에 남기로 했습니다. 그런데 아직 한 가지 문제가 남아 있습니다. 바로 연봉협상입니다. 당신이 적당히 일하고 그럭저럭 시간을 보낼 생각이라면, 급여인상은 그다지 중요한 문제가 아닐 수 있어요. 회사에서 월급을 올려주지 않아도 당신이 가만히 있을 것 같으면, 회사에서는 당신이 요구해야 비로소 급여인상을 검토하기 시작할 겁니다. 그러므로 연봉협상을 할 때에는 자신의 급여가 정말로 성과에 비해 적은 수준인지를 먼저 생각해보아야 합니다.

당연한 말이지만, 동료의 급여가 당신의 급여보다 높다는 이유로 인상을 요구해서는 안 됩니다. 사장의 마음속에는 당신의 가치와 급여를 재는 저울이 있습니다. 급여인상을 신청할 때는 충성도도 같이 고려해야 합니다. 충성은 돈으로 환산되지 않지만 결코 무시할 수 없는 가치예요. 능력은 뛰어나지 않더라도 충성도가 높은 직원이라면 당연히 연봉이 오를 수 있습니다.

자신이 종사하는 업계에서 본인의 연봉이 충분히 높은 수준이 아닌가도 생각해보아야 합니다. 이미 업계 안에서 최고 수준의 연봉을 받고 있는데도 더 높은 수준을 요구한다면, 다른 직원들의 시샘만 받게 될 겁니다. 그 외에 회사의 복리후생과 같은 무형의 연봉도 감안해야 합니다. 엄연히 누리는 실질적 혜택인데도 간과하는 이들이 많아요.

급여인상 협상을 하기 전에는 먼저 회사의 급여체계를 살펴보아야 합니다. 대기업의 경우, 인사고과만 나쁘지 않다면 매년 안정적으로 급여인상을 어필할 기회가 있을 겁니다. 당신이 충분히 어필했는데도 올려주지 않는다면, 당신의 업무 성과가 급여를 인상할 정도는 아니었다는 뜻이에요. 스스로도 냉정하게 다시 한 번 생각해보세요.

사장 1인의 재량권이 높은 작은 회사라면, 연봉을 높이기 위해서는 일단 사장을 잘 설득해야 합니다. 사장 입장에서도 당신이 떠날 경우 손실이 크다고 생각되면, 바로 급여를 올려줄 겁니다.

직원의 급여인상에 관심이 없는 회사는 입사의 문턱이 낮고 직원의 교체율이 높은 직장일 수 있어요. 이런 회사라면 어차피 수시로 직원이 바뀌기 때문에 급여인상이 쉽지 않을 수 있습니다. 이 경우에는 성과급에 대한 비율조정을 신정할 수 있습니다. 구체적인 실적자료 등을 제시하면 성과급 비율을 높일 수 있을 겁니다.

급여인상을 신청할 때에는 물가가 올랐다느니, 월세가 올라 부담스럽다는 등의 이유를 대서는 안 됩니다. 그런 건 당신에게나 중요한 문제일 뿐 회사가 책임져야 할 문제가 아니기 때문입니다. 큰 회사일수록 급여인상을 신청할 때는 당신이 더 높은 급여를 받아야 할 이유를 구체적으로 제시해야지, 돈이 필요한 이유를 대서는 안 됩니다. 반면 사장의 결정권한이 강한 작은 회사라면 아이가 학교 들어갈 때가 됐다거나, 아내와의 소득격차가 커서 결혼생활에 부정적 영향이 있다는 등의 인간적인 이유를 들어도 무방합니다. 그러나 이 경우에도 물가를 들먹이는 것은 좋지 않아요.

어떤 회사에서 일을 하든 급여인상의 가장 핵심적인 이유는 당신의 업무 성과여야 합니다. 회사 입장에서도 당신이 회사에 가져다주는 이익이 분명해야 급여를 올려줄 만하다고 느끼지 않겠어요? 만약 당신이 업무 성과와 가치를 충분히 어필했는데도 급여를 올려주지 않는다면, 회사에서는 당신이 말한 가치를 인정하지 않고 있다는 뜻입니다. 당신의 가치와 성과를 제대로 인정하지 않는 회사라면, 이직을 고려할 수밖에 없습니다.

본격적인 협상에 들어가기 전에는 반드시 다음의 문제들을 생각해보아야 합니다. 더 높은 급여를 받아야 하는 이유는 무엇인가? 급여의 인상폭은 어느 정도이기를 바라는가? 실제 인상폭이 예상보다 적다면, 당신은 어느 수준까지 수용할 수 있는가? 당연한 말이지만, 회사에서 수용할 만한 인상폭과 동종 업계의 급여 수준도 같이 고려해야 합니다. 앞에서도 언급한 '충성'의 가치 역시 무시할 수 없어요. 그러므로 원하는 수준으로 연봉을 인상해주지 않으면 퇴사해버리겠다는 식의 협박은 하지 마세요. 차라리 "나는 이렇게 회사에 많은 가치를 가져다주기 위해 노력하고 있다. 앞으로도 회사와 함께 더 크게 성장하고 싶다. 그러므로 회사에서도 나의 업무 가치를 급여에 반영해주었으면 좋겠다"고 말하는 것이 낫습니다.

급여인상을 신청할 때에는 만반의 준비를 하고, 일단 하기로 했으면 당당하게 밀고 나가세요. 사장과 단독으로 이야기할 시간을 청하고, 지난 1년간의 업무 성과와 자신이 회사에 가져다준 가치, 그동안 절약한 비용을 상세히 보고하고, 현재의 시장 상황과 자신의 현재 위치에 대해서도 밝히는 것이 좋습니다. 그런 다음에는 회사와 함께 성장하고 싶다는 바람을 피력한 뒤, 회사에서도 자신의 가치를 급여에 반영해주었으면 좋겠다고 말하면 됩니다. 듣는 사람도 불편한 마음 없이 충분히 납득할 수 있을 겁니다. 인상폭에 대해서는, 원래 받고 있던 급여가 많이 낮은 수준이었다면 액수를 직접 말해도 무방해요. 그 전까지 월 1,200위안을 받고 있었다면 앞으로는 3,000위안은 받았으면 좋겠다고 하면 됩니다. 기존 급여가 꽤 높은 수준이었다면 비율로 말하는 방식이 좋아요. 예를 들어, 당신의 월 급여가 1~2만 위안이라면 몇 %에서 10% 사이의 인상을 희망한다고 말하면 됩니다. 입사 후 충분한 시간이 지난 시점에, 적절한 절차로, 충분한 이유와 함께 합리적인 인상폭을 제시하면 자연히 성공률도 높아집니다. 그러나 "다른 업체에서 스카우트 제의를 받았다"는 식으로 이야기하지는 마세요. 그런 이유로 기꺼이 급여를 올려주고 싶어 할 사장은 없습니다.

당연한 말이지만, 급여인상에 성공하지 못했다고 해서 하던 일을 게을리 해서는 안 됩니다. 당신의 업무 성과와 태도는 당신 자신의 직업적 능력의 표현입니다. 급여는 단지 그 보상일 뿐이에요. 당신은 다만 급여인상을 해주지 않은 이유를 정중히 물어보고 부족한 부분을 메워나가려고 노력하면 됩니다.

사실 연봉협상을 하기에 가장 좋은 시기는 갓 입사했을 때입니다. 급여인상을 신청하는 주기에도 신경 써야 합니다. 최소한 입사 후 1년 반은 지난 뒤에 말을 꺼내는 것이 좋아요. 급여인상을 원하는 이유도 중요합니다. 업무량이나 업무 내용은 크게 달라지지 않았는데 급여인상을 요구하는 것은 무리입니다.

자, 당신이 원하는 대로 연봉협상이 잘되었습니다. 하지만 아직 기뻐하기에는 이릅니다. 급여인상에 관한 여러 조건을 잘 기억해두고, 적시에 사장이나 인사부서에 인력감사를 실시하도록 독촉해야 합니다. 그래야 급여인상 절차가 실제로 진행될 수 있습니다.

어쨌든 급여인상 협상은 상사와 소통하는 좋은 방법 가운데 하나이고, 자신의 가치와 부족한 부분을 이해할 수 있는 기회이기도 합니다. 직장인들은 다들 승진하고 싶다고 말하면서도 급여인상만 요구할 뿐 승진은 거의 요구하지 않아요. 그러나 당신이 책임지는 것들이 많아질수록 회사도 당신을 더욱 중요하게 생각할 것입니다.

나보다 못한 사람이 더 잘나가는 것처럼 보일 때

저희 커뮤니티의 한 회원이 자기 회사의 동료들 가운데 학력이 가장 보잘것없는 이가 거액의 투자 고객들을 끌어 모으는 이유를 도저히 이해할 수 없다면서 글을 올렸습니다. 가만히 생각해보면 이 회원이 하는 말에는 두 가지 전제가 깔려 있습니다. 그 동료에게는 그 같은 결과를 만들어낼 만한 능력이 없다는 것과, 그러므로 그에게 투자금을 맡기기로 한 고객들은 엄청난 실수를 하고 있는 것입니다. 그런데 정말로 그 직원에게 투자금을 맡기기로 한 투자자들이 아무 생각 없이 어리석은 판단을 한 걸까요? 제가 보기에, 이 문제는 나보다 못한 것 같은 사람이 나보다 잘나간다고 느끼는 사람의 전형적인 인지부조화cognitive dissonance, 신념과 실제 현실 사이에 불일치나 비일관성이 있을 때 현실에 부합하는 합리적 결론을 수용하는 것이 아니라 자신의 기존 생각과 일치하는 부조리한 결론을 선택하는 행위입니다.

요즘은 크게 두 가지 방법으로 돈을 버는 것 같아요. 하나는 정말로 가치를 창출해서 돈을 버는 것이고, 다른 하나는 어리석은 고객을 찾아내는 것입니다. 전자는 일을 어떻게 추진해야 할지 생각하고, 후자는 상대가 과연 얼마나 똑똑한지 보려고 해요. 소위 엘리트주의자들은 능력 있고 똑똑한 사람이라면 반드시 성공할 수 있다고 생각하지만, 정작 현실에서 성공한 사람들을 보면 학력이나 문화 소양이 그리 높지 않은 경우가 많습니다.

고룽의 무협소설인 《벽옥도碧玉刀》에는 이런 이야기가 나옵니다. 주인공 단옥段玉이 길거리에서 우연히 도박판에 끼어들게 됩니다. 판돈이 모두 동전에 불과한 것을 보고 가볍게 생각한 단옥은 한판 크게 놀아보기로 합니다. 사실 이 도박판에서 동전 한 닢은 금괴 하나에 해당하는 칩이었어요. 이 사실을 몰랐던 단옥은 가벼운 마음으로 과감하게 베팅하여 거의 모든 판을 휩씁니다. 나중에야 동전 한 닢이 금괴 하나였다는 사실을 알게 된 단옥은 방금 전까지 자신이 처했던 상황이 무서워 울음을 터뜨리고 맙니다. 하지만 그런 건 중요하지 않아요. 어차피 그는 이겼으니까요. 때로는 어떤 일의 위험성을 제대로 모르기 때문에 과감히 뛰어들었다가 성공을 거두기도 합니다. 무지한 이들은 대체로 겁이 없고, 그게 그들의 장점이 되기도 해요.

만약 비즈니스 모델도 좋고 기업도 믿을 만하지만 통상적인 문제 몇 가지가 발생할 수도 있는 사업이 있다면, 당신은 어떻게 할 건가요? 문제가 염려되어 아무것도 하지 않느니, 과감히 실행하고 천천히 문제를 해결해나가는 것이 더 나을 수 있습니다. 문제를 성공적으로 해결하면 큰 수익을 얻겠지만, 해결을 못하면 사업은 실패할지도 모릅니다. 그러나 아예 아무것도 하지 않으면, 성공을 하고 말고 할 기회 자체가 없어집니다.

제가 이렇게 말하면 꼭 이의를 제기하는 분들이 있어요. 한때 좋은 기회를 만나 큰 성공을 거두었다가 그때가 지나면서 번 돈까지 잃어버린 경험이 있는 사람들입니다. 저는 쓰촨에서 이와 비슷한 경험이 있는 회원을 만난 적이 있어요. 그는 웹게임이 뜰 때 웹게임 사업에 뛰어들어 큰돈을 벌었지만, 이제는 웹게임의 인기가 예전 같지 않아 마음이 불안해서 견딜 수가 없다고 했습니다.

제가 이들에게 공통적으로 해주고 싶은 말은 외부 세계의 변화 때문에 자신의 선택을 바꿀 필요는 없다는 것입니다. 사람은 누구나 인생에 한두 번쯤은 대운이라 할 만한 기회를 맞아요. 중요한 것은 당장 얼마나 돈을 버는가가 아니라, 그 후로도 얼마나 오래 살아남을 수 있는가입니다. 인생에서 기회는 물론 중요하지만, 기회나 우연을 내가 통제할 수는 없습니다. 내가 통제할 수 있는 건 나 자신뿐이에요. 텐센트와 알리바바의 위세가 아무리 거세어 보여도, 실력만 있다면 나에게도 기회는 있습니다. 제가 스위주와 저우훙웨이 같은 인사를 좋아하는 것도 그들은 쓰러져도 다시 일어설 능력이 있기 때문입니다. 기회에 연연하지 않아도 될 만큼 실력이 커지면, 삶을 통제하고 변화시킬 수 있는 가능성도 그만큼 커집니다. 당신이 아직 그 정도의 실력은 갖추지 못했다면, 앞으로 어떤 기회를 만나든 그 기회가 지나간 뒤에도 버틸 수 있을 만큼 지갑이라도 잘 간수하기를 바랍니다. 다시금 민감하게 기회를 감지할 능력만 있다면, 이전에 축적한 수익을 기반으로 더 큰돈을 벌 수 있을 겁니다.

〈아기 고양이의 낚시〉 이야기에서 보듯, 현대인에게 가장 어려운 것은 자신의 내면을 지키는 일인 것 같습니다. 누가 뭘 해서 얼마 벌었다더라 하는 데 너무 흔들리지 말고 자신이 지금 하는 일에 대한 믿음을 견지하길 바랍니다. 그러다 보면 예기치 않게 좋은 기회를 맞을 수 있어요. 당신의 실력이 남들과는 확연히 다르다고 인정받는 순간, 성공의 문은 열리기 시작할 것입니다. 남들은 뭘 해서 얼마를 번다던데, 하면서 초조해할 필요 없어요. 그들이 얼마나 대단한 일을 하고 있든 당신과는 아무런 상관이 없습니다. 마라톤에서도 인생에서도 지금 앞서가고 있는 사람이 마지막에도 1등을 하는 건 아닙니다. 또 앞서 달리던 이들이 넘어진다고 해서 당신이 무조건 1등을 할 수 있는 것도 아니에요. 남들이야 넘어지건 말건, 당신은 일단 당신 페이스대로 계속 달리고 있어야 언젠가 남들을 따라잡을 기회도 생깁니다.

남보다 더 일해도 괜찮다

우리 모임의 젊은 여성회원 가운데 한 명이 직장생활이 너무 힘들다며 고충을 토로했습니다. 나이가 어리다는 이유로 여기저기 불려 다니는 데다, 별로 중요하지도 않은 일만 잔뜩 주어져서 괴롭다고 했어요. 그러자 다른 회원이 그건 차라리 부러운 일이라면서 "정말로 괴로운 건 아무도 상대해주지 않고 주어지는 일도 없는 상태다. 계속 이런 상태로 있다 보면 스스로 퇴사를 고려하지 않을 수 없게 된다"고 말했습니다.

저도 이 말이 맞다고 생각합니다. 직장에서 일이 많다는 건 그리 나쁜 일이 아니에요. 일이 많을수록 접하는 사람과 잠재적인 자원이 많아지고, 자신의 역할과 지위도 견고해집니다. 일이 적으면 당장은 편할 수 있어요. 일이 적다고 돈을 덜 버는 것도 아니니까요. 그러나 계속 그렇게만 지내다 보면 팀 내에서 당신의 입지는 점차 취약해질 수 있습니다. 직장에서는 얼마간 손해를 보고 사는 것이 나아요. 하나부터 열까지 당신에게 이롭기를 바라는 건 포기하세요.

당신이 바쁘게 일한다고 해서 당신의 능력이 상사를 능가한다고 생각하지는 마세요. 많은 직원들이 상사의 무능을 원망합니다. 실제로 무능한 상사가 있을 수도 있어요. 그런데 그렇게 무능한 사람이 어떻게 상사가 될 수 있었을까요? 유능한 사람들은 이미 다른 곳으로 이직했기 때문입니다. 너무 유능한 직원은 한 회사에 오래 머물지 않는다는 것쯤 사장들도 알고 있어요. 그래서 기업들도 직원교육에 중점을 두거나, 우직하고 성실한 직원을 더 선호하는 것입니다. 이런 우직한 직원은 특별히 유능하지 않은 대신에 딱히 갈 만한 데가 없기 때문에 그 회사에 그대로 남아 있다가 당신의 상사가 되었을 가능성이 높아요.

제 친구 중 하나도 무능한 상사가 아무런 지원도 없이 일만 잔뜩 시켜서 너무나 힘들다고 하소연한 적이 있습니다. 저는 그 친구에게, 당장은 좀 짜증나겠지만 시간을 두고 버텨보라고 이야기했습니다. 반년 뒤 이 친구는 총괄매니저에서 부사장으로 승진하여 예전의 그 상사보다 더 많은 권력과 자원을 갖게 되었습니다. 이렇게 직장에서는 능력보다는 인내심이 더 결정적인 역할을 할 때가 많아요. 카운터 스트라이크Counter Strike라는 게임을 해본 사람이라면 알 겁니다. 먼저 나서서 부딪히려고 하는 사람이 죽기도 더 쉽다는 것을.

직장에서는 여성을 곤경에 빠뜨리는 사람이 정작 여성인 경우가 많아요. 그러므로 여직원들 사이의 친목에 너무 마음 쓰지 마세요.

여성 직장인일수록 남성 동료와의 관계가 더욱 중요합니다. 당신이 능력 면에서 남성 직원과 비슷하거나 그 이상이라면 남들이 당신을 돕고 싶어 하는가, 아닌가가 당신의 미래에 더욱 결정적인 역할을 할 수 있습니다. 남성 직원들과 다를 바 없다는 것을 증명하려고 너무 애쓸 필요도 없어요. 그렇게 하자면 할 수는 있겠지만, 그다지 현명한 방법은 아닙니다.

직장에서 소인배를 만나면 어떻게 해야 하느냐고 묻는 이들도 많습니다. 예전에 어떤 사장이 해준 말이 있어요.

"사람들을 잘 단합시킬 수 있으면 큰일을 할 수 있습니다. 평범한 사람들을 잘 단합시킬 수 있으면 어지간한 일을 잘할 수 있죠. 소인을 단합시킬 수 있으면 당신이 험한 꼴 당할 일은 없습니다."

그렇습니다. 소인이라도 단합에 동원할 필요가 있어요. 그래야 그들이 뒤에서 당신 등에 칼을 꽂지 않기 때문입니다. 실은 소인을 단합시키기가 더 쉬워요. 그러나 재능이 많은 소인을 만났다면, 필살의 일격을 준비할 때까지 속마음을 감추고 인내하는 것이 좋습니다. 그 소인이 잠시 위기를 겪는 것 같아도 섣불리 손을 쓰지 마세요. 당신의 속마음만 드러날 뿐입니다. 사람은 자신이 잘나간다 싶을 때 결정적 실수를 범하기 쉬운 법입니다. 당신은 바로 그때, 살짝만 손을 쓰면 됩니다.

직장에서 자신의 생활이나 신변에 대한 이야기는 되도록 하지 마세요. 얼마 지나지 않아 회사의 모든 사람이 알게 될 수 있습니다. 저의 여자 동창은 직장에서 종종 육아의 고충을 토로하곤 했는데 상사는 이 친구가 일에 집중할 여력이 없다고 판단하여 새 프로젝트에서 제외시켰습니다. 당사자로서는 보통 손해가 아닐 수 없어요. 본인의 연애사나 배우자에 대한 이야기는 더더욱 금물입니다. 괜히 약점이나 꼬투리가 되어 상사에게 부정적인 인상만 주기 쉽습니다.

직장에서의 승부는 IQ나 EQ가 아니라 인내심에 좌우되는 경우가 많습니다. 은인자중하며 시간을 두고 노력하다 보면 필요한 인맥과 자원을 얻고 경쟁력도 갖출 수 있습니다. 모두가 탐내는 것일수록 남에게 양보하는 법도 배울 필요가 있습니다. 특히 해내기 어려운 일일수록 남에게 먼저 기회가 돌아가게 하세요. 그가 잘해내지 못할 때 비로소 당신이 칼을 뽑으면, 효과가 더욱 대비될 것입니다.

사장의 눈에는 누가 좋은 직원일까

좋은 직원이란 어떤 직원일까요? 좋은 직원이 되려면 어떻게 해야 할까요? 이 글에서는 이 큰곰의 경험을 종합하여 좋은 직원이 되는 데 참고할 만한 몇 가지 지침을 언급하고자 합니다.

● 유능한 직원

업무보고를 할 때는 결과부터 말합니다. 상사에게 지시를 요청할 때는 구체적 실행 방안에 대해 말합니다. 업무를 결산할 때는 세세한 공정별로 평가합니다. 업무를 배치할 때는 구체적 기준을 밝힙니다. 부하직원의 업무에 관심을 표시할 때는 일의 진척 과정에 대해 묻습니다. 업무를 인수인계할 때는 최대한 상대의 편의를 배려합니다. 예전 업무에 대해 말할 때는 주로 당시의 느낌을 회고합니다.

무능한 직원

업무보고를 할 때 일의 진행 과정에 대해 구구절절 이야기합니다. 상사에게 지시를 요청할 때 두서가 없습니다. 업무를 결산할 때 결과를 부풀립니다. 업무를 배치할 때 자신의 느낌을 말합니다. 부하직원에게 관심을 보인답시고 사생활에 대해 꼬치꼬치 묻습니다. 업무를 인수인계할 때 일부러 방해 요소를 제거하지 않습니다. 전에 했던 업무에 대해 말할 때면 원망과 불만을 쏟아냅니다.

위에 언급한 것은 어디까지나 사장의 입장에서 본 좋은 직원의 특징입니다.

유능한 직원이 사장에게 업무보고를 할 때 결과부터 말한다면, 무능한 직원은 과정에 대해 구구절절 설명합니다. 사장은 바빠요. 시시콜콜한 내용은 접어두고 결론만 간단히 말하는 것이 효율적인 보고입니다. 그런데 무능한 직원들은 제대로 된 결과가 없다 보니 일의 진행 과정과 그 과정에서 생긴 난점, 이유 등을 장황하게 이야기해요.

사장에게는 아무 가치가 없는 내용들입니다. 기억하세요, 사장이 원하는 것은 일의 결과입니다.

무능한 직원은 상사에게 지시를 청하면서 "사장님, 이건 어떻게 할까요?"라고 묻습니다. 회사에서는 문제를 해결하기 위해 직원을 채용한 겁니다. 문제를 해결하지 못하는 직원은 도리어 그 회사에 문제가 됩니다. 상사에게 지시를 청할 때에는 구체적으로 몇 가지 해결 방안을 제시하고 최종 선택을 받는 형태가 좋습니다. 제시하는 방안은 두세 가지여도 좋고 너무 많다 싶을 정도여도 괜찮습니다. 사장이 하는 일은 방향 선택과 의사결정입니다. 직원이 제시하는 몇 가지 안이 있으면, 사장도 결정과 판단이 한결 수월해집니다. 무턱대고 "어떻게 해야 할까요?"라고 물을 거라면, 직원이 존재하는 이유가 무엇인가요?

업무를 결산할 때는 "우리는 업계에 큰 반향을 불러일으켰다"는 식으로 막연하고 감성적인 구호를 외쳐서는 안 됩니다. 모든 공정 하나하나에 대해 우수한 점, 부족한 점, 개선할 점 등을 구체적으로 명시함으로써 다음번에 매뉴얼로 참고할 수 있도록 해야 합니다. 막연히 성과를 부풀리거나, 반드시 짚고 넘어가야 할 부분을 그냥 지나쳐서는 안 됩니다.

부하직원에게 관심을 기울일 때는 일의 진척 과정에 대해 물으면서 어떤 부분에서 잘하고 있는지, 자신이 무엇을 도와주어야 할지 살피는 방식이 좋습니다. 가정사에 대해 이것저것 묻거나 동정심에 빠

행운과 우연을 우리가 통제할 수는 없습니다.
하지만 '나'의 실력만큼은 스스로 통제할 수 있고 얼마든지 키워나갈 수 있습니다.

져 허우적대지 마세요. 부하직원과 친구처럼 마음이 잘 맞기를 바라는 것도 나쁘지 않지만, 업무관계에서는 상사로서 부하직원의 업무능력을 끌어올리는 데 중점을 두는 것이 좋습니다.

인수인계는 한 사람의 인품이 그대로 드러나는 과정입니다. 그런데 마치 그간의 불만을 한풀이라도 하듯, 사실상 업무방해에 가까운 인수인계를 하는 사람도 있어요. 이것은 불필요한 행동일 뿐 아니라 직업적 도의를 저버린 행위예요. 어차피 떠나는 마당에 왜 상대에게 불편을 주고, 당신에 대해서도 나쁜 인상을 남기려고 하는가요? 인수인계 과정에서 당신의 인품이 고스란히 드러난다는 사실을 명심하세요.

예전 업무에 대해 이야기할 때 유능한 직원은 그 일을 하면서 배운 것과 느낀 것, 이렇게 했다면 더 잘할 수 있었으리라는 등의 심경을 회고하는 데 반해, 무능한 직원은 그때 그 일을 하면서 느낀 불만과 어려움, 결과적으로 일이 실패할 수밖에 없었던 이유에 대해 장황하게 늘어놓습니다. 이렇게 부정적 사고방식에 치우쳐 있다 보니 일을 잘했을 리 없고 인간관계에서도 문제가 많을 수밖에 없는 것입니다.

좋은 직원이란 어떤 일이든 잘해내는 데 중점을 두고, 어려움을 발전의 초석으로 삼으며, 상사로 하여금 마음을 놓을 수 있게 하는 직원입니다. 무능한 직원은 문제에 대한 대안이 없고, 자신이 오히려 문제를 만들어냄으로써 조직 전체에 방해와 우려, 부정적 정서를 불러일으킵니다.

이제까지 말한 기준을 참고삼아 자기 자신과 주변 사람들의 업무 습관을 돌아보세요. 누가 좋은 직원인지 일목요연해질 겁니다. 핵심은 결국 자기 자신을 어떻게 개혁할 것인가입니다.

Chapter 10

여성 직장인이라면
이렇게

여성 직장인의 처신과 처세

일반적으로 여성 직장인은 크게 세 부류로 나눌 수 있습니다. 보통의 직장 여성, 여자대장부, 사무실의 여신. 여기에 '여사장'을 추가할 수도 있습니다. 여사장도 흔히 볼 수는 있지만, 개인의 노력보다는 운과 기회에 의해 좌우되는 위치로 일반적인 여성 직장인이 흔히 다다를 수 있는 위치가 아니므로 이 글에서는 자세히 다루지 않겠습니다.

먼저 여자대장부에 대해 이야기해볼까요. 여자대장부는 결혼이나 연애에는 관심을 두지 않고 오로지 성공을 위한 일념으로 맹렬히 노력하는 철혈여성입니다. 주변 사람들에게는 두려움에 가까운 존경심을 불러일으키나 본인은 독수공방하기 쉬워요. 본인이 원한다면 이렇게도 살 수 있겠지만, 별로 추천하고 싶지는 않습니다. 저는 성공한 여성 사업가들을 많이 만나보았는데, 그들조차 하나같이 가정과 자녀에 대한 아쉬움을 토로했습니다. 정 여자대장부가 되고 싶다면, 본인이 다음의 요건을 갖추고 있는지 꼭 체크해보길 바랍니다.

첫째, IQ·EQ·체력이 충분한가. 둘째, 정말로 성공한 여성이 되겠다는 열망이 강한가. 셋째, 가정적 희생을 감수할 자신이 있는가.

보통 업무적으로 중요한 나이는 28~35세에 해당하는데, 이 시기는 한 사람의 생애에서 가정을 이루는 시기와 일치합니다. 이 나이에는 가정을 이루고 자녀를 키우느라 경력이 단절되기도 합니다. 이런 시기에 어느 한쪽에 몰두하려면 다른 한쪽은 희생할 수 있다는 각오를 해야 합니다.

다음으로 사무실 여신을 볼까요. 가벼운 마음으로 사무실을 왔다 갔다 한다는 의미에서 '여신'이라고 표현했어요. 이들은 일에 별다른 노력을 기울이지 않고 돈을 버는 데도 크게 관심이 없습니다. 평소에도 업무에 관한 한 별 존재감 없이 사무실에 있다가 어느 순간 결혼하고 아이를 낳으면서 표연히 사라집니다. 이들 중에는 대체로 미녀가 많고, 직장 말고도 믿을 구석이 있어서 대충 시간 보낼 곳이 필요하거나 돈도 벌면 좋다는 정도의 마음으로 직장에 다닙니다. 언제든 사표를 내고 퇴사할 수 있고, 다시 출근하고 싶어지면 또 누군가 자리를 마련해줍니다. 거창한 사업 욕심 같은 것은 없어요. 세속에서 무릉도원에서와 같은 삶을 살아갑니다. 이들은 좋은 직원보다는 좋은 아내나 엄마가 되는 것이 자신의 인생에서 더 나은 선택이라고 생각합니다.

마지막으로 가장 흔한 케이스인 보통의 직장 여성입니다. 이들은 회사의 각계각층에서 흔히 볼 수 있으나, 업무의 핵심 영역에까지 진출하는 경우는 많지 않습니다. 핵심 영역에까지 진출한 여성 직장인들은 모종의 '배경'이 있거나 '여자대장부'인 경우로, 다른 제3의 가능성은 거의 없어요. 그러므로 보통의 직장 여성이 회사 내에서 입지를 다지기 위해서는 다음 두 가지를 꼭 신경 쓰기를 바랍니다.

제가 이야기하고 싶은 것은 비록 위치는 보통의 직장 여성이더라도 반드시 '여신'의 마인드를 가지고 있어야 한다는 것입니다. 외모가 평범하다면 직업적 외피로라도 자신을 돋보이게 해야 합니다. 자신에게 아무런 내세울 '간판'이 없다 해도 사실은 있는 것처럼 마음가짐이라도 그렇게 가져야 한다는 것입니다.

이미지 변신은 보통의 직장 여성이 꾀할 수 있는 전환의 1단계에 해당합니다. 이미지에는 자기 자신과 타인을 대하는 진지한 태도가 반영되어 있습니다. 독특한 색깔로 염색을 한다거나 난해한 헤어스타일로 '비주류'라는 인상을 풍기지는 마세요. 화려한 액세서리도 도움이 되지 않습니다. 염색을 하지 않은 적절한 길이의 긴 머리나 단발, 그리고 너무 높지도 낮지도 않은 검정 구두가 가장 좋아요. 은행이나 공항, 철도청에서 볼 수 있는 평범하고 단정한 복장이 가장 무난합니다. 정 사치를 부리고 싶다면, 스스로 자긍심과 당당함을 가질 수 있는 실크스타킹이나 고급 속옷 같은 것이 좋습니다. 저절로 우러나는 자신감과 신뢰감은 비싸 보이는 코트나 명품을 두른다고 흉내낼 수 있는 것이 아닙니다. 너무 고리타분하다고요? 저는 여성들이 스스로를 멋스럽게 꾸미는 것을 지지합니다. 하지만 직장에서는 수많은 '꼰대'들이 지켜보고 있다는 점을 잊어서는 안 됩니다.

이미지 변신은 전환점을 마련하기 위한 첫 단계일 뿐 아니라 핵심 관건이기도 합니다. 사실 여성의 능력과 체력은 남성과 차이가 날 수밖에 없어요. 이것은 우열의 문제가 아니라 타고난 특성의 문제입니다.

두 번째로, 자신에게 맞는 노선을 택해야 합니다. 평범한 직장 여성에게 결혼이라는 요소는 자신의 명운을 바꿀 수도 있는 중요한 문제입니다. 자신이 꼭 가고 싶은 길이 아니라면, 굳이 여자대장부의 삶과 자신을 비교하지 마세요.

누구에게나 적용되는 절대적 기준이라는 것은 없어요. 일단은 자신의 고도를 높이고 시야를 넓혀줄 다양한 경험과 인맥을 쌓으세요. 대부분의 직장 상사들은 미혼 여성 직장인을 언제 결혼하고 임신해서 떠날지 모르는 시한폭탄 같은 존재로 보는 것이 사실입니다. 그러므로 사내의 자원을 두고 다투거나 지나치게 실력을 내보이려고 애쓰지 마세요. 여성의 본격적인 커리어는 결혼하고 자녀를 낳은 후 사실상 시작된다고 해도 과언이 아닙니다. 이때의 경쟁력은 젊을 때와 같은 체력과 순발력이 아니라 지식, 경험, 인맥에서 나옵니다. 이미 가정을 이루고 어느 정도 안정된 여성은 직장과 상사의 신임을 얻기 쉬운 면이 있습니다.

이 글을 읽고 나서 "아니, 남자에게는 가정이 안 중요합니까?"라고 묻는 사람도 있을 겁니다. 물론 남자에게도 가정은 중요합니다. 그런데 남자의 값어치에서 '하는 일'이 차지하는 비중이 여자보다 큽니다. 아무리 잘생긴 남자도 직업적 성취가 별 볼일 없다면 매력은 반감됩니다. 남자에게 일차적으로 중요한 것은 자신의 직업적 성취입니다.

여성 직장인이 사무실에서 너무 돋보여서는 안 되는 이유

여성 직장인이 직장생활을 하나 보면 자신도 모르는 사이에 이런저런 꼬리표가 붙을 수 있습니다. 세련된 블라우스에 미니스커트, 트렌치코트를 입고 하이힐을 신은 30~40대 오피스 레이디에게는 '골드미스'라는 꼬리표가, 차림새가 수수하고 무표정한 여성 직장인에게는 '건어물녀'라는 꼬리표가 붙는 식입니다.

여성 직장인은 직장에서 자신에게 어떤 꼬리표도 붙지 않도록 주의해야 합니다. 자신에 대한 남들의 첫인상을 바꾸는 것은 쉬운 일이 아니에요. 특히 여성 직장인이라면 일처리가 너무 깔끔해도 "독하다"고 입에 오르내리거나, 일처리가 조금만 허술하면 "무능하다"고 손가

락질당하기 쉽습니다. 그러므로 능력이 뛰어난 사람일수록 그 능력을 감추고 적당히 바보 같아 보일 수도 있어야 합당한 존중을 받고 필요한 자원도 얻을 수 있습니다.

중용은 직장에서도 진리입니다. 너무 차갑고 어려워 보이기만 하는 여성 직장인은 부하직원들에게 고립당하기 쉽습니다. 상사와의 관계가 좋으면 부하직원들도 함부로 대하지 않겠지만, 상사와의 끈이란 항시 불안정한 거예요. 상사 쪽에서 끈을 놓아버리면 바로 취약해질 수밖에 없는 위험성이 있거든요. 그러므로 일에서는 적당히 실력을 감추고, 인간관계에서는 적당히 허술함을 노출하는 것이 좋습니다. 그래야 남들이 구태여 당신의 흠이나 약점을 찾아내려고 하지 않습니다. 이 점은 남자도 마찬가지입니다. 매사에 옳고 그름이 뚜렷한 강직한 사람일수록 뒤에서는 그의 잠재적인 적들이 이를 갈고 있다는 것을 명심해야 합니다. 차라리 다소 무뢰배처럼 보이는 사람은 아무도 기대를 품지 않기 때문에 그가 어쩌다 한 번 잘하는 것만으로도 남들의 반감을 상당히 누그러뜨립니다.

직장생활은 마라톤과 같아요. 처음부터 끝까지 앞서갈 필요도 없고, 앞서고 있다고 해서 마지막에 꼭 승리하는 것도 아닙니다. 사무실에서는 되도록 남의 눈에 띄지 않게 잠복하세요. 자기 모습이 두드러지지 않는 위치에서, 사무실 안의 모든 것을 관찰하고 머릿속으로 이해하세요. 차라리 남들에게 별 볼일 없는 존재로 비춰져야 아무도 당신의 약점을 찾으려 눈에 불을 켜지 않을 겁니다. 고룡古龍의 무협소

설에 나오는 살수殺手가 지극히 평범한 얼굴로 사람들 속에 숨어 살듯
이 아무도 당신을 분간해내지 못하게 하세요.

직장에서는 누구하고든 본질적으로 경쟁관계에 놓입니다. 직무상
의 경쟁 외에, 자원을 두고도 경쟁합니다. 직장 내의 자원은 유한하
기 때문에 더 많은 자원을 얻는 쪽이 성과를 낼 가능성도 높아집니
다. 직장에서는 이상理想도 중요하고 인정人情도 중요하지만, 가장 중요
한 것은 결국 이익입니다. 저의 한 친구는 새 회사에 들어가자마자

중요한 프로젝트에 참여하게 된 적이 있습니다. 그러자 자신을 그 회사에 소개한 사람이자 원래 그 회사에 다니고 있던 친한 동료의 얼굴이 한순간에 바뀌었다고 합니다. 원래는 그 동료가 참여하고 싶어 한 프로젝트였기 때문입니다.

일은 당신을 해치지 않습니다. 그러나 사람은 당신을 해칠 수 있습니다. 숲에 빼어난 나무가 한 그루 있으면 벌목공은 그 나무에 가장 먼저 톱질을 합니다. 당신이 너무 뛰어나면 다른 모든 직원들이 당신을 위협으로 느끼기 시작합니다. 그러므로 사장은 유능한 직원일수록 굳은 신뢰와 지지로 동료들의 질시와 험담으로부터 그를 지켜주어야 합니다.

직장에서는 누구도 업무능력 하나만으로 살아남기 어렵습니다. 최후의 승부를 가르는 것은 업무능력을 포함한 다른 모든 요소의 총합입니다.

험담은 당신의 얕은 수준을 드러낼 뿐이다

제조업을 하는 한 사장이 친한 친구의 제안으로 사업에 투자했다가 사업이 한창 진행되고 있을 때 계약 내용에 문제가 있다는 것을 발견하게 되었습니다. 계약 시점도 지난 데다 일도 절반쯤 진행된 상태여서 어떻게 할 수가 없었어요. 당시 어렸던 저는 대뜸 "이런 사기꾼 같으니!"라고 소리쳤습니다. 그러자 그 사장은 도리어 저를 진정시키면서 말했습니다.

"종닝, 자네가 아직 젊어서 혈기가 넘치는 건 잘 알겠네만, 다른 사람을 함부로 사기꾼 취급은 하지 말게. 좋지 않은 버릇이네."

투자금을 날릴 수도 있는 그가 더 분노해야 할 일 아닌가요? 저는 당시에 그 사장의 반응이 잘 이해되지 않았지만, 그의 말에 깊은 인상을 받았습니다. 그 후로 저는 누군가를 대뜸 사기꾼 취급하는 말은 자제하게 되었습니다.

소위 '문제를 제기'한다면서 SNS에 돌아다니는 말들을 보면, 그저 웃음이 날 뿐입니다. 여름 벌레가 어찌 얼음에 대해 논할 수 있단 말인가요. 그러나 워낙 SNS가 발달한 탓인지 사람들은 여전히 이런저런 '문제제기'를 하고 있고, "○○는 사기꾼!"이라며 지목하는 말도 흔히 볼 수 있습니다. 그러나 누군가를 지목하면서 문제제기를 할 때는 신중해야 합니다. 가만히 보면, 누군가를 사기꾼으로 지목하는 것은 그의 팬들에게서 관심을 받고 싶어서인 것 같기도 합니다. 누군가에 대해 대뜸 "사기꾼!"이라고 하면, 사람들은 대체 무슨 일인지 궁금해서라도 문제를 제기한 사람에게 시선이 쏠리기 마련이니까요. 그렇게 그는 자신의 힘만으로는 모을 수 없었던 수많은 팬들을 순식간에 확보하게 됩니다.

사람들은 대체로 자신이 생각할 수 있는 수준 너머의 일을 믿기 어려워해요. 그러나 자신의 수준에서 믿기 어려운 일에 대해 무조건 가

짜다, 사기다, 라고 모는 것은 스스로의 한계를 드러내는 일밖에 되지 않아요. 당장의 수준과 한계에 갇혀서 내린 판단은 다시금 자신의 인격 형성과 수준 상승을 가로막습니다. 제 친척 중 한 사람은 월급이 1만 위안 이상인 사람도 있다는 걸 믿지 못해서 저를 거짓말쟁이 취급한 적이 있었어요. 그러다가 자신의 아들이 월급으로 7,000~8,000위안을 받게 되자, 월급이 1만 위안 이상인 사람도 있을 수 있겠다고 믿기 시작했습니다.

저는 한때 웨이보에서 끝없는 논쟁을 벌이기도 했지만, 이제는 어지간하면 토론을 하지 않습니다. 특히 SNS에는 무조건적인 의심과 비판을 쏟아내는 사람이 너무 많아요. 이들은 누가 무슨 말만 하면 반사적으로 "그럴 리가 없다", "이런 사기꾼 같으니!"라며 "증거를 대봐라"라고 나옵니다. 상대가 명명백백한 증거를 내밀면 그제야 할 수 없이 인정을 하거나, 그 증거조차 위조된 것 아니냐며 다시 따지기 시작해요. 이들은 자신의 얕은 지식과 폭 좁은 생각의 수준에 완전히 갇혀 있는 겁니다. 이들에게는 오직 자신이 틀렸을 리 없다는 사실만 중요해서, 자신이 알고 있는 것 이상을 말하는 사람이 나타나면 죄다 사기꾼으로 몰기 바빠요. 이것은 일시적 안도감과 우월감에 도취되는 것에 지나지 않는 데다 자신과 타인에게 모두 해롭습니다.

생각하고 수용하는 법부터 먼저 배운 뒤 판단하고 분석하는 법을 배워야 합니다. 단지 자신이 들어본 적 없는 이야기라는 이유로 "세상에 그런 건 없다"고 우기거나, 자신이 못한 일이니 남도 할 수 없다고 단정 지어서는 안 됩니다. 다양한 가능성을 염두에 두고, 실제 현상을 있는 그대로 관찰하면서 구체적 인과를 파악해야만 정확한 결론을 얻을 수 있습니다. 이런 경험이 쌓이는 과정에서 시야가 확대되고 자신의 수준도 끌어올릴 수 있습니다. 그러기 위해서는 먼저 어떤 일의 성공 가능성을 논리적으로 판단할 수 있어야 합니다. 그 다음에는 눈에 보이는 원인이든 막후의 원인이든 그 일이 성공할 수 있었던 원인을 찾으려고 노력해야 합니다. 이런 훈련이 쌓이면 사고의 수준이 비약적으로 향상될 수 있어요. 혈기왕성하고 자아의식이 강한 젊은 나이일수록 이런 사고훈련이 특히 중요합니다.

세상에는 얼핏 황당해 보여도 자세히 이해하면 그 이유와 내막이 분명한 일들이 많습니다. 이렇게 잘 이해되지 않았던 일의 인과와 내막을 파헤치는 데 들이는 노력과 시간은 고스란히 자신만의 내공이 됩니다.

저는 누군가가 제가 들어보지 못했거나 생각해본 적 없는 이야기를 해도 일단 귀 기울여 듣습니다. 그렇게 많은 이야기에 귀 기울이다 보면 어떤 말이 얼마나 신뢰할 만한지 분별할 수 있게 되고, 인성의 전형적인 약점들도 간파할 수 있게 됩니다. 인성의 전형적인 약점이란, 사람이라면 누구나 흔히 범하기 쉬운 잘못을 가리킵니다. 만나는 사람마다 저에게 "어떻게 하면 빨리 돈을 벌 수 있을까요?"라든가 "팬을 확 늘릴 수 있는 방법이 뭔가요?"라고 묻는 말을 듣다 보면, 주로 어떤 사고방식이 그들의 발전을 가로막고 있는지 알 수 있어요.

제 아버지도 "그런 약점을 뛰어넘을 수 있느냐, 없느냐에 따라 성공과 실패가 갈린다"고 말했습니다.

품격을 높이는 속성 비결

여성의 이미지를 결정하는 두 가지 요소는 외모와 품격입니다. 외모는 화장과 성형을 통해 어느 정도 끌어올릴 수 있지만, 품격을 갖추는 데는 시간이 걸립니다. 품격을 갖추고 있으면 비즈니스 협상을 할 때 상대에게 좋은 인상을 줄 수 있고, 직장에서도 여러 가지 이점이 많습니다.

품격은 성격, 소양, 말투, 행동, 태도 등에서 느껴지는 기운이자 심리적 안정성, 지향성, 융통성, 의지력, 주의력, 집중력, 사고와 감성이 겉으로 드러난 모습이라고 할 수 있습니다. 한마디로 내면의 깊이가 그 사람의 품격을 좌우합니다. 이러한 소양은 다방면의 독서와 식견에서 비롯돼요. 품격 있는 사람은 어지간한 충격에는 흔들리지 않는 안정성을 보이며 사람이나 사건을 대함에 있어서 신중하고 진중한 태도를 보입니다. 하지만 품격은 절대 흉내 낼 수 없고 연기를 할 수도 없습니다. 품격을 갖춘 척해봐야 오래지 않아 밑천이 드러납니다. 하지만 품격은 단기간의 학습을 통해 갖출 수 있는 것이 아닙니다. 어릴 때부터 교육을 통해서나 스스로의 노력으로 하나하나 쌓아나가 몸에 배이도록 해야 합니다.

그래서 이 글에서는 품격을 갖추는 몇 가지 속성 비결을 공개하려고 합니다. 말 그대로 속성 비결이므로 단기적인 효과만 있을 뿐이라는 사실을 염두에 두기를 바랍니다.

첫 번째는 말투입니다. 대화 능력이 중요하다는 것은 두말하면 잔소리예요. 본인이 말재주가 그리 좋은 편이 아니라면, 한 가지 괜찮은 방법이 있습니다. 가능한 한 말을 적게 하는 겁니다. 당신이 정말로 자신 있게 말할 수 있는 것에 대해서만 입을 열고, 그 외에는 입을 닫고 있는 거예요. 이렇게 하면 사람들은 당신에 대해 무언가 헤아리기 힘든 깊이가 있는 사람이라는 인상을 갖게 됩니다.

두 번째는 눈빛입니다. 품격을 드러내는 데 있어 눈빛은 대단히 큰 작용을 합니다. 붕 떠 있거나 어지럽지 않은 안정된 눈빛을 유지하세요. 눈빛이 신만하면 믿을 수 없는 사람처럼 느껴질 수 있습니다. 시선은 항상 수평으로 유지하고, 상대방을 정면으로 바라보세요. 이렇게만 해도 정중하고 안정된 느낌을 줄 수 있어요. 이런 상태로 말만 많이 하지 않으면, 상대에게 높은 신뢰감을 줄 수 있습니다.

세 번째는 정서예요. 쉽게 들뜨거나 화내지 말고, 어떤 상황에서도 안정을 유지하세요. 쉽게 들뜨는 사람은 경박해 보이고, 쉽게 화내는 사람은 속 좁아 보입니다. 감정을 전혀 겉으로 드러내지 않기는 어렵지만, 쉽게 행동으로 이어지지 않게 할 수는 있어요. 정서적 안정은 득실을 계산하지 않는 마음에서 나옵니다. 안정적인 척 연기를 해도 좋아요. 일단 어떤 일에 대해서든 감정적으로 큰 동요 없는 듯 보이도록 노력하세요. '상대가 순종한다고 해서 함부로 기뻐하지 않고, 상대가 거역한다고 해서 당황하거나 상심하지 않고, 편안한 환경에서도 안일에 빠져들지 않고, 위험에 처해서도 놀라거나 두려워하지 않으며, 급작스러운 일을 당해도 호수처럼 잔잔한 마음을 유지할 수 있다면, 장군으로 경의를 표할 만하다'는 말이 있습니다.

네 번째는 기세입니다. 기세는 품격과 달라요. 품격이 상대로 하여금 신뢰를 갖게 하는 기운이라면, 기세는 상대가 누구든지 간에 동등하게 대화를 주도할 수 있는 능력입니다. 예전에 어떤 기업교육 현장에서 협상을 유리하게 끌고 나가는 비결로 '기세등등한 척'을 제시한 강사가 있었어요. 그는 '무조건 내가 상대방보다 당당한 척' 연기를 해도 좋다고 말했습니다. 이 또한 어디까지나 한 가지 제안일 뿐입니다. 그러나 내가 상대방의 선배다, 상사다, 혹은 거래처다 생각하고 그렇게 행동하다 보면, 점차 그에 걸맞은 기세를 갖추어나갈 수 있습니다.

결국 품격을 높이는 속성 비결은 말을 줄이고, 지나치게 표정을 드러내지 않되, 정서적 안정을 내보이는 것이라고 할 수 있습니다. 천천히 시간을 들이는 방법은 평소 다방면의 책을 읽고, 다양한 경험을 쌓고, 좋은 자세를 연마하는 것입니다.

남성 동료들의 지지대가 돼라

여성의 지위가 많이 향상되기는 했지만 직장인 사회에서 여성이 차지하는 비중은 아직 남성과 비교할 만큼 성장하지 못했습니다. 이러한 현상은 특히 아시아 국가에서 두드러집니다. 그 이유는 직업 세계에서 여성의 능력이 남성에 뒤처지기 때문이 아니라 동양사회의 전통적인 역할 분담에 기인합니다.

외부 활동이 많았던 남성은 무언가를 결정하고 지배하는 성향이 발달한 반면 가사와 육아를 담당했던 여성은 일을 매끄럽게 진행하고 빈틈없이 관리하는 능력을 키워왔습니다. 현대의 직장사회에서도 이러한 역할 분담은 이어집니다. 여성 직장인은 남성 직장인에게 도움을 주는 역할을 맡고 있고, 몇몇 여자대장부를 제외하고는 지배력을 추구하지 않습니다. '여성은 남성을 정복함으로써 세계를 지배한다'는 말은 여성의 드러나지 않는 역할을 은유한 표현일 것입니다. 잭 웰치의 비서였던 로잔 배더우스키Rosanne Badowski가 쓴 《잭 웰치 다루기》는 총명한 여성이 어떻게 남자 상사를 다루는지에 대해 쓴 책입니다. 여성 직장인이라면 꼭 한번 읽어보기를 권합니다.

직장에서 남성 상사에게 유용한 존재가 되는 방법은 무엇일까요? 저는 '지지대'가 되는 것이라고 말하고 싶습니다. '지지대'란 무엇인가요. 전투로 치면 '후방 지원부대' 같은 것입니다. 돈이 필요할 때는 돈을, 총이 필요할 때는 총을, 사람이 필요할 때는 사람을 보급함으로써 전투를 승리로 이끄는 데 결정적 역할을 하는 기지를 가리킵니다. 기업에서는 인사, 행정, 재정 등의 부서가 전투의 후방기지에 해당하는데, 이 세 부서는 여성이 선택하기에 적합한 부서입니다.

물론 여성 직장인의 역할이 '지지대'에만 국한되는 것은 아닙니다. 창조적이며 결정적인 역할을 할 때도 많아요. 이때도 팀 전체를 지지하고 일의 완성을 이끄는 지지대 정신을 잊지 않는 것이 좋습니다. 남자들은 대체로 자기 사업을 성공시키고 싶어 하는 열망이 강합니다. 당신이 이런 열망에 결정적 도움을 줄 수 있다면, 남성 동료들에게서 뜨거운 환영을 받게 될 것입니다. 반대로 남성 직장인들이 당신을 잠재적 경쟁자 혹은 위협적 상대라고 느끼면 직장생활에서 곤란을 겪을 수 있어요. 냉정하게 말해서, 여성은 가사와 육아 등의 이유로 남자들만큼 직장에서 치열하게 전력을 기울이기 어려운 면이 있습니다. 당신이 아무리 실력이 출중하다 해도 가정을 희생해가면서까지 회사에서 경쟁하려고는 하지 마세요. 여자는 결코 남자와 동등한 경쟁환경 아래에 있지 않습니다.

남자들은 일의 성공 여부에 자신의 생사여탈이 달려 있다고 생각하기에 그만큼 절박하고 치열합니다. 반면 여자들은 직장 내에서 안정적인 인간관계를 중시하는 경향이 있습니다. 이런 안정성을 얻기 위해서는 여성 동료보다는 남성 동료를 지지하는 것이 보다 요긴합니다.

직장에서는 어떤 일에 대해서든 굳이 당신이 앞장서려고 하지 마

여성은 출산과 육아로 인해 경력이 단절될 수 있기 때문에 커리어 설계에 보다 치밀해야 합니다.
그리고 여성 직장인은 나이를 먹는 것에 대해 두려워해서는 안 됩니다.
사실상 여성의 커리어는 결혼과 출산, 육아 이후에 본격적으로 시작될 수 있으니까요.

세요. 여성의 특성에 그리 부합하는 일도 아닙니다. 그런 식으로 단기적으로는 성공할지 몰라도, 장기적으로 피로가 누적되면 나가떨어지기 쉬워요.

당신이 제 말을 믿지 않아도 좋고, 성공을 위한 치열한 경쟁을 마다하지 않겠다 해도 말릴 생각은 없습니다. 그러나 장렬하게 산화하다 재가 되는 일만은 없기를 바랍니다. 당신도 막상 높은 자리에까지 올라가보면 알게 될 겁니다. 그게 그렇게까지 자신이 바란 건 아니었다는 것을. 한번 높은 위치에까지 오르고 나서는 다시 내려오기도 어렵습니다. 진 빠지게 경쟁하다 소모되어버리는 수고는 자연이 남자에게 맡긴 역할입니다.

여성의 커리어 설계는 보다 치밀해야 한다

믿기 어렵겠지만, 미국 같은 나라에서도 많은 여성들이 커리어를 접고 전업주부가 되기를 희망합니다. 그런데 동북아시아 국가에 맞벌이 가정이 많은 데에는 좀 더 현실적인 이유가 있습니다. 남자 한 사람의 수입으로는 가정을 꾸려나가기 어렵기 때문입니다. 이런 사정으로 여성이 부득이하게 직업전선에 내몰리고 있는 면도 없지 않습니다.

여성해방운동의 가속화도 한 가지 이유입니다. 젊은 여성들을 보면 하나같이 강한 성공 욕구를 가지고 있어요. 이들은 남자에게 경제적으로 의존하지 않기 위해 일에서 성공하고 싶다고 말합니다. 사실 우수한 여성일수록 크게 강하지 않은 남성을 배우자로 맞이해야 안정적인 가정을 꾸릴 수 있습니다. 그러나 현실에서는 우수한 여성일수록 더욱 우수한 남성을 배우자로 원합니다. 그런데 이렇게 이루어진 가정은 종종 불협화음을 보입니다.

여성 직장인들은 무의식으로는 자신이 남자에게 뒤지지 않는다고 생각하는 한편, 의식적으로는 남자에게 뒤져서는 안 된다고 생각합니다. 그러나 막상 관리자가 여성 직장인들을 남자처럼 대하고 남자에게 하듯 요구하면, 여성들은 대단히 불공평한 처우라며 항의합니다. 관리자로서는 도무지 어떻게 해야 할지 알 수 없는 난감한 상황이 아닐 수 없어요.

난감한 상황은 이뿐만이 아닙니다. 기업 입장에서는 미혼 여성인 직원은 결혼과 양육 때문에 언제까지 일에 전념할지 알 수가 없어요. 결혼한 여성의 임신·출산·양육은 기업에도 부담이 됩니다. 그래서 기업들은 오랫동안 근무해온 여성이 임신이나 출산을 하는 건 그래도 상관없지만, 갓 입사한 여성 직원이 얼마 지나지 않아 임신이나 출산을 하지는 않을까 염려합니다. 그러므로 여성 직장인들은 기업의 이런 걱정도 고려해서 자신의 인생 계획을 세울 필요가 있습니다.

임신·출산·양육은 직접적으로는 1년 이상의 커리어에 영향을 미치고, 장기적으로는 2~3년 가까이 영향을 미칩니다. 그래서 자녀 양육이 이루어지는 20대 후반에서 40대 초반을 전후하여 커리어가 단절되기도 합니다. 자녀계획을 포기하면 직장에서 승진하거나 중용될 수는 있겠지만, 이 또한 본인의 인생 전체를 보았을 때는 일종의 큰 희생입니다.

직업적 성공을 통해 이루고 싶은 것은 무엇인가요? 남자들과 같은 목표인가요? 그것은 불가능합니다. 설령 같아진다고 해도 다른 쪽 삶을 잃어버리는 것을 감수해야만 합니다. 남자들의 목표와는 다른 것을 바란다면, 자신이 나아가고자 하는 방향과 그에 따른 직업을 여러 각도에서 고민해보아야 합니다.

오랫동안 행복하게 살아온 사람은 삶에 대한 기대나 요구가 그리 높지 않고, 힘든 시기에는 기대를 조금만 낮추면 좀 더 행복해질 수 있습니다. 여성의 커리어에는 도처에 함정이 있다는 것을 염두에 두어야 합니다. 그래야 좀 더 안정적으로 자신의 커리어를 도모할 수 있어요. 자신의 인생에 관한 결정을 할 때 남성이 상대적으로 이성적이고 여성은 감성적인 면이 있습니다. 여성의 안목과 시야에는 남성보다 훨씬 큰 한계가 존재합니다. 그러나 여성의 감성과 디테일은 남성을 능가합니다. 그러므로 여성은 처음부터 자신이 원하는 삶의 기준에 부합하는 방향을 택하기 위해 신중을 기해야 합니다.

여성의 인생은 30세 직전이 가장 불확실성이 큰 시기입니다. 그러므로 자신의 인생에서 본격적 승부를 거는 시기는 가정이 안정된 이후인 30세 이후로 잡는 것이 좋아요. 30세 이후의 체력이나 두뇌는 그 전과 같지 않겠지만, 섬세한 감성과 디테일은 영원히 녹슬지 않아요. 이런 자질은 기업에서도 필요로 하는 것일 뿐 아니라, 개인에게도 일과 삶의 조화를 가능케 합니다. 반면 지나치게 일만 추구하는 강성 일변도의 자세는 삶의 희생과 고통을 수반하기 쉽습니다.

때문에 여성에게는 매사에 앞서나가 쟁취하기보다는 후원자 내지는 지지대 역할을 권하는 것입니다. 야심과 경쟁력만 불태우며 돌격하다가는 사방에서 날아오는 견제와 방해의 칼을 피하기가 어렵습니다. 한 발 물러나 천천히 돌아가는 것이 장기적으로 직업생활에 안정을 가져올 수 있습니다.

차익을
실현할 것인가,

가치를
창출할 것인가

네 번째 공부　장사와 창업에 관하여

기업 경영에서의 핵심은 의사결정입니다. 의사결정은 선택이고 선택의 핵심은 가치
관입니다. 당신은 대체로 당신의 이익에 부합하는 선택을 할 겁니다. 그런데 이것은
최소한 당신의 이익이 무엇인지 알고 있을 때 가능한 일입니다. 하지만 안타깝게도
자신에게 가장 큰 이익이 무엇인지 알지 못하는 경우가 많습니다.

훌륭한 의사결정은 높은 수준의 시야와 안목, 경험, 예측, 판단, 과감한 결심 등이 있
어야 가능합니다. 과감성이 필요한 이유는 모든 의사결정은 그에 상응하는 대가를 요
구하기 때문입니다. 때로 그 대가는 감히 치를 엄두가 나지 않을 만큼 클 수도 있어요.
때문에 어떤 선택을 앞둔 상황에서는 자신이 진정 원하는 것이 무엇인지 면밀히 따
져보고 신중을 기해야 합니다.

Chapter 11

장사냐, 사업이냐, 노선을 분명히 하라

취업할 것인가, 창업할 것인가

창업을 할까, 취업을 할까? 이 문제는 젊은이들 사이에서 가장 뜨거운 화두일 겁니다.

그런데 이 고민에는 한 가지 잘못된 전제가 내포되어 있습니다. 중국에는 오래전부터 '창업은 자기 일을 하는 것이고, 취업은 남을 위해 일하는 것'이라는 관념이 있어 왔습니다. 자기 일을 하면서 돈을 버는 건 자유롭고 당당하지만, 남의 사업장에서 일하는 건 고되고 무의미할 뿐 제대로 된 본업이 아니라는 생각입니다. 하지만 이것은 비용과 수익, 가치의 체현 등을 고려하지 않은 시대착오적인 관점일 뿐입니다. 〈Winning In China〉贏在中國, 중국 CCTV에서 방영한 창업 인재 선발 프로그램라는 TV 프로그램이 인기를 끌면서 이런 시각이 더 널리 퍼진 것 같아요. 정작 이 프로그램은 몇 년 가지도 못했고, 최종 선발자에게 많은 투자금이 몰리지도 않았습니다. 이유가 뭘까요? 투자자들도 바보가 아닌 이상, 향후의 전망이 불투명한 타인에게 거액을 투자하기는 꺼려지기 때문입니다.

우리는 좀 더 현실에 부합하는 합리적인 시각을 갖출 필요가 있습니다. 사업의 타당성을 판단하기 위해서는 먼저 그 사업이 어떤 가치를 창출하는가를 보아야 합니다. 취업노동은 자신이 재직하는 기업을 위해 가치를 창출하는 일이고, 창업은 자신이 세운 기업을 위해 가치를 창출하는 일입니다. 당신은 이 가운데 당신이 더 많은 가치를 창출할 수 있는 길을 택하면 됩니다. 단순히 '나도 CEO 한번 해봐야지' 하는 마음으로 창업에 뛰어들어서는 안 됩니다참고로, 현재 중국은 '대중창업, 만인혁신(大衆創業 萬人革新)'이라는 캐치 프레이즈 아래 정부의 지원과 민간의 호응으로 창업 열기가 뜨겁다.

취업노동은 하나의 시스템 안에서 새로운 환경에 적응하는 법과 기업의 운영체계를 배울 수 있는 중간 과정이기도 합니다. 기업의 효율적 시스템 안에서 일을 해보는 것은 그 자체로 많은 것을 얻을 수 있는 경험이 됩니다. 창업은 창업자의 경험과 구상으로 새로운 시스템을 만들어내는 일입니다. 학교를 갓 졸업한 상태에서는 이 새로운 시스템을 만드는 데 동원할 만한 경험이 없기 때문에 창업의 성공률도 낮을 수밖에 없습니다.

기술창업을 하는 사람들이 흔히 빠지는 오류가 있습니다. 일이 잘 되어가지 않으면 기술적인 문제 때문이라고 생각하고, 기술적인 문제만 해결되면 성공할 수 있다고 믿는 겁니다. 전문 직종에 있는 사람들도 이런 오류에 빠지는 모습을 흔히 볼 수 있어요. 어떤 사람은 제품에 문제가 있어서, 어떤 사람은 포장이나 가격에 문제가 있어서 성공하지 못했다고 생각하지만, 결국은 사람이 제 역할을 다하지 못했기 때문에 실패하는 것입니다. 대부분의 성공은 전체의 각 부분들을 조화롭게 운영하는 가운데 얻어지는 결과입니다. 물론 예기치 않은 기회(노력과는 무관한)를 만나 단숨에 도약하는 일도 있습니다. 작은 재물은 노력으로 얻지만, 큰 재물은 하늘이 내린다는 말의 의미도 이것입니다. 그러나 이런 기회와 무관하게 어느 정도 잘 살아갈 수 있다면, 그것이야말로 진정한 능력일 것입니다.

창업으로 성공하는 사람들은 의사결정 능력과 스트레스 감당 능력, 비전을 그리는 능력, 논리력이 강하다는 특징이 있습니다. 이 가운데 가장 어려운 것이 스트레스 감당입니다. 저도 이 스트레스 감당이 어려워 창업은 하지 못했습니다. 말하기와 글쓰기는 수평적 커뮤니케이션을 통해 타인의 신임을 얻는 수단이 된다는 점에서 다른 모든 능력의 기초가 됩니다. 창업을 하려는 사람은 이런 기초적인 능력 외에도 각종 스트레스를 감당할 수 있는 능력을 갖추어야 한다.

창업에 성공하는 사람들은 대체로 유능한 취업노동자이기도 합니다. 이 세상에 영원히 취업노동은 할 일이 없는 타고난 창업·경영자는 없습니다. 지금 중국에는 취업 공포 때문에 공부에 별다른 관심이 없으면서 대학원에 들어가려는 사람과 마찬가지로, 취업 스트레스 때문에 창업을 생각하는 사람이 많습니다. 특히 부모가 자금을 지원해주는 창업의 경우, 아무도 당신에게 스트레스를 가하지 않아 당장은 신이 나고 홀가분할지도 모릅니다. 그러나 이런 창업은 대개 부모의 노후를 어렵게 만드는 선택일 뿐입니다. 그러므로 창업을 하고 싶을수록 먼저 취업으로 실무를 익히고 기업의 경영 시스템을 이해할 필요가 있습니다.

창업을 하든 취업을 하든 핵심은 당신이 어떤 길에서 가장 큰 가치를 창출할 수 있는가 하는 거예요. 이것은 판단 기준의 문제이기도 합니다.

제 경험으로 보건대, 절대다수의 사람들은 사실 창업보다 취업에 더 적합합니다. 그러므로 당신이 창업에 적합한 사람인지 알아보기 위해서라도 먼저 취업노동을 해보는 것이 낫습니다.

창업자의 대부분은 한때 뛰어난 직장인이었다

창업도 융자도 실은 대단한 일이 아닙니다. 창업은 자신이 어떤 일을 할지를 선택하는 일이고, 융자는 그 일을 하기 위해 남의 돈을 빌리는 겁니다. 창업을 하려면 최소한 기본적인 생활 문제는 해결할 수 있어야 하고, 융자를 하기 위해서는 다른 사람의 신임을 얻어야 합니다. 무엇보다 융자는 남이 당신에게 거저 돈을 주는 것이 아니라, 당신이 더 많은 돈을 벌어 되돌려주어야 하는 약속임을 잊어서는 안 됩니다.

저는 창업이나 창업자를 미화하고 싶은 마음이 별로 없습니다. 창업은 쉽지 않은 일이고, 창업 실패는 더더욱 감당하기 어려운 일입니다. 그런데 99%의 사람들이 단지 취직이 어려워서 혹은 취직이 싫어서 창업에 뛰어듭니다. 그리고 이들 중 99%가 창업 후 실패합니다. 이런 것은 자기 자신을 정확히 이해하지 않은 데서 비롯된 실패이기 때문에 더더욱 비극적일 수밖에 없어요. 수영을 할 줄 모르는 사람이 대서양을 횡단하겠다며 바다에 뛰어들면 어떻게 될까요? 기적이라도 일어나지 않는 한 익사하고 말 겁니다.

창업한 회사의 수순은 보통 창업자의 수준을 뛰어넘기 어렵습니다. 당신이 대기업 임원 정도의 역할을 수행할 수 있는 사람이 아니라면, 당신이 창업한 회사도 별다른 가치를 창출하지 못할 가능성이 큽니다. 이런 창업은, 심하게 말하면 부모의 노후자금을 탕진하는 일밖에 되지 않아요.

저는 중국 사람들이 취업을 내켜하지 않는 것은 크게 두 가지 소농의식에서 비롯되었다고 생각합니다. 취업은 자신의 돈을 번다기보다는 남 좋은 일만 해주는 노릇이라는 생각과, 취업을 해서는 영원히 자신의 포부대로 재정을 운영해볼 수 없으리라는 생각이 그것입니다. 옛날에는 다 같이 농사를 짓고 살았으니 어쩔 수 없었지만, 지금은 기회와 선택지도 더 늘어난 것 같아 더더욱 창업의 유혹을 강하게 느낍니다.

육체노동이든 정신노동이든 감정노동이든, 일을 하고 있는 대부분의 사람은 직장인입니다. 그러나 그들 대부분이 탁월함을 추구하기보다는 단순히 시간을 돈으로 바꾸는 수준을 넘어서지 못하고 있습니다. 쌀을 익혀서 먹을 수 있게 만드는 것도 요리라고 할 수는 있지만, 그것을 두고 직업적 수준이라고 말하기는 어렵습니다. 그런데 많은 사람들이 일을 하고 있지만, 실상 제대로 된 직업적 수준은 갖추고 있지 않습니다.

취업노동은 실로 만만치 않습니다. 유한한 자원, 성과에 대한 압박, 복잡하기 그지없는 인간관계, 발목을 잡는 동료들, 무능한 상사에 이르기까지 겹겹이 놓인 장애를 뚫고 나아가야 하는 고난의 길입니다. 그래서인지 이것저것 눈치 보기 싫고 버티기 지겨워지면 다 때려치우고 창업에 뛰어들고만 싶어집니다. 이런 마음으로 창업을 하는 이들의 암담한 미래를 생각하면, 밤잠이 안 올 지경입니다.

취업도 일종의 창업 과정입니다. 대부분의 성공한 창업자들은 창업을 하기 전에 유능한 취업노동자였습니다. 이들은 취업전선에서 많은 경험을 해보는 과정을 거쳐 창업에 도전하기로 마음먹습니다. 첫 도전이 곧바로 성공하는 경우는 거의 없어요. 대부분의 창업자는 몇 번의 실패를 거친 뒤에야 간신히 성공에 이릅니다. 그런데도 허다한 실패 사례는 가려진 채 소수의 성공 사례만을 중심으로 창업이 미화되고 있어요.

취업노동에서 가장 중요한 것은 일터 그 자체입니다. 취업노동의 현장은 당신이 설령 창업을 하더라도 평생 다다르기 어려운 시야를 갖게 해줍니다. 바로 그 현장에서 당신은 다양한 일들을 목도하는 동시에 성공과 실패, 인간적인 투쟁과 무력감 등을 경험하게 됩니다. 이 모든 것은 막연한 상상이나 기업의 홍보 문구를 통해서는 배울 수 없는, 직접 겪어보아야만 알 수 있는 것들입니다. 취업노동을 하는 동안에 이 모든 것을 경험해보지 않으면, 나중에 가서 기나긴 시행착오를 거칠 수밖에 없어요.

제가 줄곧 하는 말이지만, 기업이 돈을 못 벌어서 망하는 건 그리 안타까운 일이 아닙니다. 정말로 안타까운 것은 돈도 벌고 있고 고객도 많은 기업이 주식분배 문제로 농업자들이 사분오열하거나, 경영자의 거침없는 행보를 제품과 서비스가 따라가지 못하거나, 내부의 복잡한 이해관계 때문에 의사결정에 실패해서 망하는 경우입니다. 이러한 원인들은 창업자가 과거에 일했던 회사에서 비슷한 상황을 목도했거나 경험한 적이 있었다면 충분히 극복할 수 있는 문제들이어서 더욱 안타깝습니다.

취업노동이 단순 조작이나 운영에 가깝다면, 창업은 탐색과 창조라고 말할 수 있습니다. 취업노동에서는 전문성이나 숙련도가 요구되지만, 창업에서는 담대한 도전정신이 요구됩니다. 도전정신에 전

문성이 더해질 때라야 성공률이 높아집니다. 막연한 도전정신만 가지고 있으면 지략 없이 혈기만으로 내달리는 필부의 용기匹夫之勇에 지나지 않습니다. 만약 당신이 이미 창업을 한 상태라면 혼자서 모든 것을 헤쳐 나가려고 하기보다는 각계의 베테랑들과 교류하면서 자신의 시야와 고도, 안목을 높여나가야 합니다. 그래야 장기적인 성공을 도모할 수 있고, 일류로 도약할 수 있습니다.

사업을 할 때 범하기 쉬운 세 가지 잘못

이 글에서는 사람들이 새로운 사업을 시작할 때 흔히 범하기 쉬운 세가지 잘못에 대해 언급하고자 합니다.

첫 번째로 범하기 쉬운 잘못은 실제적인 일에 착수하기도 전에, 불필요할 수 있는 주변적인 일에 너무 많은 돈을 들이는 것입니다. 분유 구매대행 사업을 생각하고 있다는 한 회원은 뉴질랜드에 가서 제품 조사를 하려고 계획 중이었습니다. 저는 그녀에게 "먼저 시장을 조사해봐야 하지 않을까요?"라고 했지만, 그녀는 시장조사를 어떻게 해야 할지 잘 모르겠다고 했습니다. 저는 일단 몇 군데에서 여러 종의 제품을 매입한 뒤, 정가보다 10위안 싸게 판매해보라고 권했습니다. 이것은 제품 정가의 차액인 10위안으로 고객을 한 명씩 사오는 방식입니다. 제품이 완판되면 시장성이 충분하다는 뜻이므로 그때 뉴질랜드로 가서 제품조사를 해도 늦지 않습니다. 그러나 그녀는 1만 위안을 들여 점포의 외관부터 꾸몄습니다. 이러면 뉴질랜드 가는 데 또 돈이 들고, 물건 들여오는 데 또 돈이 듭니다. 아직 본격적인 장사는 시작도 안 했는데 벌써 많은 돈이 들어갔습니다. 이런 상황에서 사업 후 판매실적이 좋지 않기라도 하면, 이미 들여온 물건은 그대로 자신이 떠안게 됩니다. 저는 지금 이 사업이 실패할 것이라고 말하는 게 아닙니다. 이 사업 자체는 성공 가능성이 높습니다. 다만 사전 작업에 돈을 너무 많이 들이는 것은 좋지 않다는 말을 하고 싶은 겁니다. 창업에서도 마찬가지입니다. 최대한 적은 비용으로, 최대한 신속하게 사전작업을 마치는 것이 중요합니다. 초기 투입 비용이 높아지면, 본격적으로 사업을 시작한 뒤에 그 비용을 만회하느라 그만큼 더 시간이 걸릴 수밖에 없습니다.

두 번째로 범하기 쉬운 잘못은 막연한 전망에만 기댄 채 실제적인 노력은 게을리 하는 것입니다. 제게 자문을 구하는 이들 대다수가 마치 저에게 점이라도 보듯 질문합니다.

"큰곰 선생님, 제가 이 일을 할 수 있을까요?"

저는 당신을 처음 보는데 당신이 그 일을 할 수 있는지 없는지 어떻게 알겠어요? 더욱이 똑같은 일이라도 누가 하느냐에 따라 방법이 달라지고 결과도 달라집니다. "나는 이런 일은 할 수 있지만, 저런 일은 잘 못한다"고 말하는 사람도 있는데, 그런 건 누구도 미리 단언할 수 없어요. 자신이 어떤 일을 할 수 있는지 알아보고 싶다면, 간단한 방법이 하나 있습니다. 최소 비용으로 테스트 삼아 그 일을 한번 해보는 것입니다.

최소 비용으로 몇몇 제품을 매입해서 시범 판매를 해보면, 어떤 제품이 시장성이 있는지, 어떤 제품은 실패 가능성이 높은지 바로 알 수 있습니다. 판매하려는 제품이 고가일수록 이런 시범 판매는 더욱 중요합니다. 다 팔리지 않아 재고를 떠안게 되더라도 소규모 테스트였으므로 큰 손해가 되지 않고, 그 일의 성공 가능성을 검증해보았다는 수확도 있습니다.

창업을 하는 사람들은 벤처투자를 통해 자금을 구하려고 애쓰지만, 이 세상에 남의 사업 리스크를 떠안고 싶어 하는 사람은 없습니다. 그러므로 어떤 일을 본격적으로 해도 될지 잘 모르겠다면, 최소 비용을 들여 일단 그 일을 한번 해보세요. 그 일에 어떤 어려움과 리스크가 동반되는지, 성공 가능성은 얼마나 되는지 명확해질 겁니다.

생판 처음 보는 사람에게 "이 일을 해도 될까요?"라고 물어서는 백날 알 수 없습니다. 막연히 "잘될 거예요" 같은 격려를 바라는 건가요? 결과가 좋으면 그대로 밀고 나가면 되고, 결과가 나쁘더라도 그 일은 하면 안 된다는 것을 알 수 있으니 그 또한 수확입니다.

세 번째로 범하기 쉬운 잘못은 처음부터 돈 문제를 명확히 하지 않고, 합당한 비용을 지불하려 들지 않으며, 일처리 시간을 질질 끄는 것입니다. 사업을 하는 사람은 자신만의 이상이나 미래를 논하기 전에, 돈 문제부터 명확히 해두는 것이 좋습니다. 사람이나 일자리를 구할 때도 '얼마 줄 수 있는지'부터 명확히 하는 것이 돈과 시간을 아끼는 방법입니다. 체면 생각하면서 돈 문제를 회피할수록 일은 점점 더 꼬여갈 뿐입니다.

끝으로, 가장 나쁜 것이 차일피일 시간을 끄는 습관입니다. 월급 문제가 특히 그래요. 빨리 주든 늦게 주든 어차피 줘야 할 돈이라면 제발 시간 끌지 마세요. 일찍 지급하면 직원들에게서 인심이라도 얻습니다. 늦게 지급한다고 돈을 아낄 수 있는 것도 아니잖아요? 임금은 제때제때 지급하는 것이 서로의 신뢰를 돈독히 하는 길입니다.

돈은 부가적인 가치일 뿐이다

돈 싫어하는 사람은 없죠. 비교적 돈에 어두운 학창시절의 학생들도 친구에게 줄 선물을 사기 위해, 영화를 보고 싶어서 등등의 이유로 돈을 필요로 합니다. 실제로 학생 때부터 꽤 많은 돈을 번 친구가 있어요. 그러나 제 아버지는 학생시절에 돈 버는 것을 좋게 생각하지 않았습니다. 그래서 이렇게 말했죠.

"졸업하면 평생 벌 텐데 뭐 그리 벌써 돈에 안달하느냐."

"돈은 부가적인 가치일 뿐이다."

첫 번째 말은 듣자마자 바로 이해했는데, 두 번째 말은 이해하기까지 꽤 시간이 걸렸습니다.

사회 진입을 앞둔 졸업생들은 기분이 어떨까요? 이제부터 평생 돈을 벌어야 하니 말이에요. 그래서일까요? 졸업을 늦추고 사회 진출도 지연하는 현상이 점점 늘고 있습니다. 젊은 친구들이 저에게 졸업을 앞둔 시기에 뭘 해야 하느냐고 묻는데, 사실 그 시기에는 저도 뭘 해야 할지 몰랐습니다. 학교에서는 선배였지만 사회로 나가면 신입이 되는 상황도 어색했습니다. 개인적으로는 그 후로도 여러 해 더 헤매는 시간이 이어졌습니다.

무엇이든 일을 추진하다 보면 돈이라는 형태가 아닌 무형의 비용과 수익이 존재한다는 사실을 알게 됩니다. 돈을 번다는 것과 사업은 개념이 다릅니다. 돈을 번다는 것은 교환과 차익을 바탕으로 수익을 남기는 것이고, 사업은 가치를 창조해서 세상에 내놓는 일입니다. 이 둘은 엇비슷해 보이지만 엄연히 다릅니다. 장사는 돈을 벌지 못하면 계속할 이유가 없지만, 사업은 그 일에 가치만 있다면 끝까지 견지해나갈 수 있습니다.

예를 들어, 타오바오는 타오바오라는 특정 사이트에 의존하는 독특한 생태계이자 특정 기업의 상업적 포털 안의 세계입니다. 개인은 이 포털을 통해 비용과 문턱을 낮춤으로써 창업과 관련된 여러 가지 문제를 해결할 수 있습니다. 이런 특성으로 인해 특정 포털에 대한 의존이 커질 수밖에 없어요. 포털의 이런 의존적 생태는 외부의 독립적인 커뮤니티와는 다릅니다. 개인의 대중강연 능력이라든가 관리능력, 논리력, 사고력, 판단력 같은 것은 타오바오 생태계 안에서는 크게 요구되지 않을뿐더러 그런 것을 단련할 기회도 없어요. 다시 말해, 타오바오에서 큰돈을 번 사람에게 그 사람만의 운영 비결을 물어봤자 무의미합니다. 타오바오에서의 성공은 개개인의 능력에 좌우되는 것이 아니라 타오바오라는 영역의 특성에 기인하기 때문입니다.

다시 처음의 제목으로 돌아가볼까요. 돈은 부가적 가치일 뿐입니다. 앞에서 제가 길게 언급한 말의 요지는, 사업도 좋고 사람도 좋지만 가장 중요한 것은 자신만의 가치를 보유해야 한다는 겁니다. 이 가치로 인해 당신이 거두게 되는 수익은, 당신이 보유한 그 가치에 부가적으로 따라오는 또 다른 가치입니다. 만약 개당 5위안에 제품을 매입해서 과대홍보로 50위안에 판다면 어떻게 될까요? 당장은 돈을 벌 수 있지만 갈수록 정보 비대칭이 해소되면서 매출도 줄어들고, 후발주자들과의 경쟁으로 인해 이윤폭도 감소할 것입니다.

사람들은 하나같이 "어떻게 하면 돈을 벌 수 있을까요?"라고 묻습니다. 그들에게 "당신이 보유하고 있는 가치는 무엇인가요?"라고 되물으면, 그들은 대개 "지금 수십만 위안 정도의 투자 여력이 있어요"라고 말합니다.

"그 돈을 다 투자하고 돈을 벌지 못하면 어떻게 할 건가요? 그런 위험도 감당할 수 있나요?"

제가 이렇게 묻는 것은 부모의 노후자금이라도 지키기를 바라는 마음에서입니다.

서른 전까지는 돈 버는 것이 1순위가 아닙니다. 정말로 중요한 것은 돈이 부가적으로 따라오게 할 가치, 즉 당신 자신의 가치를 어떻게 창조할 것인가입니다. 여기에는 능력, 사교, 전공, 동문 등 당신이 가진 모든 자원이 동원됩니다. 물론 부모의 금전적 지원이 큰 역할을 할 수도 있겠지만, 오히려 그러한 안정적인 출발이 독이 될 수도 있어요. 당신이 충분히 경쟁력 있는 가치를 보유하기만 하면, 그 가치를 어디에서 어떻게 발휘하든 돈 문제는 걱정하지 않아도 됩니다. 당신이 그 가치를 꾸준히 생산할 수만 있다면, 돈은 끊임없이 따라올 것입니다.

만약 그 가치를 창업에 쏟기로 했다면, 그런 선택도 하나의 '포석'이 됩니다. 인생의 성공은 많은 부분 당신의 '포석'에 따라 결정됩니다. 당신의 가치가 좋은 포석과 만나면, 돈을 벌어야겠다고 조급해하지 않아도 점차 많은 돈을 벌 수 있게 될 겁니다. 투자를 하기로 마음먹었다면 안정적이고 지속적으로 부가 가치가 따르는 일에 투자해야 합니다. 단숨에 큰돈 벌 수 있다는 제안들은 대부분 사기에 지나지 않는다는 것을 명심하세요.

친구와의 동업, 괜찮을까?

최근 친구 회사의 동업자들이 서로 흩어지는 것을 보면서 "친구 사이의 동업은 성공하기 어렵다"고 했던 아버지의 말이 떠올랐습니다. 과거에 제가 투자자로 일할 때 가장 많이 들었던 질문도 "회사 주식은 어떻게 분배해야 할까요?"였습니다. 그만큼 사람들이 이익분배에 어려움을 겪고 있기 때문입니다.

일반적인 동업의 결말은 다음 두 가지입니다. 돈을 제대로 못 벌어서 헤어지거나, 돈을 벌고 나서 헤어지거나. 돈을 벌고도 헤어지지 않는 관계는 극히 드뭅니다.

친구 사이라는 것도 사실은 어느 정도 이익에 대한 기대를 바탕으로 형성된 관계입니다. 여기서 말하는 이익에는 돈도 포함되지만, 칭찬이나 인정, 뭔가를 함께하는 즐거움 등 무형의 요소도 포함됩니다. 우리는 보통 서로에게 허용하는 '비정상'의 수준이 높을수록 그 관계를 '지기知己'라고 부릅니다. 사람은 보통 이익이나 의리를 동기로 하여 무언가를 함께합니다. 친구가 당신의 이사를 돕는다면 그 이유는 의리 때문일 겁니다. 제가 "200위안을 줄 테니 이사를 도와달라"고 했을 때 이사를 도와주는 친구는 이익을 동기로 한 관계예요. 이런 사람과는 처음부터 친구가 될 수 없거나, 친구가 되더라도 당신이 돈을 주지 않으면 떠날 가능성이 높습니다. 돈을 주기로 해서 그가 오더라도, 그는 그 돈이 너무 적다고 생각할 수 있어요. 돈만 합의되면 빠르고 편리하게 이사를 도와주는 상대는 이사업체밖에 없습니다.

동업은 무슨 이유로 할까요? 돈을 벌기 위해서, 즉 이익 동기 때문입니다. 그런데 왜 친구와 동업을 하는가요? 친구, 동창, 친척 등은 의리관계입니다. 이익과 의리는 같이 갈 수 없어요. 한 데 엮으려고 하면 반드시 문제가 생깁니다. 사람의 기대는 계량화하기 어렵기 때문에 더욱 그렇습니다. 사람은 누구나 돈을 좋아합니다. 그래서 돈을 벌지 못하고 있을 때는 좋은 형·동생 사이일 수 있어도, 돈을 벌고 나면 동전 한 푼까지 칼같이 나누려 듭니다. 가장 안타까운 것은 사업계획 단계에서 이익분배 문제로 다투다 헤어지는 관계입니다. 이런 관계는 나중에도 다시 좋아질 가망이 없습니다.

친구끼리 큰 사업을 함께하는 이들을 저는 진심으로 존경합니다. 사업이 어느 정도 커지면 창업 멤버들은 하나둘 흩어집니다. 여기에는 더 이상 남의 밑에 있기 싫다는 마음도 한몫합니다. 영화〈심플 라이프〉속 '아타오'처럼 평생 헌신적으로 일하고 다시금 남에게 도움을 주려고 하는 사람은 흔치 않습니다. 저도 한두 번은 무상으로 누군가를 도와주거나 디딤돌 역할을 해주기는 했지만, 평생 그렇게 할 수는 없는 노릇입니다.

솔직히 저는 돈을 벌고 나서 헤어지는 관계에 대해 뭐라 할 마음이 없습니다. 그러나 동업관계가 해체되는 바람에 창업이 실패하거나, 돈을 벌지 못해서 흩어지는 관계는 너무나 안타깝습니다. 이미 우정을 잃었는데 돈까지 벌지 못했기 때문입니다.

문제를 제기했으면 해결을 보는 것이 제 스타일이에요. 이런 문제의 해결책은 간단합니다. 일단 각자 자신의 본분을 기억하고 끝까지 지키면 됩니다. 사장은 사장으로서의 본분을, 직원은 직원으로서의 본분을 다하면 됩니다. 직원은 일을 한 대가로 월급을 받습니다. 그런데 그 이상을, 이를테면 자신이 한 일이 굉장히 특별하므로 회사 주식의 일부를 달라고 요구한다면, 이것은 본분을 잊은 행동입니다. 사장이 직원의 업무를 특별하게 생각해서 직원의 성과에 따라 회사 주식의 일부를 공유하기로 하는 것은 사장의 본분입니다. 직원이 자신의 직무에 철저하지 못했거나 직무에 비해 과도한 보상을 요구하는 것, 사장이 원칙과 상벌을 분명히 하지 않는 것 모두 본분을 잊은 행동입니다. 기업도 사람도 이런 자세로는 장기적인 성장과 발전을 도모할 수 없습니다.

한 가지 더 중요한 문제가 있습니다. 바로 이익배분입니다. 많은 사람들이 창업 당시에는 서로의 노력을 일종의 무료 노동력으로 여기는 경향이 있습니다. 하지만 사람의 노고는 정확히 계량되는 것이 아니기 때문에 향후 이익을 분배하는 과정에서 문제가 될 수 있어요. 복숭아 두 개로 세 장수를 죽인 이야기二桃殺三士. 춘추시대 제나라의 경공(景公) 휘하의 세 장

요즘 많은 사람들이 돈을 많이 벌어야
성공한 인생을 누릴 수 있다는 경박한 사고에 사로잡혀 있습니다.
돈과 성공은 별개의 문제입니다.
어쩌면 참된 성공은 돈과 성공을 향한 집착에서 벗어날 때라야 비로소 찾아오는 것인지도 모릅니다.

수인 전개강(田開疆), 고야자(古冶子), 공손첩(公孫捷)이 전황을 휘두르자, 이들을 제거하기로 마음먹은 재상 안영(晏嬰)은 "공이 큰 사람이 먹어야 한다"며 복숭아 두 개를 공손첩과 고야자에게 주었다. 그러자 전개강은 큰 공을 이루고도 복숭아를 먹지 못했다며 자결했고, 공손첩과 고야자는 작은 공을 이루고 복숭아를 먹어 수치스럽다며 자결했다도 있는 것을 보면, 이런 다툼은 수천 년 전부터 있었던 모양입니다. 기업 운영이란 어찌 보면 간단한 일이에요. 돈을 내놓은 사람이 사장이 되고, 노동력을 제공하는 사람은 돈을 받으면 됩니다. 당장은 돈을 지급하기 어려운 사정이 있다면, 나중에라도 그 사유가 해소되었을 때 반드시 보상해야 합니다.

각자의 본분을 다하기만 한다면 동업도 그리 어려운 일만은 아니에요. 책임, 권한, 이익이 분명하기만 하다면, 돈을 벌었다고 분란이 일거나 수익이 나지 않는다고 의기소침해지는 일도 없을 겁니다.

그러나 사람은 그렇게 이성적인 존재가 아닙니다. 그래서 차라리 산전수전 나 겪은 베테랑이 카리스마로 상황을 장악해서 사람들의 동의를 끌어내는 것이 중요한지도 모릅니다. 그러나 이렇게 할 수 있는 사람은 많지 않습니다. 그 후에도 모두가 만족할 만한 수준으로 이익을 조율하고 분쟁과 모순을 해소해나갈 수 있어야 하는데, 이렇게 할 수 있는 사람은 더더욱 많지 않아요. 결론적으로, 친구 사이에 동업은 하지 않는 것이 가장 좋습니다.

인간의 고통은 대개 너무 높은 기대에서 비롯됩니다. 그런데 사업을 할 때는 그것이 자기 자신에 대한 기대가 아니라 타인에 대한, 사회에 대한, 고객(사용자)에 대한 기대이기 때문에 더욱 문제가 됩니다. 현실이 잔혹해지는 것은 최고의 기대에 최악의 타산他算이 동반되기 때문입니다. 그러므로 타인에게 너무 많은 기대와 희망은 걸지 않는 것이 좋습니다.

성공은 카피할 수 없지만, 따라 해서 돈은 벌 수 있다

타인의 성공을 그대로 복제할 수는 없습니다. 누군가의 성공은 그 사람 고유의 자원과 배경, 노력, 선택 등에 따른 결과이기 때문입니다. 그러므로 모든 성공은 그것이 사실상 유일한 성공으로, 그와 같은 '제2의 성공'이란 있을 수 없습니다. 많은 경우 실패는 일종의 자기기만에서 비롯됩니다. 실상은 돈을 벌고 싶으면서 '성공해야 돈을 벌 수 있다'는 생각에 성공을 추구하다 실패하게 되는 겁니다.

돈을 버는 것과 성공은 사실 별개의 일입니다. 성공의 결과로 돈을 벌 수도 있지만, 돈을 벌었다고 해서 그게 꼭 성공인 것은 아니에요. 누구도 벼락부자를 두고 '성공한 사람'이라고는 하지 않잖아요. 백화점의 명품점에 가면 싹쓸이 쇼핑을 하는 이런 벼락부자를 흔히 볼 수 있습니다. 저는 이들을 보면서 생각한 적이 있어요. 우리는 삶에 대한 요구 내지 목표를 조금 낮추어야 하는 게 아닐까. 꼭 성공을 하지 않더라도, 사는 데 필요한 돈을 벌 수 있으면 되는 것 아닌가. 그렇지 않은가요? 저는 지금껏 성공한 사람들을 정말 많이 만나보았지만, 그들 중 진정으로 행복하게 살고 있다고 여겨지는 사람은 거의 없었습니다. 오히려 그런 사람들일수록 이루 말할 수 없는 걱정과 스트레스를 안고 있는 경우가 많았어요. 당신도 어느 정도 성공하고 나면, 그때부터 당신의 인생은 당신 비서의 것이 되어버릴 가능성이 높아요. 그러므로 우리가 무슨 하늘이 내린 천재가 아닌 이상 적당히 돈을 벌면서 사는 것도 그리 나쁜 결과라고는 할 수 없을 거예요.

성공의 본질은 가치의 실현이고, 돈벌이의 본질은 차익의 실현입니다. 바꾸어 말해서, 당신이 정말 꼭 성공하고 싶다면 먼저 대체 불가능한 가치를 창조할 수 있어야 합니다. 이때 당신이 버는 돈은 당신이 창조한 가치에 부가적으로 따라오는 겁니다. 현대사회에서 많은 가치들은 금전 그 자체로 체현되거나 금전을 통해 지탱되기 때문입니다. 현대사회에서 돈은 간편한 교역 수단이기도 합니다. 그러므로 어니서든 차익의 가능성을 발견하기만 하면, 적극적으로 그 차익의 실현을 고려해볼 수 있습니다. 그러나 언제라도 차익의 가능성이 소멸하면, 엉덩이 털고 일어나 다른 곳을 알아봐야 합니다.

당신이 아무리 큰돈을 벌었다 해도 그것만으로는 아직 성공했다고 말할 수 없어요. 물론 성공하지 않았어도 상관은 없습니다. 필요한 돈을 벌어 생활을 윤택하게 할 수 있다면, 그것으로도 충분하지 않은가요? 단순히 돈만 벌고자 하는 사람은 성공의 길을 가는 사람들보다 어깨에 짊어진 짐도 적습니다.

자신이 정확히 무엇을 원하는지부터 생각해보세요. 사실은 돈을 벌고 싶으면서 성공의 길을 가려고 하면 십중팔구 실패할 수밖에 없어요. 성공의 길을 가려는 사람은 전략, 비전, 인재, 규정 등 고려해야 할 것이 많습니다. 이 모든 것을 갖추고도 다시금 때를 기다리며 인내해야 합니다. 그러나 돈 자체를 버는 것이라면 간단해요. 고객(수요)이 있는 곳으로 가서, 차익을 도모할 수 있는 무언가를 팔면 됩니다. 여기에는 막대한 투자나 밑천이 요구되는 것도 아니며, 당신의 수완에 따라 얼마든지 이익을 거둘 수 있습니다.

그렇다면 돈을 벌 수 있는 곳은 어떻게 찾을 수 있을까요? 별로 어렵지 않습니다. 당신의 담력과 인내와 노력만 있으면 됩니다. 중국에서는 개혁개방 직후 개체호個體戶. 도시의 개인 상공업자들이 돈을 벌었고, 그 뒤에는 가전업체와 과학기술업체들이 돈을 벌었습니다. 장사로 범위를 좁혀보면, 한때 노점, 전문점, 프랜차이즈 등이 돈을 벌다가 지금은 SNS 기반의 웨이상위챗이나 웨이보 등 SNS 플랫폼을 통해 제품을 판매하는 SNS 상인들이 돈을 벌고 있습니다. 이런 환경에서는 남들이 어떻게 돈을 버는지 참고하면서 나도 그대로 따라 해볼 수 있습니다. 모든 시도가 성공으로 이어지지는 않겠지만, 경험이 쌓이다 보면 자신에게 맞는 방법을 찾을 수 있게 됩니다.

지금 같은 환경에서는 자신과 비슷한 관심사를 가진 사람들끼리 모여 취향이나 정보를 공유하다가 그것이 장사의 기회로도 이어질 수 있습니다. 예를 들어, 누군가가 가재를 팔아 돈을 버는 것을 보았다면 당신도 가재를 팔 수 있고, 여기에 당신만의 연구와 수완을 더해 더욱 큰돈을 벌 수도 있습니다. 이런 건 얼마든지 복제해도 됩니다. 그러나 누군가가 창업을 했다고, 증시상장에 성공했다고 해서 당신도 그대로 따라 하려고 했다가는 돈이나 성공은커녕 심각한 어려움에 처할 수 있습니다.

자신이 원하는 위치와 목표, 자신에 대한 평가를 조금 내려놓을 수만 있다면 훨씬 실제적인 것을 손에 넣을 수 있습니다. 행복하게 사는 법은 어렵지 않아요. 100의 능력으로 80 정도의 일을 하면 됩니다.

Chapter 12

돈을 보지 말고
미래를 보라

업종을 전환할 때 고려해야 할 것들

이사를 하면서 도어락을 교체할 일이 있었습니다. 제가 지난 1년간
사용해온 도어락은 저희 커뮤니티의 한 회원이 선물한 것이었습니
다. 지문인식 기능이 있는 고급 제품으로, 가격이 무려 6,000위안대
였어요. 도어락에 지문인식 기능이 있어서 좋은 점은 평소 열쇠를 가
지고 다닐 필요가 없는 점, 가족들의 지문만 등록해놓으면 가족이 베
이징에 올 때마다 자유롭게 드나들 수 있다는 것 등이었습니다.

하루는 제게 도어락을 선물한 회원이 자신의 미래와 관련된 고민
이 있다며 상담을 청해왔습니다. 그는 지난 1년간 도어락 판매에 별

다른 성과가 없어서 새로운 영역에 도전해보려고 생각하고 있었어요. 그가 관심을 갖고 있는 두 영역은 P2P금융peer to peer finance, 개인 대 개인 간 금융, 인터넷 환경을 통해 좀 더 합리적인 이자율로 자금을 필요로 하는 대출자와 투자자를 연결, 거래를 성사시키는 금융 플랫폼과 O2Oonline to offline, 온라인으로 상품을 주문하면 오프라인으로 제품이 제공되는 서비스 플랫폼여행으로, 둘 다 상당한 기술력이 요구되는 사업이었습니다. 그에게는 미안한 말이지만, 저는 반대했습니다. 두 영역은 모두 전문 기업들로 이미 포화상태여서, 업계의 문외한인 그가 업종 전환 차원에서 선택하기에는 무리가 있었기 때문입니다. 그러나 이 친구는 오랫동안 고민해온 길이라며 마음을 접고 싶어 하지 않은 눈치였습니다. 저는 다시 한 번 말했습니다.

"자네는 이미 성공 가까이에 와 있는데, 왜 굳이 비현실적인 길을 가려고 하나?"

그리고 재차 물었습니다.

"그동안의 판매실적은 왜 좋지 않았다고 생각하나?"

"제품이 워낙 고가라서 그런 것 같습니다. 일반인이 어떻게 도어락에 수천 위안을 쓸 수 있겠어요?"

"자네의 말 속에 이미 원인과 해결의 실마리가 있는 것 같은데. 현재의 고객들은 이미 고소득자 아닌가? 그런데 왜 그 고객들과는 위챗 친구추가를 하지 않고 있지?"

사실 저는 1년 전에도 이와 비슷한 제안을 한 적이 있습니다. 저는 그에게 전국 각지의 대리상들과 위챗 친구추가를 하면 업계 내에서의 영향력이 한층 높아질 거라고 말했지만, 이 친구는 듣지 않았습니다.

친구추가를 하는 방법은 간단합니다. 첫째, 도어락을 구입한 고객에게 설치기사를 보내는 대신 자신이 직접 가서 고객과 소통하다 보면, 그 고객과 위챗 친구추가를 하는 것쯤 어렵지 않습니다. 어차피 그가 판매하는 도어락은 나이든 고객에게는 불편할 수도 있을 만큼 사용법이 다소 까다로워서, 처음에는 상세한 설명과 연습이 필요한 제품이기도 합니다. 둘째, 오래된 고객에게는 제품 설치와 배터리 교환을 무료로 해줄 수도 있을 겁니다. 이렇게 하면 오랫동안 제품을 구입해준 고객들의 호감을 얻을 수 있습니다. 이렇게 1년만 하면 고객은 1,000~2,000명까지 늘릴 수 있고, 그 다음부터는 모든 게 쉬워집니다. 반면 P2P금융이나 O2O여행 사업은 이보다 훨씬 복잡합니다. 신경 써야 할 문제가 많고, 섬세한 서비스도 필요합니다.

제품을 설치하러 갈 때는 나무팔찌라든가 보석, 액세서리 같은 것을 같이 가져가보아도 좋을 것 같습니다. 돈이 많은 사람들이라면 분명 관심을 가질 만한 아이템이니까요. 이렇게 하면 제품당 300~500위안의 추가소득을 올릴 수 있으면서도 현재의 일에는 별 영향을 미치지 않습니다. 굳이 낯선 분야로 진출해서 미래의 불확실성만 높일 필요가 있을까요.

과거에는 거래가 이루어지고 나면, 그것으로 고객과의 교류는 끝이었습니다. 거래 후에도 고객이 찾아온다는 것은 A/S와 관련된 불

편한 일일 가능성이 높았습니다. 지금은 달라요. 거래가 성사되었다는 것은 본격적인 제품 체험의 시작을 의미합니다.

많은 사람들이 기존의 분야에서 성공하지 못하면 '아예 업종을 바꾸어볼까' 생각해요. 그러나 이런 선택은 대단히 위험합니다. 지금까지 쌓아온 다년간의 경험을 버리고 새로운 분야에서 다시 시작해야 하기 때문입니다. 자신이 본래 잘하는 영역의 근처에서 기회를 찾을 때 성공 가능성도 더욱 높아질 수 있습니다. 고기만두 판매를 해온 한 여성은 만두사업에서 손을 뗄 생각으로 저에게 자문을 구했던 적이 있습니다. 그러나 그녀는 방향을 완전히 바꾸기보다, 해오던 일의 연장선상에 있는 수육 판매에서 새로운 돌파구를 찾았습니다.

자원도, 성공의 기회도 실은 우리 가까이에 있습니다. 그것을 바라보지 못하는 이유는 그 전까지의 경험에 너무 오래 얽매여 있었기 때문인지도 모릅니다. 생각의 방향을 조금만 바꾸어보면, 성공은 언제나 내 근처에 있었다는 사실을 발견하게 될 겁니다.

투기와 투자

인터넷이 대세를 이루자, 직장에 사표를 내고 인터넷 사업에 뛰어들고 싶다는 친구가 있었습니다. 지금은 잠시 냉정을 되찾고 결정을 보류하는 중입니다. 다행이라고 생각합니다. 이런 식으로 사업에 뛰어드는 사람은 백이면 백 실패할 가능성이 높거든요. "그래도 마화텅^{텐센트의 회장 겸 CEO}은 성공하지 않았느냐"고 반문하는 사람도 있을 수 있겠네요. 하지만 생각해보세요. 그 당시 창업에 뛰어든 사람이 마화텅 한 사람이었을까요? 그런데 그들은 다 사라지고 마윈^{馬雲, 중국 알리바바 그룹의 창시자이자 회장. 입지전적인 성공 신화의 주인공이다}과 마화텅 정도만이 살아남은 겁니다.

투기와 투자는 둘 다 돈과 시간을 어떤 일에 쏟아붓는다는 점에서 비슷하지만 결과는 완전히 다르게 나타납니다. 투기는 높은 리스크를 동반하면서 최대한의 이윤을 추구하는 것이고, 투자는 리스크를 낮추는 대신 안정적인 결과를 추구하는 겁니다. 이 둘은 리스크 통제와 이윤추구 면에서 상반되지만, 행위의 성격이 비슷하다 보니 혼동하는 사람들이 많아요. 즉 본인은 투자를 하고 있다고 말하지만, 실은 투기를 하고 있는 경우입니다. "돈을 벌려면 투자를 잘해야 한다"

고 말하면서 실상은 돈을 투기에 쏟아붓고 있는 겁니다.

"돈이 많다면, 많이 투자하고 적게 투기해야 한다"고 말한 강사가 있었습니다. 그는 "돈이 있는 사람에게 가장 중요한 것은 일단 원금을 지키는 것"이라는 말도 했습니다. 이것은 많은 부자들이 부동산 축적에 매달리는 이유이기도 합니다. 이 말은 다른 한편으로, 돈이 없는 사람은 투기가 아니고서는 인생역전의 기회가 없다는 뜻이기도 합니다.

많은 사람들이 새로운 가치를 창조하겠다는 마음보다는 당장의 월수입이 너무 적다는 이유로 창업을 생각합니다. 창업은 자신을 위해 일하는 것이므로 버는 돈은 모두 자기 것이고, 실패하더라도 자신의 선택이었으니 자신이 책임지면 된다고 생각합니다. 그러나 이것은 도박을 하거나 복권을 사는 사람의 마인드에 더 가깝습니다. 창업의 실패율이 왜 그렇게 높을까요? 제가 보기에는 돈 벌 생각만 하기 때문입니다. 그들은 이익만 생각하다 가치를 망각합니다. 그러나 실은 가치야말로 이익의 핵심입니다. 만약 돈 버는 것이 목적이라면 창업보다는 장사를 해야 합니다.

하루는 어떤 금융 고수가 수백 배로 수익을 돌려주는 상품이 있다고 비밀스럽게 속삭였습니다. 처음 들었을 때는 무슨 월가^{Wall Street}의 상품인가 했어요. 자세히 들어보니, 그는 위어바오^{중국 알리바바의 금리지급 수익상품}에 1만 8,000위안을 넣어두고 있는데 매일 나오는 2위안의 이자로 쌍색구^{雙色球. 한 장에 2위안에 판매하는 중국의 대표적인 복권}를 구입하고 있다고 했습

당장의 이익에 급급하여 내 안에 쌓이는 것이 없으면
위기가 닥쳤을 때 큰 어려움에 처할 수 있습니다.
인생을 길게 보고 조금씩 실력을 축적해가세요
내적 자산과 자기만의 브랜드가 '나'를 지탱하는 가장 강력한 힘입니다.

니다. 사실 이것은 위어바오 홍보 영상의 한 장면입니다. 그런데 이 장면이 투자와 투기의 차이를 극명하게 보여주고 있습니다. 위어바오에 돈을 넣어두는 것이 투자라면, 이자로 쌍색구를 구입하는 것은 투기에 해당합니다. 투자의 전제는 원금을 지킬 수 있는가이고, 투기가 추구하는 것은 이익극대화입니다. 현금을 현금으로만 보관하면 이자가 붙지 않겠지만, 최소한 원금은 그대로 지킬 수 있습니다. 그러나 복권을 사면, 당첨이 되지 않을 경우 복권값 2위안은 돌려받지 못합니다. 이 2위안의 손실은 부자가 될 수도 있었던 기회를 구매한 비용에 해당합니다.

그러므로 지금 자신이 하고 있는 일이 투자인지 투기인지 판단하기 위해서는 이 2위안에 해당하는 돈을 어떻게 쓰고 있는지를 보면 됩니다. 2위안을 어딘가에 차곡차곡 쌓아두고 있다면, 나중에 그대로 되찾을 수 있으므로 이것은 투자에 해당합니다. 그러나 이 2위안이 나중에도 남아 있을지 보장할 수 없는 데에 쓰고 있다면, 이것은 투기예요. 둘 중 한 방법을 정했다면, 그 다음에는 자신이 그 방법에 수반되는 리스크를 감당할 수 있는지 생각해보아야 합니다.

여기서 말하는 리스크는 돈만 해당되지 않습니다. 돈은 차라리 감당하기 쉬운 리스크일 수도 있어요. 정말로 큰 리스크는 바로 시간입니다. 당신이 창업을 했다가 5년 후 실패한다면, 다시 취직이나 아르바이트를 할 수 있을까요? 한번 창업을 한 사람은 다시 창업을 하려는 경향이 있습니다. 창업을 했다가 취직이나 아르바이트 생활로 돌아가는 것을 심리적으로 받아들이지 못하기 때문입니다. 창업의 또 다른 리스크는 '기회'입니다. 만약 당신이 취업노동을 계속하고 있었 다면, 지금쯤 승진을 했거나 업계의 전문가가 되었을 수도 있습니다. 그렇게 될 수도 있었던 기회를 잃은 것 역시 창업 실패의 비용입니다. 투기에 해당하는 이런 선택을 할 때는 그 선택으로 얻을 수 있는 수익 이 기회 등의 비용보다 큰가를 반드시 생각해보아야 합니다.

당연한 말이지만, 투자도 신중해야 하지만 투기에는 더더욱 신중 해야 합니다. 이 세상에 상상도 못했던 일이 일어날 확률은 그리 높 지 않습니다. '어디 한번 해볼까' 하는 생각은 2위안이라는 돈에 해당 합니다. 그런데 이 2위안으로 당첨되기를 꿈꾸는 돈이 500만 위안이 라면, 이것은 도박입니다. 이런 허황된 생각은 애초에 품지 않는 것 이 좋습니다.

성공으로 이끄는 세 가지 키워드

최근 저는 여러 활동에 참여하면서 요즘은 '고참'이라는 말이 너무 가 볍게 쓰이고 있다는 사실을 알게 되었습니다. 사실 '고참'이라는 말 자체가 의미가 다소 불분명하기는 해요. 저는 대학시절, 친구들과 함 께 열심히 성공학 강연을 들으러 다녔습니다. 무엇무엇을 배우면 돈 을 많이 벌 것이다, 하는 말을 들으며 10년을 돌아다녔지만 무엇 하나 제대로 이루어진 일이 없었어요. 결국 '고참'이라는 것은 시간이 흐르면 저절로 도달하는 단계가 아니므로 신중하게 써야 할 말입니다. 나중에는 이런저런 '신참'들도 늘어나기 시작했습니다. 이제 막 무언가를 시작한 사람들을 가리키는 이 말은, 막상 어떤 문제나 어려움과 맞닥뜨리면 다른 누군가가 해결해주기를 바라는 사람이라는 뜻으로도 쓰이고 있습니다.

저는 이런 문제를 해결할 수 있는 키워드로 '신참'들에게 다음의 두 세트를 제시하고자 합니다. 한 세트는 "잘 듣고, 잘 따르고, 실행하라"는 것이고, 한 세트를 더 보탠다면 "천천히, 너무 늦지만 않게"라고 말하고 싶습니다. 그러나 '고참'들에게 해주고 싶은 말은 "때를 알아보고, 본질에 집중하며, 기술적 발전을 꾀하라"는 것입니다.

때를 알아본다는 것은 대세에 순응할 줄 알아야 한다는 의미입니다. 최근 들어 위챗 마케팅이 잘나가는 것 같다고 말하는 사람들이 많아졌습니다. 그런데 그들이 직접 뭔가를 연구하고 분석해서 하는 말일까요? 당장 위챗 마케팅이 형성하고 있는 큰 시장이 모두의 눈에 보이기 때문입니다. 이런 시기에 굳이 타오바오로 가봤자, 당신이 아무리 출중한 능력을 가지고 있다 해도 크게 성공하기는 어렵습니다. 또 한 가지 경계해야 할 것이 있습니다. 위챗 마케팅으로 성공을 거두더라도 그것이 자신의 능력 때문이 아니라 어디까지나 대세와 여건 덕분이라는 것을 잊어서는 안 된다는 겁니다. 그래야만 성공의 한복판에서도 판단착오에 빠지지 않을 수 있고, 예상치 못한 위기가 닥쳤을 때도 휘청거리지 않을 수 있습니다.

본질에 집중한다는 것은 어떤 일에 대해서든 표면에 현혹되기보다 사안의 본질을 알려고 한다는 뜻입니다. 예를 들어 전자상거래의 본질은 트래픽과 링크이고, 웨이상의 본질은 소셜네트워크(관계망)를 바탕으로 한 감성 마케팅입니다.

기술적 발전이라는 말의 의미는 어렵지 않습니다. 정말로 우수한 기술을 유지해야 한다는 뜻입니다. 소위 얕은꾀나 잔재주로 인해 한때 반짝 효과를 볼 수도 있지만, 큰 틀에서의 결과를 바꾸지는 못합니다. 잔재주는 그야말로 자잘한 재주일 뿐이에요. 신참들에게는 스즈키 알토Suzuki Alto나 아우디Audi가 달라 보이지 않겠지만, '고참'들의 눈으로 보면 둘은 하늘과 땅 차이입니다.

지금은 많은 사람들이 여러 방면으로 치열하게 노력하고 있습니다. '108가지 비결'이니 '360개 테크닉'이니 하는 것들이 다 그런 노력의 일환입니다. 그런데 모두가 그런 걸 배우고 있다면, 당신은 앞으로 어떻게 해야 할까요? 그런 비결이나 테크닉이 그렇게 대단한 것이었다면, 당신에게는 과연 어떤 효과가 있었는가요? 벌써 이 부분에서 논리적 허점이 드러나고 있습니다. 뭔가 대단해 보이는 화려한 수단들이 한창 사람들의 시선을 끌고는 덧없이 사라지고 있어요. 수단은 어디까지나 목적을 이루기 위해, 본질을 구현하기 위해 사용되는 것입니다. 그리고 이 목적은 대세를 만나야 비로소 이루어질 수 있습니다. 웨이상 준비반을 운영하며 강연을 해오던 1990년대생 친구에게 저는 강연 주제를 문안 마케팅으로 바꾸어보는 게 어떻겠냐고 제안한 적이 있습니다. 웨이상은 그 범위가 좁고 준비반 수강 효과도 한계가 있는 반면, 문안 마케팅은 활용범위가 훨씬 넓기 때문입니다. 제가 이런 사실을 모멘트에서 공유하자, 한 기업과 유명 극작가가 이 친구와 합작을 논의하고 싶다며 이 친구와 연락할 방법을 문의해왔습니다. 이런 기회는 앞으로도 이 친구의 활동을 한 차원 높게 끌어올려줄 겁니다. 이 친구는 정확히 언제까지 이어질지 알 수 없는 대세에만 의존하는 대신, 사회가 필요로 하는 자신만의 기술을 갖게 되었습니다. 이제부터 이 친구는 웨이상 트렌드의 기복에 영향을 받지 않고, 광고 문안이나 기업홍보 문안, 제품 카피 등 더 넓은 수요 속에서 자신의 위치를 구축하게 될 것입니다.

성공하고 싶은 '신참'들은 이미 성공한 사람들에게서 많이 듣고 배우려고 노력해야 합니다. 그래야 본인도 언젠가 성공할 수 있습니다. 결과를 바꾸고 싶다면 먼저 행동을 바꾸어야 하고, 행동을 바꾸려면 먼저 생각을 바꾸어야 합니다. 근본 차원에서 변화가 일어나야만 최종결과도 바꿀 수 있습니다. 남들은 생각 못했을 것 같은 얕은 수들은 사실 이미 남들이 다 써본 것들입니다. 이런 유혹에서 벗어나는 방법은 간단합니다. 너무 많이 생각하지 말고 우직하게 실행을 지속해나가는 것. 즉 남은 관건은, 실행력입니다.

행복한
성공을

만드는
요소들

성공이란 하루하루 축적되어온 노력의 결과이지 어느 한 순간에 일어나는 마법 같은 것이 아닙니다. 성공에 조급해진 나머지 서두르다가 길을 잃는 것만큼 낭패가 없어요. 게다가 어찌어찌해서 요행히 성공을 이루었다 해도 그것은 또 그것대로 두려운 일입니다. 왜 한국이나 일본처럼 부유하고 질서 정연한 나라의 자살률이 높을까요? 삶의 행복이란 어떤 것을 향해 나아가는 희망과 동반되기 때문이 아닐까요? 작은 일을 하며 적은 돈을 버는 노력을 지속하세요. 이러한 일은 생계를 유지하는 것뿐만 아니라 자신을 단련하는 과정이기도 합니다. 이러한 노력 속에 찾아온 기회를 통해 이루어진 성공은 결코 당신을 흔들지 않습니다.

Chapter 13

돈을 벌고 싶은가,
성공하고 싶은가

집 안 청소도 못하면서 어찌 천하를 일소하랴

후한 시대의 진번陳蕃은 열다섯 살부터 혼자 살기 시작했는데 방이 아주 어지러웠다고 합니다. 소년의 아버지와 같은 마을에 살았던 지인 설근薛勤은 소년의 집을 방문했다가 나무랐어요.

"어찌 집 안 정돈도 하지 않은 채 손님을 맞이하는가?"

그러자 소년이 대답했죠.

"무릇 대장부란 세상으로 나아가 천하를 일소해야지요. 집 안에만 연연해서야 되겠습니까?"

당차게 말하는 소년의 포부를 보고 설근은 이 아이가 크게 될 그릇임을 짐작했습니다. 결국 이 소년은 지금의 국무총리에 해당하는 삼공三公의 지위에 올랐으니, 설근의 안목이 틀리지는 않았던 거죠. 〈등왕각 서滕王閣序〉라는 글에는 "이곳에서 나는 물산은 아름답고 다채로워 하늘이 내린 보배 같고, 용천검龍泉劍의 광채가 견우성과 북두성 사이를 쏘아 비추었다. 이곳은 인재가 뛰어나고 땅에는 영기靈氣가 있었으니, 서유徐孺도 이곳 태수인 진번陳蕃에게는 걸상을 내려주며 맞이하였다"라는 문장이 있습니다. 진번은 이런 글에도 나올 만큼 유명한 인물이 되었습니다.

가만, 그런데 왜 아직 '집 안 청소도 못하면서 어찌 천하를 일소하랴'는 말이 나오지 않는 것일까요? 마침 저도 그 이야기를 하려던 참입니다. '집 안 청소도 못하면서 어찌 천하를 일소하랴'는 훗날 사람들이 덧붙인 말입니다. 저 이야기가 세간의 사람들 입에 오르내리는 동안 '소년 진번은 설근에게서 바로 저 말을 들었기 때문에 분발해서 삼공의 지위에 오른 것'이라는 식으로 각색된 것이죠. 참 바람직해 보이는 결말이기는 하나 사실과는 다릅니다.

청대의 유용劉墉이라는 문학가도 소년 시절에 진번과 같은 일이 있었던 모양입니다. 소년의 아버지가 아들을 호통치면서 한 말이 바로 "네 방 하나 정돈하지 못하면서 어찌 국가 대사를 다스리겠느냐?"였습니다. 이 말이 민간에 퍼지는 과정에서 '집 안 청소도 못하면서 어찌 천하를 일소하랴'로 바뀌었어요. 아버지의 말을 들은 유용은 "그러므로 군자의 배움은 그 시작을 신중히 해야 한다"고 깨달았습니다.

이 말은 성공하고자 하는 사람은 시작부터 한 걸음 한 걸음 착실히 내딛는 습관을 길러야 한다는 뜻입니다. 그런데 후대 사람들이 보기에 문학가의 지위는 삼공만큼 높지 않았던 탓일까요. 이 이야기는 청대 문학가의 일화가 아닌, 훗날 삼공의 지위에 오른 사람의 일화로 둔갑하게 되었습니다.

사실 일화의 경위는 중요하지 않습니다. 제가 하고 싶은 말은 '상반된 두 가지 관점'에 관한 것입니다. 어째서 첫 번째 이야기의 소년은 자기 방도 깨끗이 치우지 않았는데 국무총리가 되었고, 두 번째 이야기의 소년은 아버지의 가르침을 받고 자신을 개혁한 끝에 고작(?) 문학가가 되었을까요? 이런 결과는 일반 사람들의 가치관에 잘 들어맞지 않습니다.

이런 문제에 대해 '자기 방을 깨끗이 치우지 않는 사람은 국가 대사를 수행할 수 없는가'라는 제목으로 블로그에 글을 쓸 수도 있을 것입니다. '수행할 수 있다'고 생각하는 사람이라면, "큰일을 하는 사람은 작은 일에 얽매이지 않기 마련이다, 대범한 자세로 전심전력을 다하면 얼마든지 성공할 수 있다"고 주장할 것입니다. '수행할 수 없다'고 생각하는 사람이라면, "천 리 길을 가는 사람도 한 걸음부터 시작하는 법이다, 착실한 한 걸음 한 걸음이 쌓이지 않으면 천 리 밖의 목적지에도 다다를 수 없다"고 말할 것입니다. 어느 쪽이 맞을까요? 저는 둘 다 일리가 있는 동시에, 둘 다 틀릴 수 있다고 생각합니다. '당신이 누구인가'에 따라서.

우리는 흔히 어느 한쪽이 맞으면 다른 쪽은 반드시 틀렸다는 식으로만 생각합니다. 자기 방을 깨끗이 치우지 않는 것은 옳은가요, 옳지 않은가요? 옳다면 아무도 자기 방을 치우려고 하지 않을 것입니다. 하지만 귤도 회수淮水를 넘어가면 탱자가 되듯이, 세상사에 그 자체로 옳고 그름이란 없습니다. 방 청소 여부에 대한 판단은 그 사람이 누구인가에 따라 달라질 수 있습니다. 즉, 자기 방을 잘 치우지 않는 것이 충분히 옳을 수도 있습니다. 연구에 빠져 있던 뉴턴이 배가 고파 간식으로 달걀을 삶아먹으려고 했는데, 나중에 냄비를 열어 보니 달걀 대신 회중시계가 들어 있었다는 이야기가 있습니다. 그러나 사람들은 뉴턴에게 "달걀과 시계도 구분 못하느냐"고 나무라지 않아요. 그만큼 연구에 '몰두했다'고 생각하죠. 그러면서 남들에게는 "뉴턴 같은 천재도 아니면서 방 청소도 안 하다니, 넌 왜 그렇게 사니?"라고 나무랍니다.

우리는 불안해지기 시작합니다. 특히 IQ가 낮은 사람들은 어느 쪽이 옳은지 확실하지 않으면 어떻게 해야 할지 몰라 불안을 느낍니다. 그렇다면 IQ가 높은 사람은? 어느 쪽이 옳고 그른지 확실해도 불안을 느끼기 쉽습니다. 여전히 자신의 미래가 보이지 않기 때문이죠.

결국 모든 것은 자기 자신을 정확히 알고, 그런 자신을 수용하는 문제로 귀결됩니다. 자신이 어떤 사람인지 알아야 자신을 인정하고 수용할 수 있습니다. 자신을 수용한다는 말은, 자신의 수준을 정확히 알아야 그 이상을 기대했다가 절망하는 일도 없다는 뜻입니다. 지금껏

266

당신이 "꿈은 무조건 커야 한다"는 말에 취해 있었다면 더더욱.

제가 줄곧 안정적인 스타일로 목적을 이루어나가기를 강조하는 이유는, 우리 대부분은 평범한 사람이지 국무총리가 될 재목은 아니기 때문입니다. 그렇다면 우리는 한 걸음 한 걸음을 착실히 쌓는 방향으로 가야 합니다. 이렇게 말하면 누군가는 "정말 국무총리가 될 수도 있었던 사람이 큰곰 선생님 말을 듣고 평범해지면 어떡해요?"라고 물을지도 모릅니다. 걱정 마시길. 그럴 일은 없습니다. 국무총리가 될 정도의 사람이라면, 저 정도의 말에 영향을 받거나 휘둘릴 일도 없을 테니까요. 설마 "그럼 나도 큰곰 선생님 말을 듣지 않으면 국무총리가 될 수 있겠구나!"라고 생각하지는 않겠지요!

부디, 자신의 수준에서 너무 멀리 나가지는 마시길.

의식의 넓이보다는 깊이와 높이를 키워라

지금처럼 정보통신이 발달한 시대에는 누구나 여러 가지 수단을 통해 세상의 소식을 쉽게 접할 수 있습니다. 이런 수단은 우리의 의식을 확장시켜줄 뿐 아니라 어떤 업계에 발전 잠재력이 있는지, 어떤 비즈니스 모델이 폭발적으로 성장하고 있는지 두루 알 수 있게 해줍니다. 이런 식으로 사람의 의식은 얼마든지 확장될 수 있습니다. 그러나 당신의 시야와 안목은 어디까지나 당신의 고도에 달려 있습니다. 바꾸어 말하면, 눈앞에 펼쳐진 광활한 세계는 당신이 지금보다 한 단계 위로 올라서야만 더욱 확연히 볼 수 있습니다. 수많은 매체를 통해 다양한 정보와 소식을 접한다 해도 그로 인해 고도와 안목이 비약적으로 높아지는 것은 아닙니다. 바로 여기서 모순이 생겨납니다.

지금 중국에는 제2의 마윈을 꿈꾸는 사람이 굉장히 많습니다. 특히 '성공은 카피할 수 있다'는 거짓말이 난무하기 시작하면서 창업 지망생들의 피를 더욱 뜨겁게 하고 있어요. 이들은 자신이 목도하는 성공 스토리가 얼마간의 가공을 거친 결과라는 것을 알지 못하고, 자신도 똑같은 결과를 카피할 수 있다고 생각합니다. 그 결과 너도나도 뛰어들다 머리가 깨지고 피가 흐르는 사태를 면치 못하고 있습니다. 의식의 넓이는 충분할지 모르나 높이와 깊이가 부족하기 때문입니다.

이렇듯 의식만 크고 깊이와 높이가 부족한 사람은 삶이 고통스러워질 수밖에 없습니다. 이들은 대체로 자신에 대한 기대는 한없이 높은 반면, 그 기대를 실현할 능력은 턱없이 부족합니다. 그럼에도 자기 자신은 바라는 바를 실현할 수 있다고 믿어요. 바로 이것이 지금 중국 젊은이들이 보편적으로 가지고 있는 폐단입니다. 저마다 자신이 다음 번 승자가 되리라고 생각하면서 정작 눈앞의 일은 똑바로 고려하지 않습니다. 많은 젊은이들이 저에게 와서 말합니다.

"저는 큰일을 할 사람이라고요. 지금은 과도기일 뿐이에요!"

그러나 저로서는 '집 안 청소도 못하는데 어찌 천하를 일소하랴'라는 말만 떠오를 뿐입니다.

고대에는 견식과 삶을 바라보는 안목의 수준이 거의 일치했습니다. 아무래도 글을 읽은 사람이 농사만 지어온 사람보다는 세상을 잘 이해하고 더 많은 정보와 방법을 알고 있었죠. 그러나 현대에 들어오면서는 견식과 안목의 수준 사이에 괴리가 나타나기 시작했습니다. 지금은 누구나 전 세계에서 일어나는 모든 일을 알 수 있습니다. 즉 견식의 차이는 크지 않습니다. 이런 때일수록 안목과 이해의 중요성이 커지는데, 이러한 것은 자신이 한 단계 높이 올라서야만 얻을 수 있습니다.

그러므로 각종 정보의 홍수 속에서 자아도취하기보다는, 자신의 내면을 다듬고 자신의 능력을 발견하면서 안목과 시야를 높여가려고 노력해야 합니다. 당신의 고도를 결정하는 것은 당신이 '무엇을 하고 싶어 하는가'가 아니라 당신이 '무엇을 실제로 했는가'입니다.

우리는 새로이 어떤 영역에 진입할 때마다 나름의 결과물과 함께 새로운 마인드를 얻게 됩니다. 예를 들어, 당신이 2,000위안을 벌다가 10만 위안을 벌게 되면, 마인드가 달라지고 삶을 바라보는 시야 또한 크게 달라집니다. 큰돈을 벌었으면 좋겠다고 상상만 할 때 자신이 해야 하는 일과 그런 돈을 이미 가졌을 때 자신이 해야 하는 일은 다를 수밖에 없어요. 그러나 당신은 아직 그런 단계에 있지 않기 때문에 무엇을 해야 하는지 상상하지 못하고 있을 뿐입니다.

중요한 것은 자기 앞에 놓인 일부터 차근차근 해나가면서 땅 위에 굳게 발 딛고 선 채 별이 빛나는 하늘을 바라보는 것입니다. 세상에

는 처음엔 보잘것없어 보이다가도 나중에 가서야 상상했던 이상으로
가치가 폭발하는 일이 많습니다.

나아가는 것이 용기라면, 멈추는 것은 지혜다

이런 이야기가 있어요. 범선 경주에서 가장 앞서가던 배가 수로가 두
갈래로 갈라지는 지점에 가까워졌습니다. 두 갈래 중 풍력을 받아 가
속이 가능한 길은 한 쪽뿐인데, 어느 쪽이 그 길인지 판단하기가 어
려웠어요. 만약 자기 팀이 틀린 길을 택하고 상대팀이 맞는 길을 택
하면, 승부가 뒤집어질 수도 있습니다. 이런 때에는 어떻게 하면 좋
을까요? 정답은 일단 멈춰보는 것입니다. 멈춰 서서 2등 범선이 어떤
길로 가는지 지켜본 뒤 그 배가 바람을 받는 방향을 확인하는 것입니
다. 1등 팀은 이미 출중한 실력을 갖추고 있으므로 같은 조건에서 다

시 경주를 해도 상대 팀을 앞지를 가능성이 충분합니다. 이 이야기에서 1등으로 들어온 범선의 이름은 다름 아닌 '펭귄호^{펭귄을 마스코트로 하고 있는} ^{텐센트는 중국에서 '거대 펭귄'으로도 불린다}'입니다. 이런 방식이 썩 도전적으로 보이지는 않지만 '일단 멈춘다'는 발상은 확실히 지혜로운 것입니다. 그래서 텐센트가 중국 최대의 인터넷서비스업체가 되었는지도 모릅니다. 어떤 분야를 처음 개척하겠다고 나서는 도전정신은 분명 가치가 있지만 때때로 그것은 위험천만한 선택이 되기도 합니다.

저는 지금 기업전략에 대해 이야기하려는 것이 아닙니다. 다만 위의 이야기로 포문을 연 것뿐입니다. 중국은 왜 항상 축구가 약할까요? 다들 땅만 보고 공을 따라갈 뿐 고개를 들어서 사람을 보지 않기 때문입니다. 장자^{莊子}도 "잠시만 참으면 풍랑이 가라앉고, 한 걸음 물러나면 넓은 바다와 푸른 하늘이 펼쳐진다"고 하지 않았던가요. 물론 그렇다고 해서 중국 축구가 약한 데 대한 위로가 되지는 않지만 말입니다.

하루는 어떤 여성 사업가와 함께 식사를 했습니다. 그녀는 진행하고 있던 사업이 동업자들의 반목 때문에 어려움에 처해 있다고 했어요. 이때 그녀 앞에는 크게 세 가지 선택지가 놓여 있었습니다. 일을 망쳐버리거나, 철저히 상관하지 않거나, 자기 몫의 이익을 포기하고 깨끗하게 물러나거나. 그녀는 고심 끝에 세 번째 방법을 택했습니다. 막상 그녀가 이렇게 나오자, 다른 동업자들도 더는 갈등을 지속할 수 없었습니다. 동업자들은 미안하게 되었다고 하면서 그녀에게 수만 위안을 사례했습니다. 모두에게 만족스러운 해결책은 아니었지만, 분쟁은 멈추었고 일이 완전히 중단되는 것도 막았습니다.

이 이야기의 메시지는 분명합니다. 일에는 실력도 중요하지만, 장악력이 더더욱 중요하다는 사실입니다. 실력이 부족하면 장악력을 갖기 어렵고, 장악력이 없으면 분쟁을 지속해도 올바른 결과를 얻을 수 없습니다. 이런 때는 차라리 뒤로 한 걸음 물러나 자신에게 더 큰 공간과 자유를 주는 것이 가장 좋은 방법이 될 수 있습니다.

능력보다 욕망이 크면 뜻대로 되지 않는 일이 많습니다. 그러나 능력이 욕망보다 크면 스스로 만족할 수 있습니다. 물론 세상에는 전자인 사람들이 훨씬 많아요. 마윈은 사업 초기에 5,000만 위안을 투자받을 수 있는 상황에서 자신은 3,000만 위안이면 충분하다며 투자금을 낮추었다고 합니다. 이 또한 스스로 한 걸음 물러나는 지혜입니다. 제가 주식을 할 때 간혹 손해를 보았던 이유는 기대한 수익이 났는데도 불구하고 매도하지 않고 있다가 주가가 떨어지자 손해를 보고는 팔 수 없어서 자금이 묶이는 신세가 되었기 때문입니다. 수익이 났든 손해가 났든 당초 계획한 대로 일을 진행하고 더 이상 욕심 부리지 않으면, 어떤 일도 위험한 지경까지는 가지 않습니다. 사소한 이익이나 공짜에 길들여지다 보면, 마지막에 가서 참담한 궁지에 빠지고 말 가능성이 커집니다.

능력 있는 사람은 자신이 무엇을 원하는지 알고, 어떻게 얻어야 하는지도 알고, 얻은 뒤에는 어떻게 해야 하는지도 압니다. 그러나 다수의 평범한 사람들은 자신이 무엇을 원하는지 알지만, 어떻게 얻을 수 있는지는 알지 못합니다. 뿐만 아니라 얻은 뒤에는 더 많은 것을 원하기까지 합니다. 기업이 경영을 못해서 망하는 것은 안타까운 일이 아니에요. 정말로 안타까운 일은 천천히 성장했다면 좋은 기업이 될 수도 있었는데, 많은 일을 한꺼번에 진행하다 망하고 마는 경우입니다.

또 다른 여성 사업가와 함께 식사할 때였습니다. 그녀는 고급 맞춤복 제작 사업과 전문점 운영 사업을 동시에 진행할 예정이라고 했습니다. 저는 그녀에게 최종적으로 하고 싶은 일이 무엇인지를 꼭 기억해야 한다고 당부했습니다. 가장 좋은 방법은 한 가지 일을 성공적으로 진행한 뒤에, 수익을 위해 사업을 확장하는 것입니다. 고급 맞춤복 제작은 신경 써야 할 일이 많은 사업이고, 고급 의류 사업은 수익 효율이 높아질수록 기업의 특색이 평범해진다는 단점이 있습니다. 한 가지 사업이 충분히 발전한 뒤에는 한 걸음 멈추고, 자신의 가치를 높인 뒤에 새로운 브랜드를 내놓는 방식이 가장 좋습니다.

과거에 저는 좋은 일이 있을 때마다 아버지에게 전화를 해서 신나는 목소리로 "이번에 일이 아주 잘됐어요. 큰돈 벌 수 있을 것 같아요!"라고 말하곤 했어요. 그런데 아버지는 너무나 담담한 목소리로 제 전화를 받았어요.

"아버지는 안 기쁘세요?"

"넌 아직 하룻강아지라 남들이 뼈다귀 하나 던져줘도 좋아할 때지.

나는 늙다리라 그런 일 하나하나에 일희일비하지 않는 것뿐이야."

대부분의 경우에 아버지가 옳았습니다. 마지막에 가서는 아무 소득 없이 끝나버리는 일이 많았어요. 이유는 저에게 충분한 장악력이 없었기 때문입니다.

그 후로 저는 단번에 큰돈 벌 것 같은 일을 과감히 포기하고, 착실히 실력을 쌓는 데 매진했습니다. 그러자 몇 년 지나고부터 성과가 나타나기 시작했어요. 저는 관찰하기를 좋아해서 지금까지 10여 년간 여러 업계의 흥망성쇠와 여러 사람들의 인생을 지켜보았습니다. 그 과정에서 느낀 것은 얼마나 많은 돈을 얼마나 오래 벌 수 있을까 생각하지만 말고, 당신은 그냥 자신의 리듬과 속도대로 살아가면 된다는 것입니다.

지난 2년간 전자상거래 대회라든가 개인 미디어 대회, 모바일게임 대회, 대중강연 대회, 인터넷 대회 등이 크게 성장하는 과정도 지켜보아왔습니다. 이제는 저도 늙다리가 되어가고 있어서인지 한 가지 발견하게 되는 것이 있습니다. 별다른 동기나 의욕도 없이 이런 자리를 쫓아다니느니, 그 시간에 무엇 하나라도 자기만의 관심을 파고들거나 실력을 쌓으면 그걸로 두고두고 먹고살 수라도 있다는 것입니다. 이런 행사에서 쌓는 인맥이란 것도 채 2년을 가지 못합니다. 처음부터 쉽게 큰돈을 벌고 인기와 칭찬에 둘러싸이면 당장은 신이 날지도 모릅니다. 그러나 점차 투지와 전력을 상실하게 되는 것을 경험하게 될 겁니다.

어떤 일에 대해서든 나아갈 줄도 물러날 줄도 알아야 합니다. 다만 나아가야 할 때 나아가지 않으면 더 큰 것을 차지할 기회를 놓칠 수 있지만, 멈추어야 할 때 멈추지 않으면 비극으로 치닫게 됩니다.

내세울 능력이 없다면 어떻게 살아가야 할까

자신에게 이렇다 할 재주도 능력도 없는 것 같다면, 어떻게 하는 것이 좋을까요? 아마도 90% 이상의 사람들이 이런 고민을 안고 있을 것입니다. 저더러 청년들의 창업을 독려하기는커녕 왜 뜯어말리는 글만 쓰느냐고 묻는 사람들이 있어요. "성공할 수 있는 사람은 외부의 영향에 휘둘릴 리 없고, 외부의 영향에 휘둘리는 사람은 성공하기 어렵기 때문"입니다. 독려씩이나 필요한 사람이라면 리스크로 충만한 창업 같은 일에는 기웃거리지 않는 편이 낫습니다.

먼저, 자신만의 능력이나 재주가 있는 사람은 어떤 사람인지 그것부터 이야기해볼까요. 첫 번째 유형은, 머리가 좋고 영감에 차 있어서 무엇이든 한번 배우면 잘 이해하고, 때로는 가르치지 않은 것까지도 스스로 잘 깨우치는 사람들입니다. 이런 사람들은 일을 도모하고 판단하는 능력, 문제를 신속하게 해결하는 능력이 뛰어나고, 자신이 어디로 가야 할지도 잘 알고 있습니다. 맞는 길로 갔다면 그 다음엔 어떻게 해야 하는지, 틀린 길로 갔다면 어떻게 해야 하는지도 알고 있어요. 이 큰곰은 이런저런 일은 잘 도모하지만 판단력은 다소 부족해서 이런 경지에 이르지 못했지만, 이런 사람들은 대부분 성공할 수 있고 성공하지 못했다 하더라도 하는 일이 심각한 실패로 이어지지는 않습니다. 이런 사람은 카리스마가 강해서 사람들도 잘 따라요. 어떤 자리에서든 리더가 되는 이런 사람은, 한마디로 '인물'이라고 할 수 있습니다.

두 번째 유형은 전략가로, 이 큰곰도 여기에 해당됩니다. 평소 이런저런 아이디어가 많아 기획에는 능하지만, 의사결정에 대한 책임을 지는 것은 좋아하지 않아요. 이런 사람은 평소에 끊임없는 학습으로 새로운 지식과 동향에 대한 이해를 넓혀야 합니다. 이런 유형이 해야 할 역할은, 위에 언급한 첫 번째 유형 사람들의 의사결정과 판단에 도움이 될 만한 지식을 제공하는 것입니다. 리더를 따르면서 도움을 제공하는 이런 사람들은 '인재'라고 부를 수 있습니다.

세 번째 유형은 추종자입니다. 이들은 아무런 결단도 내리지 않고, 아무런 생각도 하지 않아요. 그러므로 세상에 널리 알려진 존재도 아닙니다. 사실 대부분의 사람들이 여기에 속합니다. 그렇다면 이들에게는 아무런 전망도 없을까요? 전혀 그렇지 않습니다. 사실 수많은 베테랑 혹은 원로들이 자신을 따르는 사람에게서 원하는 것은 재능이 아니라 충성입니다. 당신과 잘 맞는 원로를 택해서 충성으로 그를 따르면, 당신도 동반 성장할 수 있습니다. 오랫동안 고위임원의 운전기사로 일했던 사람이 나중에 자기 사업을 일구었거나 지역 유지가 되어 있는 사례는 많습니다. 이런 유형의 사람은 '일손'이라고 부를 수 있습니다.

네 번째는 제가 '인간쓰레기' 혹은 '인간말종'이라고 부르고 싶은 유형입니다. 잘하는 것도 없으면서 성격만 강해서 누구든 함부로 대하는 부류입니다. 가는 데마다 자신이 얼마나 대단한 사람인지 과시하길 좋아하지만, 돈은 제대로 벌어본 적 없고, 아무도 이들을 좋아하지 않습니다. 그냥 유전자가 썩었다고밖에 말할 수 없는 사람들이에요. 이런 사람에게도 개선의 여지가 있을까요? 있기는 있는 것 같아요. 타오바오 점포 운영을 2년쯤 해보기를 권하고 싶습니다. 제 지인 중에 성격이 포악해서 수시로 싸움질을 하는 사람이 있었는데, 타오바오 점포 운영을 한 2년쯤 하더니 말투와 행동거지가 나긋나긋해졌습니다. 타오바오에 그런 힘이 있는지는 저도 처음 알게 되었습니다.

결국 '내세울 만한 능력이 없는' 사람들이란 세 번째 혹은 네 번째 유형에 해당합니다. 그러나 이들도 미래에는 두 번째 혹은 첫 번째 유형이 될 수 있습니다. 첫 번째 유형이 되기란 사실 대단히 힘들지만, 두 번째 유형이 되는 방법은 어렵지 않습니다. 꾸준히 배우고 노력하면 됩니다. 특출하게 잘하지 않아도 괜찮아요. 크게 뒤처지는 수준만 아니면 됩니다. 저에게도 어느 정도 재능이 있을 수 있지만, 그보다는 노력과 공부로 만들어진 부분이 더 큽니다. 저는 지금도 매일 한 편씩 글을 쓰면서 본업과 기고 활동을 병행하고 있습니다. 마음먹고 며칠 쉴 때도 있지만, 쉬고 나서는 반드시 뒤처진 부분을 보충하려고 노력합니다. 꾸준히 글을 쓸수록 SNS의 팔로워들도, 기회도, 글쓰기 실력도 늘어나는 것 같아요. 꾸준히 글을 기고하다 보니 원고료도 꾸준히 올라서 지금은 편당 1,000위안이 되었습니다. 매일 한 편의 글을 기고하고 있으니 제가 받는 총 고료가 얼마일지 여러분도 계산할 수 있을 겁니다. 이렇게 꾸준한 습관을 지속하면 가능성도, 기회도, 수입도 늘어날 거예요.

제가 위에서 언급한 네 유형은 영원히 불변하는 것이 아닙니다. 세상에는 분명 재능이 있어야만 할 수 있는 일이 있습니다. 그러나 꾸준히 노력하면 실력은 반드시 향상됩니다. 때때로 사회에서 자신의 자리를 찾기까지 이끌어주는 사람이 필요하기도 하지만, 자신 역시 나서서 기회를 찾아야 합니다. 그러나 모든 여건이 열악하더라도 충실한 노력으로 다져진 내실이 있으면, 삶은 천천히 반드시 변모합니다.

선택한 것을 사랑하고, 사랑하는 것을 선택하라

어릴 적부터 저의 아버지는 "네가 선택한 것을 사랑하고, 네가 사랑하는 것을 선택하라"고 말했습니다. 어릴 때는 이 말을 잘 이해하지 못했어요. 그런데 나이를 꽤 먹은 어느 날, 이 말의 의미가 마음에 와 닿았습니다.

아버지의 그 말은 사람을 사랑할 때도 필요한 자세가 아닐까 싶습니다. 꼭 사랑해서 택한 사람이 아니라 해도, 일단 선택한 이상 그 사람을 사랑하려고 노력해야 합니다. 자신이 사랑하는 사람을 선택한 경우라면, 더 말할 것도 없겠죠. 두 경우 모두 핵심은 같아요. 어떤 선택을 했든 자신이 택한 그 사람을 사랑해야 한다는 겁니다.

사랑이든 일이든 마찬가지입니다. 살다 보면 자신이 좋아하는 대로만 선택할 수 없는 때가 있어요. 좋아서 선택했는데, 막상 선택하고 보니 기대했던 것과 다를 수도 있고요. 그래서 과감히 선택을 바꾸었는데, 바꾼 결과가 전보다 못할 수도 있죠. 어떤 일을 좋아하는가, 아닌가가 감정의 문제라면 그 일을 잘해냈는가, 아닌가는 능력의 문제입니다. 자신의 능력이 충분하지 않다면, 선택을 바꾸어도 여전히 잘하지 못할 가능성이 높아요. 그러므로 어떤 일을 잘하지 못한 데 대해 '흥미가 없어서'라는 이유 뒤에 숨으려고 하지 말기를.

"자신이 선택한 것을 사랑하고, 자신이 사랑하는 것을 선택하라."

젊을 때에는 대개 감정에 충실합니다. 그만큼 순수하지만 그만큼 무력하기도 합니다. 그러다가 한 해 두 해 나이를 먹다 보면, 욕망은 더욱 커지는데 인내심은 줄어듭니다. 그러나 어떤 순간에도 우리에게는 선택권이 있습니다. 문제는 그 선택을 대하는 우리의 방식입니다.

대학시절에 연인과 헤어진 후 "좋아하는 것과 사랑하는 것의 차이가 뭘까?"라고 묻는 친구가 있었어요. 그때 저는 별 생각 없이 "좋아

항상 최선의 선택을 할 수는 없습니다.
지금의 나 자신이 내가 꿈꾸었던 가장 이상적인 모습일 수도 없겠죠.
그래도 많은 이들이 자신이 선택한 것들에 책임감을 다하고 있습니다.
하늘의 별이 아름답지만, 우리가 딛고 서 있는 이 땅도 저 멀리에서 바라보면 아름다운 별입니다.

하는 감정에는 책임이 따르지 않을 수도 있지만, 사랑에는 꼭 책임이 따르지"라고 답했습니다. "선택한 것을 사랑하고, 사랑하는 것을 선택하라"는 말이 의미하는 것도 결국 책임입니다.

남자는 확실히 돈, 권력, 여자, 사업, 미식 등 가치 있어 보이는 모든 것에 쉽게 유혹을 받습니다. 반면 여자는 이 가운데 몇 가지에는 아예 흥미가 없을 수도 있어요. 자연은 수컷에게 더 많은 자원과 에너지를 주어 암컷을 얻기 위해 경주하도록 하는 충동을 심어놓았지만, 사회는 이를 제약하는 제도를 강화시켜왔습니다. 자연으로부터 받은 충동과 사회적 제도 사이의 갈등은 여러 형태의 관습을 만들어냈습니다. 대체로 문명사회일수록 욕망의 억제를 더욱 중시합니다. 문명사회의 구성원이라면 무엇은 가져도 되지만 무엇은 가지면 안 되는지, 무엇은 해도 되지만 무엇은 하면 안 되는지 압니다. 그러나 높은 지위에 있는 사람일수록 뇌물이나 횡령 같은 부패 사건에 자주 연루되는 모습을 봅니다. 부패의 규모가 1억이건 10억이건 본질적으로 차이가 없습니다. 나이를 먹고 지위가 높아지면서 탐욕이 다른 모든 지각^知
覺을 압도해버린 것입니다. 그러므로 진정으로 우수한 남자는 부에 대한 야심 못지않게 자기 자신에 대한 통제력도 강합니다.

그러나 젊은 남자가 하는 말은 대체로 신뢰할 수가 없고, 나이 많은 남자는 인내심이 없어요. 그러므로 여성들은 잘 분별해야 합니다. 젊은 남자의 달콤한 말에 속아 넘어갈 만큼 순진해서도 안 되고, 나이 들어서는 무작정 상대에게 매달리려고 해서도 안 됩니다.

그리고 남자에게 가장 중요한 것은 '책임'이라는 것을 알아야 합니다. 우리는 사랑하는 사람을 선택해야 할 뿐 아니라, 선택한 사람을 사랑할 줄 알아야 해요. 세상에 여자는 많을지도 모릅니다. 그러나 당신이 책임을 다해야 할 존재는 당신의 그 한 사람뿐입니다.

Chapter 14

지나 보면
알게 되는 것들

인생은 긴 여행과 같다

개인 미디어 운영을 시작하면서 스스로 되뇌었던 말이 있습니다.

"생각은 천천히, 행동은 빠르게"

인생은 여행과 비슷한 면이 많습니다. 첫째, 둘 다 너무 길어지다 보면 어디로 가야 할지 알 수 없을 것 같은 때가 있습니다. 둘째, 도중에 이것저것 구경하다 보면 자신의 원래 궤도에서 벗어날 때가 있어요. 셋째, 지금 곁에 있는 사람들과 평생 같이 갈 것 같아도, 어느 한 시기를 함께하고 나면 헤어지게 됩니다. 넷째, 소소한 갈림길 위에서 어떤 선택을 하느냐에 따라 이후 눈앞에 펼쳐지는 풍경이 달라집니다. 다섯째, 거리의 장단은 노력과 관련 있지만 방향은 어디까지나 선택의 문제입니다.

여행과 인생이 공통적으로 우리에게 일깨우는 진실이 있습니다. 첫째, 당신의 자아에 한계를 설정하지 말라는 것입니다. 당신이 나중에 어떤 삶을 살게 될지는 당신 자신도 알 수 없어요. 중고등학생 때의 저는 대학에 들어가지 못하면 프로그래머나 작가가 되어야겠다고 생각했습니다. 나중에는 법률을 공부하면서 변호사가 되려고 했는데, 정작에는 전자상거래 일을 하게 되었어요. 그 다음에는 투자가가 되었다가, 지금은 또 브랜딩 고문을 하고 있습니다. 둘째, 나중에 가서 무슨 일을 하게 되든 지금은 일단 지금 하고 있는 일을 잘해야 합니다. 셋째, 지금 주위에 있는 사람들을 소중히 여겨야 합니다. 그 사람들과 언제까지 함께할 수 있을지는 알 수 없지만 당신이 곤경에 처할 때나 도움이 필요할 때 가장 먼저 손을 내밀어줄 존재들입니다. 넷째, 지금의 선택이 어떤 미래로 이어질지는 알 수 없지만, 당신은 어디까지나 당신 자신의 일관된 가치관대로 살아가면 됩니다. 가끔은 어떤 선택이 오판으로 느껴질 때도 있을 거예요. 그래도 자신만의 일관된 가치관대로 살다 보면, 결국 그것이 당신에게는 가장 정확한 방향이었다는 것을 알게 될 겁니다. 다섯째, 언제나 노력은 필수입니다.

예전에는 성공하는 데 무엇이 가장 중요하냐고 물으면 '잘 배우는 것'이라고 대답했습니다. 지금이라면 '올바른 자세'라고 대답할 겁니다. 저는 그동안 재능 있고 우수한 사람을 많이 보아왔습니다. 그러나 올바른 자세를 갖추고 있지 않으면 제대로 도약하지 못하거나, 타인의 도구로 이용되고 마는 경우가 많습니다. 타인의 도구로 이용되면 잠깐은 큰돈을 벌 수 있을지 모르지만, 도구로서의 이용가치가 떨어지는 순간 땡전 한 푼 벌지 못하는 신세가 됩니다. 올바른 자세란, 자신만의 일관된 가치관과 정확한 일처리 방식을 의미합니다. 이렇게 살다 보면 한동안 돈을 많이 벌지 못하는 시기가 있을 수도 있어요. 그러나 어느 정도 시간이 흐르면 어느 누구도 따라올 수 없는 독보적 경쟁력을 확보하게 됩니다. 이것만으로도 충분히 인정과 존경을 받을 수 있을 뿐 아니라 그동안 갈고닦은 경쟁력을 바탕으로 수입도 점점 늘어날 겁니다.

인생에는 길게 보면 고민이나 다툼이 무의미한 일이 많습니다. 학생시절에 내기에 져서 100위안을 잃으면 당장은 아깝고 억울할지 모르지만, 몇 년 지나면 그런 일은 기억도 나지 않는 것처럼 말이에요. 학생시절에 부업이나 장사로 돈을 벌면 당장은 또래에 비해 부자가 된 것 같지만, 적기에 공부를 하지 않은 대가를 언젠가는 반드시 치러야 하는 때가 옵니다. 저의 한 친구는 "학력은 앞으로 살아갈 삶과 큰 관계없다는 말은 핑계에 지나지 않는다"고 말했어요. 또 다른 친구는 직업이 급사장^{bell captain}인 사람과 한 집에 산 적이 있는데, 자신의 월급이 1,500위안일 때 그의 월급은 3,000위안이었다며 "공부 다 소용없더라"고 자조하고는 했습니다. 이 친구는 지금 외국계 기업에서 일하는데, 현재 그의 월급은 1만 2,000위안, 그 급사장의 현재 월급은 4,000위안 정도라고 합니다. 돈과 시간을 들인 일은 반드시 나름의 효용이 있습니다. 이 효용의 크기는 향후 당신의 노력에 따라 더욱 커질 수도 있습니다.

세상은 결국 큰 틀에서 보면 공평해요. 누구든 운이 좋으면 일시적으로 앞당겨진 이점을 누릴 수 있지만, 어느 시점이 되면 과거에 앞당겨 누린 이점의 대가를 반드시 치르게 되어 있습니다. 부패한 공무원이나 벼락부자 등등이 다 마찬가지입니다. 덮어놓고 부러워할 이유가 전혀 없어요. 가장 좋은 것은 천천히 안정적으로 달려가는 것입니다. 너무 일찍 앞서가려고 하다가 제 발에 걸려 넘어지면서 몸도 승부도 망가져버리는 이들이 많아요.

사람들은 대부분 평범한데 특별해지려고 하다가, 배운 것 없는 사람이 아는 척하려고 하다가, 능력 없는 사람이 중임을 맡으려 하다가, 아무것도 할 줄 모르는 사람이 큰돈 벌려고 하다가 곤경에 빠지는 법입니다.

일일이 따지지 않는 습관

《서유기》를 완독하지 않았더라도 이 이야기의 등장인물에 대해서는 누구나 다 알고 있을 겁니다. 《서유기》의 등장인물들 가운데 누가 가장 대단하냐고 물으면, 대개는 화안금정火眼金睛, 천 리 밖을 볼 수 있는 눈을 가진 손오공이 가장 강하다고 대답합니다. 저도 어릴 때는 그렇게 생각했습니다. 그런데 나이를 먹으면서 생각이 달라졌어요. 정말로 대단한 인물은 삼장법사입니다. 이 스님이 하는 일이라고는 주문을 외워 손오공의 머리에 씌워진 금테를 죄는 것밖에 없는 것 같지만, 이 스님에게는 엄청난 능력이 하나 있습니다. 분별심分別心, 불교에서 말하는, 나와 너, 좋고 싫음, 옳고 그름 따위를 고집스럽게 판단하는 일이 없다는 것입니다.

손오공은 어떤 요괴도 실체를 꿰뚫어보고 파멸시킬 수 있지만, 유사하流沙河에서 만난 요괴만은 좀처럼 물리치지 못해 관음보살에게 도움을 청합니다. 관음보살이 제자 혜안惠岸을 보내 요괴를 물 밖으로 끌어내고 보니, 이 요괴는 사실 요괴가 아니라 사오정이었습니다. 삼장법사는 무척 기뻐하며 사오정을 제자로 받아들이고, 불경을 구하러 서역으로 가는 길에도 동행시킵니다. 사오정은 악일까요, 선일까요? 그것은 중요하지 않습니다. 손오공이 제멋대로 판단해서 사오정의 정체를 오해한 것뿐입니다. 사오정은 생김새가 이상하지만 단순하고 굳은 믿음으로 삼장법사를 따릅니다. 삼장법사는 화려한 재주나 능력은 없을지 몰라도 누구보다도 깊은 공덕이 있습니다. 힘도 세고 재주도 많은 손오공은 가는 길마다 고난에 시달립니다. 그런데 이런 고난은 상당 부분 손오공 자신의 불안한 마음이 만들어낸 것들입니다.

서양에도 이와 비슷한 전설이 있어요. 아담과 이브의 원죄는 지혜의 열매를 따먹은 데서 비롯되었습니다. 지혜가 생기자 부끄러움을 알게 되었고, 좋은 것과 나쁜 것을 구분하게 되었습니다. 이후 그들은 에덴동산에서 추방당했습니다. 이 이야기도 분별심을 고통의 근원으로 보는 불교의 관점과 크게 다르지 않아요.

우리는 살아가면서 순간순간 판단을 해야 하는 상황과 맞닥뜨립니다. 저 역시 '이 문제를 어떻게 판단해야 하는가'를 두고 매일 고민합니다. 다른 사람들도 '이 문제는 어떻게 해야 할까, 어떻게 하면 고생을 덜 수 있을까' 고민하느라 괴로워합니다. 이렇게 분별심이 너무 강하기 때문에 여태 제가 결혼을 못 한 것인지도 모르겠어요. 명확한 판단이 성공의 기초가 될 수는 있겠지만, 막상 성공했다는 사람들을 보면 항상 옳은 판단을 내리는 것도 아닌 것 같고 그렇게 행복해 보이지도 않습니다.

분별심이야말로 고통의 근원이었다는 데 생각이 미치자, 저는 판단이 크게 중요하지 않은 일에 대해서는 판단을 내려놓기로 했습니다. 이 일은 할 가치가 있을까, 저 사람은 사귈 가치가 있을까, 어떻게 일을 해야 돈과 수고를 아낄 수 있을까……. 늘 이런 생각에 사로잡혀 살 수는 없어요. 이런 분별심이 오히려 어려움을 초래하고 생각의 자원을 낭비하게 만들 수도 있습니다. 그런데 공자는 "원망은 곧음으로 갚고, 덕은 덕으로 갚아야 한다"고 말했습니다. 우리에게 잘 대해준 사람에게는 우리도 잘 대해야 하지만, 우리에게 나쁘게 대한 사람에게는 객관적인 방법과 규칙만 적용하면 그만이라는 것입니다. 꼭 원망을 덕으로 갚을 필요도 없고, 원망을 원망으로 갚을 필요도 없습니다.

분별심이 그렇게 나쁜 것만은 아니라고 말해주는 듯한 이야기입니다. 당연한 말이지만, 투자를 하는 사람이라면 그 일이 과연 투자가치가 있는지 잘 판단해야 합니다. 그런데 투자자들은 바로 이 판단을 하는 과정에서 가장 피가 마릅니다.

평범한 우리 대다수는 삼장법사가 되기 어렵습니다. 우리에게는 손오공 같은 조수도, 관음보살의 보살핌도, 황제라는 뒷배도 없습니다. 이런 상황에서 분별심마저 내려놓으면 그냥 바보가 될 뿐입니다. 따라서 중요한 문제에 대해서는 분명 분별심을 발휘할 줄 알아야 합니다. 그러나 그렇게까지 긴요한 일이 아니라면 꼭 매사에 분별심을 발휘하면서 살 필요는 없어요. 그런데 그다지 긴요하지 않은 일이란 어떤 일일까요? 제 경우에는 돈과 관련된 문제만 아니면 날카롭게 판단을 벼리지 않습니다. 누가 뭐라 하든 크게 의미 두지 않고 마음 쓰지도 않아요. 돈을 벌 때는 벌되, 밥을 살 때는 기분 좋게 살 줄 알아야 합니다. 다 같이 밥 먹는 자리에서 내 지갑만은 열지 않겠다거나 머릿수를 헤아리며 전전긍긍하느니, 기분 좋게 밥을 사고 아낀 마음의 에너지로 다른 생산적인 고민을 하는 편이 낫습니다.

자기 자신에 대해서도 너무 다그치기만 할 일이 아닙니다. 문제가 생기면 우선 그 일이 분별심을 발휘할 일인가, 아닌가부터 생각해보세요. 사실 어떤 일들은 적절한 시기에 적절한 계기를 만남으로써 저절로 해결되기도 합니다.

부족한 것에 매달리지 말고 때로는 한눈을 팔아라

어릴 적 교과서에 구양수歐陽修, 1007~1072, 중국 송대의 문인의 〈기름장수 노인〉라는 글이 있었습니다. 자신의 활솜씨에 자부심을 가지고 있던 사나이가 어느 날 길에서 기름장수 노인을 보게 되었죠. 이 노인은 항상 기름병 입구에 동전을 하나 걸쳐놓고 기름을 부었어요. 기름은 정확히 동전 한가운데의 네모난 구멍 사이로 흘러 들어가, 동전에는 기름 한 방울 묻지 않았습니다. 활 쏘는 사나이가 입을 쩍 벌리며 놀라워하자 노인이 말했어요.

"별거 없어, 많이 해보면 익숙해지는 거지."

당신도 바늘구멍에 실을 꿰어보았다면, 바늘구멍에 집중할수록 손이 더 떨리는 경험을 해보았을 것입니다. 이렇듯 목적의식이 너무 강하면 지나치게 긴장해서 뜻을 이루지 못할 수도 있습니다.

어떤 일에 대해 당사자는 혼란스러워하는데 방관자는 명확하게 보는 이치도 마찬가지예요. 어떤 문제든 한 발 떨어져서 보면 한층 더 뚜렷하게 볼 수 있습니다. 너무 가까이서 대상에 집중하면, 주위를 살피지 못해서 위기에 빠질 가능성이 높아져요. 집중하는 것은 좋지만 지나치면 안 됩니다. 한 걸음 물러나 조금 높은 각도에서 전체 국면을 아우를 줄도 알아야 해요.

"이번에는 꼭 큰돈 벌 수 있다"며 무턱대고 성공을 자신하는 사람들이 있습니다. 세상사가 과연 그들의 믿음 같기만 할까요? 어떤 경우에도 예기치 않은 불운이 발생할 수 있습니다. '머피의 법칙'이라는 말이 왜 있겠어요?

하버드 대학교의 어느 연구 결과에 따르면, 사람은 자신에게 부족한 자원에 가장 많은 관심을 쏟지만 그럴수록 그 자원은 더욱 부족해진다고 합니다. 이를테면, 가난한 사람에게 부족한 것은 돈이고 바쁜 사람에게 부족한 것은 시간인데, 이 두 사람에게는 한 가지 공통점이 있어요. 가난한 사람에게 돈을 주고 바쁜 사람에게 시간을 주어도 이들의 가난한 사정, 바쁜 사정은 전혀 달라지지 않는다는 사실입니다.

오랫동안 특정 자원의 부족을 경험한 사람은 바로 그 부족한 자원에만 관심을 집중하느라, 그보다 가치 있고 창조적인 다른 것들을 지나쳐버리는 경향이 있습니다. 지나치게 가난한 사람은 너무 많은 시간을 돈 아끼는 데만 몰두하는 나머지 돈 버는 방법을 연구할 시간이 없어요. 사소한 절약의 기회를 얻고 나서 그걸 지나치게 기뻐하는 경향도 있죠. 꼼꼼하게 가격을 비교한 뒤 스마트폰을 고르는 사람은 가격비교에 엄청난 시간을 쏟아부은 뒤 평범한 저가폰을 삽니다. 그러나 가격비교에 별 관심이 없는 사람들은 짧은 시간을 들여 애플과 삼성 가운데 하나를 골라요. 이들은 스마트폰의 사양과 가격은 잘 모르지만, 가격비교에 집착하는 이들보다 훨씬 많은 돈을 벌고 있을 것입니다. 시간의 가치를 아는 사람의 패턴은 대체로 이와 비슷합니다.

한편 처리해야 할 일이 너무 많은 사람은 말 그대로 한 건 한 건 일을 처리하느라 바빠서, 큰 틀에서 장기적 관점으로 업무를 배치하지 못합니다. 이들에게는 모든 일이 그저 긴급한 처리의 대상일 뿐입니다. 내가 TV를 좋아하는 이유는, 적어도 TV를 보는 동안은 아무 생각도 하지 않을 수 있기 때문입니다. 그러다 다시 무언가 집중해야 할 일이 생기면, 그제야 흩어져 있던 주의력을 다시 모읍니다.

중국에는 "바쁜 것은 구제할 수 있지만 가난은 구제할 수 없다"는 말이 있어요. 당신이 가난한 사람에게 돈을 준다 해도, 그 사람은 그 돈을 다 쓰고 다시 가난해질 가능성이 높아요. 사실 사람들에게 정말로 부족한 것은 돈과 시간이 아니라 정상적인 지혜와 사고력입니다. 방해와 잡념을 줄이고 침착한 자세로 장기적 관점에서 사고할 수 있어야 합니다.

제 아버지도 돈은 영원히 부가적으로 따라오는 가치일 뿐이라고 말했습니다. 성공의 확률을 높이는 것은 지속적인 노력이에요. 당신도 어느 한 가지 일을 착실히 지속해나가다 보면 발견하게 될 겁니다. 그 일이 사람들에게 제공하는 가치만 있다면 돈은 저절로 따라온다는 것을.

당신은 왜 가난한가

그라민 은행Grameen Bank을 설립한 무하마드 유누스가 중국에 왔을 때 류창둥과 대화를 나누었습니다. 그들의 대화 가운데 가장 기억에 남았던 것은 "가난은 소득이 낮은 것이 아니라 사회에서 자원을 얻을 능력을 상실한 것"이라는 말이었습니다. 유누스는 가난한 농민들에게 소액대출을 제공하는 그라민 은행을 설립한 공로로 2006년 노벨 평화상을 수상했습니다. 금융의 관점에서 본다면, 이런 은행은 분명 효율이 낮고 자금도 안전하지 않아요. 그러나 가난한 사람들에게 사회적 자원을 제공함으로써 가난한 사람들을 지원했다는 점에서 대단히 의미가 큽니다.

징둥그룹에서 하는 일 가운데 특별한 의미가 있는데도 잘 알려져 있지 않은 사업이 하나 있습니다. 바로 전국 각지의 택배기사들을 지원하는 물류기업 창업입니다. 이게 왜 의미 있는 사업인지 깨닫지 못하는 사람들이 많은데, 징둥에서 창업한 물류회사의 택배기사들은 대부분 소도시에 있지만 징둥 소속으로 일하고 있기 때문에 주류의 비즈니스 모델과 직접 연결되어 있습니다. 징둥의 지원으로 설립된 물류기업들은 현지에서 선도적 위치에 있는 데다 성공률도 매우 높아요. 사회 주류의 자원과 연결되어 있음으로써 자신의 가치가 상승하는 이런 효과는, 어느 한 사람의 발상으로 물류기업을 창업했을 때의 효과와 결코 같을 수 없습니다.

자원중심사회에서 정보사회로의 변화, 저는 이것이 우리 사회가 나아갈 변혁의 방향이라고 생각합니다. 과거에는 성공하려면 인맥과 자본이 있어야 했지만, 지금은 앞서가는 정보가 더 중요합니다. 젊은 사람들이 대도시를 선호하는 이유도 대도시일수록 인맥이나 자원보다 정보가 더 힘을 발휘하기 때문입니다. 이런 도시에서는 모두에게 주어지는 정보가 공평하기 때문에 누구나 인맥이나 배경보다는 자신의 노력으로 공평한 대우를 받을 수 있습니다. 그에 비하면 소도시나 지방으로 갈수록 정보보다는 자원이나 배경, 인맥의 힘이 더 크게 작용하는 것을 볼 수 있습니다.

저는 저희 커뮤니티 연례모임에서 이렇게 말한 바 있습니다.

"농민이 가난한 것은 그가 농업을 하고 있어서가 아니라, 사회와 소통할 방법이 없기 때문입니다. 아무리 과학기술이 발전하고 스마트폰이 보급되었다고 해도 그들의 삶에는 아무 영향이 없습니다. 그들은 사회의 주요 자원과 단절되어 있어 자원을 교류할 수 없기 때문입니다."

시나웨이보 부총재인 거징둥도 자신의 강연에서 비슷한 예를 하나 든 적 있습니다. 감자 농사를 짓던 한 아가씨가 웨이보를 통한 홍보를 지속해오다가 1년에 2억 위안어치의 감자를 판매하는 데 성공했습니다. 그녀는 이러한 판매를 기반으로 기업가로 성장했습니다. 유누스 식으로 말하자면, 그녀는 웨이보를 통해 사회와 연결되면서 자원을 효과적으로 교환할 수 있었고 이를 바탕으로 도약할 수 있었던 겁니다.

저 역시 가난은 본질적으로 사회로부터 자원을 얻을 기회를 상실했기 때문이라고 생각합니다. 지금 당신의 형편이 썩 좋지 않다면 그 이유도 아마 같을 것입니다. 이런 상황에서 벗어나려면, 사회와 연결되어 가치를 창조하고 자원을 교환할 수 있어야 합니다. 웨이상 마케팅이 중국의 낙후된 지역 사람들에게 부를 안겨준 이유도 마찬가지예요. 모바일 인터넷이라는 도구를 통해 주류사회의 자원과 연결되어, 전국을 상대로 장사를 할 수 있게 되었기 때문입니다. 이런 영역에 접근하기 가장 좋은 부류가 바로 학생과 가정주부예요. 이들은 다른 부류보다 비교적 여유로운 시간을 이용해서 남들과 소통하고 교류함으로써 자신의 가치를 교환할 수 있으니까요. 특히 모바일 인터넷이 만들어내는 기회는 인터넷 시대가 제공했던 기회보다 큽니다. 모든 개인이 적은 비용으로 바로 시작할 수 있고, 사전에 교육을 이수할 필요도 없기 때문입니다.

당신이 이제껏 가난할 수밖에 없었던 이유가 '출신' 때문이었다면, 지금도 앞으로도 계속 가난할 수밖에 없을 것입니다. 출신은 바꿀 수 없으니까요. 그러나 당신이 더 많은 도구를 이용해서 사회와 연결된다면, 전보다 더 많은 사람들과 자원을 교환할 수 있게 됩니다. 인터넷 판매 사업은 최소한의 서비스를 제공하는 것만으로도 시작할 수 있습니다. 고향을 그리워하는 지역 출신 사람들이나 신선한 지역 생산물을 원하는 사람들에게 자신이 사는 지역의 특산품을 스마트폰으로 판매할 수도 있을 거예요. 이 모든 것은 사회의 주류와 연결되어 자원을 교환하기 위한 시도 가운데 하나일 뿐입니다. 이런 모델도 있다는 것을 염두에 두고, 자신이 사회의 자원을 획득할 수 있는 방법이 무엇인지 생각해보세요. 그런 의미에서도 학업은 필수적입니다. 다양한 지식을 배우면서 시야가 넓어지고 동문이라는 존재도 얻을 수 있기 때문입니다. 동문이라는 존재는 당신으로 하여금 사회의 다른 자원과 연결될 수 있도록 돕습니다. 지식을 배움으로써 자신의 운명을 바꾸었다기보다 지식을 배움으로써 사회의 주류에 진입하고 사회의 자원을 이용해서 자신의 운명을 바꿀 수 있었던 1970~80년대 대학생들처럼 말입니다. 그동안 우리는 학업에 대해 전자의 측면만 중시하고 후자의 측면은 간과해왔습니다. 그러다가 학업의 효용이 낮아지는 것처럼 보이자, 아예 학업을 포기해버리는 사람도 늘기 시작했어요. 그러나 이런 선택은 옳지 않습니다. 학업은 지식을 배우는 일이기도 하지만 사회의 새로운 계층으로 진입하기 위해서도 중요한 것입니다.

무엇보다도, 남들과 자원을 교환하기 위해서는 먼저 당신 자신에게 가치가 있어야 한다는 사실을 기억할 필요가 있습니다.

성공이야말로 실패보다 두려운 일이다

저는 최근 한 증시상장 기업의 CEO와 웨이보에서 설전을 벌인 적이 있습니다. 그는 증시상장 전 "지금처럼 인맥과 배경의 힘이 강하게 작용하는 시대에는 자신의 본래 처지에 머무르지 말고, 사회 안에서 제2, 제3의 인맥과 배경을 찾아나가야 한다"고 말했다가, 증시상장 후 자신은 노력으로 성공한 것이라고 말을 바꾸었어요. 그에게 증시상장은 자본시장의 돈을 끌어 모으기 위한 홍보수단, 그 이상도 이하도 아니었던 거죠. 상장 전에는 오히려 다 같이 즐겁게 일하는 분위기였는데, 상장 후에 회사 분위기가 더 어려워졌다는 전언도 있습니다. 자본시장에서 요구하는 기준을 충족하기 위해서는 더욱 투명하게 성과를 증명해야만 했기 때문입니다.

최근 화장품 웨이상 중에서는 한 달 최고 매출액이 20억 위안을 돌파하면서 부러움을 사는 이들이 적지 않다고 알려져 있습니다. 그러나 이런 수치는 사실과 다르게 부풀려진 것일 가능성이 높아요. 저 정도의 매출이 발생하려면 하루에만 30만 건의 주문을 처리해야 합니다. 몇 만 건이면 몰라도 몇 십만 건을 하루에 처리한다는 것은 불가능한 일이에요. 그러므로 이런 사례를 너무 부러워하지 말라고 말하고 싶네요. 오히려 저 정도의 성공을 거두는 것이야말로 정말로 두려운 일일지도 모릅니다.

저는 자수성가로 10억 위안 이상의 자산을 일군 한 사업가가 걱정으로 마음이 불안해질 때마다 칼로 의자를 내려친다는 이야기를 들은 바 있습니다. 자산이 수십억 위안인 또 다른 사업가는 4명이 교대로 해야 할 일을 본인이 다 하느라 하루에 4시간 이상 자본 적이 없다고 하더군요. 너무 바쁠 때는 하루 1~2시간도 못 자는 경우가 허다하다고 해요. 그런데 이런 사람들에 대해 다들 성공했다고 말합니다. 저역시 이들이 성공했다고 생각해요. 그런데 그들은 과연 사는 게 즐거울까요? 물론 그들은 즐겁다고 대답할 수도 있습니다. 분명 성취감은 있을 것이기 때문입니다. 하지만 당신도 하루 4시간밖에 못 자는 생활을 매일 반복하다 보면, 생각이 달라질 겁니다.

노력과 보상이 일치하는 영역은 게임에서의 등급 업그레이드나 소비활동 정도일 뿐입니다. 당신이 성공한 사람들을 부러워하는 것은 지금 누리는 생활은 그대로 유지하면서 수입만 지금보다 높을 것이라고 가정하기 때문입니다. 그러나 막상 그들과 같은 소득을 얻고 나면, 지금보다 소비가 늘어나고 다른 일정이나 관심사도 늘어나면서 지금과는 비교조차 할 수 없이 정신없고 빡빡한 생활이 이어질 가능성이 큽니다. 며칠 전 저희 커뮤니티의 연례모임에서 한 회원은 크게 한몫 잡을 생각에 2,000만 위안을 투자해서 주점을 열었다가 운영이 너무 고되어 포기해버렸다고 했어요. 그런데 그는 뜻밖에도 오히려 해방감이 밀려들더라고 하더군요.

중국에는 "고생은 어찌어찌 감당하면 지나가지만, 행복은 그 안에 머물러 누리는 한 끝이 없다"는 말이 있습니다. 아무리 가난해도 그 안에서 나름대로 살아갈 방법은 있습니다. 하루하루를 살아가는 것 자체는 그리 큰 문제가 아니에요. 삶을 정말로 구제할 길 없게 만드는 것은 도박이나 중독 같은 마음의 병입니다. 한국이나 일본처럼 부유하고 질서정연한 나라에서 왜 그렇게 자살률이 높은지 이해하기 어렵다는 사람이 많아요. 아마도 사람은 노력과 희망 속에서 살아가는 존재이며, 무언가를 추구하는 과정 속에 있을 때 비로소 행복을 느끼기 때문일 것입니다. 결과 자체도 실은 큰 의미가 없어요. 누구나 원하는 것을 얻은 후에는 다시금 새로운 목표를 향해 나아가야 하니까요. 그렇지 않으면 성공한 후에 오히려 방향을 잃고 혼란에 빠져들기 쉽습니다.

어떤 의미에서는 성공이야말로 실패보다 더 두려운 일입니다. 이런 말을 인정할 수 없다면, 당신은 아직 성공해본 적이 없기 때문일 것입니다. 성공에 대해 정확하게 인식하는 것은 실패를 잘 이겨내는 것 못지않게 중요합니다. 지금 잠시 성공하지 못하고 있다고 해도 그것은 그렇게 두려워할 일이 아닙니다. 성공한 후에 정말로 중요한 문제는 번 돈을 어떻게 쓸 것인가가 아니라, 점점 더 커지기만 하는 욕망을 어떻게 다스릴 것인가입니다.

물론 지금 당신이 거기까지 생각할 필요는 없습니다. 대부분의 사람들에게는 눈앞의 일을 잘해내는 것이 더 중요하니까요. 성공은 그 전까지 축적되어온 모든 노력의 결과이지 어느 한 순간에 이루어지는 마법 같은 변화가 아닙니다. 복권 당첨 같은 꿈은 어지간해서는 이루

참고 견디면 언젠가 좋은 날이 온다는 말이 고리타분하게 다가옵니다.
그 '언젠가'가 되어도 좋은 날이 오지 않을 수도 있지만
참고 견디는 과정을 지나지 않고는 결코 좋은 날이 올 수 없어요.
지난해 보이는 하루하루지만, 우리는 날마다 조금씩 발전하고 있을 거예요.
'나'를 응원하세요. 우리 모두 파이팅!

어지지 않아요. 너무 많은 일을 미리 낙관하지 마세요. 성공 이후의 재도약이야말로 진짜 어려운 도전입니다.

큰일을 하겠다는 각오로, 적은 돈을 버는 노력을 지속하라

투자 일을 하고 있는 한 친구가 요즘 들어 미궁에 빠진 기분이라며, 한때 투자 일을 했던 저에게 도움을 청했습니다. 그와 비슷한 고민을 했던, 상인연합회에서 일하는 친구가 떠오르더군요. 투자 일을 하거나 상인연합회 같은 데서 일하는 사람들, 강연을 하는 사람들은 어느 날 갑자기 삶의 방향을 잃은 듯한 느낌에 빠져드는 때가 있습니다.

이것은 심리적 차원의 위기입니다. 투자를 하고 강연을 하는 사람, 상인연합회 같은 비정부기구에서 일하는 사람들은 얼핏 사회적 지위가 높은 듯 보이지만 그리 존경을 받는 직업은 아닙니다. 수입이 많든 적든 마찬가지예요. 비정부기구에서 일하는 사람들은 사회 명사나 고위 공무원, 부유층들을 만날 기회가 많다 보니, 왠지 모르게 마음이 붕 뜨면서 뭐든 다 해낼 수 있을 것만 같은 느낌에 휩싸이곤 합니다. 투자자가 창업자를 만날 때, 강사가 학생을 마주할 때는 자신이 좀 더 우월한 위치에 있는 듯한 느낌을 받기도 쉽죠. 이런 느낌은 일에서 별다른 성취가 없음에도 불구하고 업계를 떠나지 못하게 만드는 이유가 되기도 합니다. 매슬로우^{Abraham H. Maslow}의 욕구의 5단계에서도 알 수 있듯, 사람들에게서 존경을 받고자 하는 욕구는 그 전 단계의 욕구가 충족되었을 때 열망하게 되는 높은 차원의 욕구입니다. 그런데 투자나 강연, 비정부기구의 일을 하는 사람들은 이런 욕구가 단숨에 충족되어버립니다.

이런 직업을 가진 사람에게는 사실 큰 기회가 비교적 자주 찾아옵니다. 투자업계의 경우에는 투자를 한 기업이 증시에 상장되는 것, 비정부기구의 경우에는 정부와 대규모 프로젝트를 함께하게 되는 것, 강사의 경우에는 부유층을 대상으로 하는 강연 등이 바로 이런 기회에 해당합니다. 이런 투기적 성격이 강한 기회들을 접하다 보면 아드레날린이 마구 분출되면서 묘한 흥분상태에 빠져들게 됩니다. 이런 흥분상태로 구름 속을 걷는 듯한 생활을 계속하다 보면, 어느 날 문득 한밤중에 방향감각을 잃은 듯 혼란스러워지는 거예요. 계속 이렇게 살다가는 점점 따뜻해지는 물속에서 죽어가는 개구리처럼 되는 것 아닐까, 하는 불안이 엄습해옵니다.

저는 사실 남들이 투기에 노력을 쏟는다 해서 반대할 생각은 별로 없습니다. 정말 아무것도 가지고 있지 않은 사람에게는 투기에 가까운 선택만이 유일한 돌파구가 될 수도 있기 때문입니다. 그렇다 해도 저는 작은 규모의 투자나 프로젝트처럼 일단 적은 돈이라도 벌 수 있는 눈앞의 기회를 먼저 찾아보라고 권하고 싶습니다. 작은 일부터 하나하나 성취하면서 돈을 벌다보면, 어느 순간 세상이 전과는 다르게 보이기 시작하는 때가 옵니다. 지금 제가 여러 가지 일에 대해 다양한 관점을 가지고 있는 것은 제가 똑똑해서도 아니고 책을 많이 읽어서도 아닙니다. 여러 업계에서 많은 일을 경험해보았기 때문입니다. 저는 그동안 많은 사람들과 이야기를 나누면서, 다들 큰일을 해낼 자신도 없으면서 작은 일은 거들떠보려고 하지 않는다는 느낌을 받곤 했습니다. 높은 것을 바라볼 수는 없고 낮은 것은 성에 차지 않는 상태에서 적당히 편한 선택만 전전하다 보면, 하염없이 시간만 소모하게 됩니다. 한두 번은 꽤 좋은 성취를 거두거나 높은 수입을 얻을 수도 있습니다. 그러나 장기적으로는 결코 좋은 결과를 얻을 수 없습니다. 꾸준하고 안정적인 성취가 뒷받침되어 있지 않기 때문입니다.

탄탄하게 성장하는 사람들은 비록 수입은 적을지라도 작은 일부터 시작해서 한 발 한 발 기반을 다져나갑니다. 그렇게 기반이 단단히 다져지는 과정에서 큰일도 하게 되고 큰돈도 벌게 되는 것입니다. 정말로 큰돈을 버는 기회는 시대적 기회로부터 오는 경우가 많습니다. 작은 일을 하며 적은 돈을 꾸준히 벌어오던 사람들은 그런 기회가 왔을 때 단숨에 도약할 수 있습니다. 시대적 기회를 무시하고도 성공한 예는 많지 않습니다. 당신이 해야 할 일은 그런 기회가 오기 전에 잘 준비해두는 것입니다.

큰일을 할 수 있다는 마음으로, 적은 돈을 꾸준히 버는 노력을 지속하세요. 적은 돈을 꾸준히 버는 건 단지 생활을 유지하기 위해서만이 아닙니다. 그 자체가 자신을 단련하는 과정이 되어, 예기치 않은 기회가 찾아왔을 때 과감하게 도약할 수 있게 만들어주기 때문입니다.

불편하지만
유용한 조언들

불과 몇 년 전만 해도 일본과 한국, 중국 사이에는 10년 내외의 발전 격차가 있다는 것이 상식이었습니다. 그러나 세계 경제가 글로벌화되고 혁신의 격차가 좁혀지면서 일부 영역에서는 후발주자가 선발주자를 앞서는 일이 일어나고 있습니다. 한국 사람들은 아직 실감하지 못하고 있지만, 모바일 비즈니스, 창업, 핀테크 등의 분야에서는 중국이 한국을 한참 앞서 있기도 합니다. 동시에 삶의 현실이나 사업 환경 면에서 사실상 전 세계는 큰 차이가 없어졌습니다. '88만 원 세대'는 유럽에도 존재하고, '금수저', '흙수저' 등 한국의 현 세태를 한탄하는 용어들이 중국에서도 똑같이 나타납니다. 청년 세대가 고민하는 인생의 문제들 또한 한·중·일이 크게 다르지 않다고 보아도 무방할 것입니다.

그러나 지역마다 고유한 문화적 특성이 있기에 당면한 문제를 대하는 태도의 차이가 나타납니다. 그중 중국에서 두드러지는 특징이 있다면 무자비한 현실주의가 아닐까 싶습니다. 한국 사람들은 낭만적 열정에 일정한 점수를 부여하지만, 중국에서는 그 모든 것을 탈탈 털어 현실의 맨바닥에 불러 세웁니다.

이 책에서도 저자는 우리가 흔히 '인지상정'이라며 토닥거리는 인간 본성의 일면에 대해 '반드시 극복해야 할 인성의 약점'이라고 지적하고, 일견 합리적으로 보이는 사회를 향한 냉소에 대해서는 '당신 수준에서 해결할 수 있는 문제가 아니라면 나서지 말라'고 일침을 가합니다. 눈앞에 드러나지 않는 희망에 대해서는 일단 신뢰해보라고 말하면서도 행동이 따르지 않는 희망과 바람은 신기루에 지나지 않는다고 독하게 조언합니다.

이밖에도 이직이나 연봉협상 때 생각해보아야 할 문제라든가 직장생활에 필요한 실질적인 조언 등을 읽다 보면, 이런 이야기는 '책'이라는 고상한 매체에 나올 법한 지침이라기보다는 개인적 친분이 있는 사업가와 술잔을 주고받아야만 들을 수 있을 법한 세세한 조언 같아 놀라게 됩니다. 그러면서도 이 책이 속되게만 다가오지 않는 것은 지극히 현실을 추구하는 이면에 숨겨진 '청춘의 윤리' 때문입니다.

역자에게는 '서른 전까지는 돈 버는 데 너무 조급할 필요 없다'는 말이 가장 인상적이었습니다. 저자가 이렇게 말하는 이유는 무엇일까요?

● 사람에게 중요한 것은 막연한 이상이 아니라, 자기 자신을 정확히 아는 것입니다. 자신이 '무엇을 할 수 있는지'를 아는 것이 '무엇을 하고 싶은지' 아는 것보다 중요합니다. 부단히 일하고 경쟁하는 과정에서 자신을 발견할 수 있고, 자신의 자리도 찾을 수 있어요. 서른 전까지는 자신이 어떤 사람인지 부단히 탐색하되, 함부로 단정 짓지 마세요.

모든 성공한 사람들에게는 그 사람이 그 자리에 오르기까지 경험한 다양한 인생 국면과 그 과정에서 형성된 확고한 철학이 있습니다. 그것이 다른 모든 사람들에게 적용되거나 모두의 동의를 얻을 수 있는 것은 아닐 겁니다. 그러나 이제 막 사회 현실을 경험하기 시작한 사회 초년생들에게는 시행착오를 줄여줄 수 있는 '예상문제집'이 될 수도 있고, 사업의 현장 한복판에 있는 사람들에게는 자신의 생각과 비교하며 수용할 만한 관점을 얻을 수 있는 유용한 '대화'가 될 수도 있습니다.

하등 쓸모가 없는 푸념이나 어리광, 자기 자신과 현실에 대한 허위의식을 싹 걷어낸 이 책의 내용들이 어떤 이에게는 화가 날 정도로 불편할 수도 있을지 모릅니다. 그러나 사회 진출을 앞둔 청년들에게는 냉정한 현실 인식을 바탕으로 올바른 선택을 하도록 이끄는 가이드가 되고, 현재 사업을 하고 있거나 창업을 구상 중인 이들에게는 실패의 리스크를 최소화할 수 있는 구체적 지침이 되어주리라고 믿습니다. 날로 불안정성이 높아지고 있는 직업 현장에서 생존을 위해 고군분투하고 있는 직장인들에게도, 이 책이 구질구질한 사내 현실에서 한걸음 물러나 그 현실을 좀 더 능숙하게 다루는 '비법'을 발견하는 기회가 되기를 바랍니다.

박주은

당신의 청춘은 얼마인가요

초판 1쇄 인쇄 | 2018년 1월 29일
초판 1쇄 발행 | 2018년 2월 5일

지은이 | 종닝
옮긴이 | 박주은
발행인 | 박효상
총괄이사 | 이종선
편집장 | 김현
편 집 | 김설아, 김효정 **디자인** | 김보연
편집 · 진행 | 이양훈 **디자인 · 진행** | 이인선 **일러스트** | ksneya
마케팅 | 이태호, 이전희 **디지털콘텐츠** | 이지호 **관리** | 김태옥

종이 | 월드페이퍼 **인쇄 · 제본** | 현문자현
출판등록 | 제10-1835호
발행처 | 사람in
주소 | 04034 서울시 마포구 양화로11길 14-10(서교동) 4F
전화 | 02) 338-3555(代) **팩스** | 02) 338-3545
E-mail | saramin@netsgo.com
Homepage | www.saramin.com

:: 왼쪽주머니는 사람in의 임프린트입니다.
:: 책값은 뒤표지에 있습니다.
:: 파본은 바꾸어 드립니다.

ⓒ 종닝 2018

ISBN 978-89-6049-653-8 03320